LOTTE KÜHN

Sechzig ist das neue Vierzig

Weitere Titel der Autorin:

50 ist das neue 30
Mutti allein zuhaus

Titel auch als E-Book erhältlich

LOTTE KÜHN

60 ist das neue 40

Selbst-
ENTFALTUNG
für die Frau in
den besten
Jahren

lübbe life

Dieser Titel ist auch als Hörbuch und E-Book erschienen

Originalausgabe

Copyright © 2020 by Bastei Lübbe AG, Köln

Textredaktion: Dr. Ulrike Strerath-Bolz, Friedberg
Umschlaggestaltung: ZERO Werbeagentur, München
unter Verwendung einer Illustration von
© StudioLondon/shutterstock.com
Satz: hanseatenSatz-bremen, Bremen
Gesetzt aus der Adobe Caslon Pro
Druck und Einband: GGP Media GmbH, Pößneck

Printed in Germany
ISBN 978-3-431-07005-7

5   4   3   2   1

Sie finden uns im Internet unter: www.luebbe.de
Bitte beachten Sie auch: www.lesejury.de

Inhalt

Alle Jubeljahre

Die Einladung zum Klassentreffen im Spätsommer, die eines Tages in meinem Maileingang landete, kam etwas überraschend, was aber vor allem daran lag, dass ich die »Save the date«-Mail im Frühjahr gleich wieder vergessen hatte. Noch überraschender war die Behauptung, es sei jetzt vierzig Jahre her, dass wir unser Abiturzeugnis in Empfang genommen hätten. Unterzeichnet war das Ganze von einem »Orga-Team«: drei Vornamen mit mir gänzlich unbekannten Nachnamen.

Auf der Adressliste im Anhang stehen hinter den Nachnamen andere Namen in Klammern, und mir geht ein Licht auf: Die Mädchen von damals haben natürlich alle geheiratet und segeln als erwachsene Frauen unter fremder Flagge durchs Leben. Angela, natürlich! Gabi, klar! Ulrike! Wie von ferne klingelt da was, und sei es auch nur, dass solche Namen das Alter und damit das Abitur vor vierzig Jahren beweisen. Aus diesem Grund wollen wir feiern, und zwar ein ganz großes Wiedersehen, so heißt es weiter, und weil wir damals wegen des Kurssystems keine Klassengemeinschaft aufbauen konnten, soll sich jetzt doch gleich der ganze Jahrgang treffen: neunundsiebzig Ehemalige, die 1979 Abi gemacht haben.

Später am Telefon erzähle ich meiner Tochter Charlotte, dass ich zum vierzigsten Jahrestag eingeladen sei und nicht wüsste, was ich da sollte. Weil ich Jahrestage, Jubiläen und Gedenkveranstaltungen nicht leiden kann, und wenn ich doch dort hinführe, würde ich dort Mitschüler von damals treffen, deren Namen ich längst vergessen hätte.

Und was sagt sie dazu? »Cool, und alle noch am Leben?«

Vor Schreck bleibe ich die Antwort schuldig. Ja, was wäre, wenn wir da zusammenkämen und Ausschau nach besten Freundinnen, heißen Flirts, gemeinen Petzen, Kumpels, verklemmten Strebern, süßen Jungs und tollen Typen von damals hielten und spekulierten, ob sie wohl noch kämen? Und wenn wir dann erfahren würden, dass sie gestorben sind? Schon tot sind?? Prompt zünden alle meine Fluchtreflexe auf einmal: Das tue ich mir nicht an.

Obwohl: Zeit hätte ich ja. Nur keine Lust. Aber vielleicht wäre es wirklich interessant, sich wiederzusehen. Immerhin liegt eine gute Strecke Leben zwischen dem letzten Schultag und diesem Klassentreffen, die so oder so verlaufen ist, nachdem wir alle vom gleichen Punkt aufgebrochen sind. Soll ich oder soll ich nicht? Eigentlich wollte ich die Einladung hochnäsig ablehnen, weil ich Besseres zu tun habe, als früheren Zeiten hinterherzuweinen und in Erinnerungen zu schwelgen. Doch jetzt auf einmal rumpeln verstreute Reste in meinem Kopf herum. Gesichter tauchen auf und wieder unter, Gerüche, Szenen auf dem Schulhof und im Klassenzimmer, all die geschwänzten Stunden im Stehcafé in der Bahnhofstraße. Vereinzelte Partyfetzen irrlichtern durch meine Gedanken. Die Langeweile im Matheunterricht und der breite Kegel des schräg durchs Fenster einfallenden Sonnenlichts, in dem die Staubkörner tanzten – plötzlich sind die Erinnerungen wieder zum Greifen nah. Was wohl aus dem blonden Typen mit den strahlend blauen Augen und dem rotzfrechen Lachen geworden ist? Wie hieß der noch gleich?

Mit Namen ist es ganz entsetzlich. Das macht mir manchmal richtig Angst. Wo sind bloß die ganzen Namen geblieben? Springen sie einfach aus unseren Köpfen und sehen dann von außerhalb vergnügt zu, wie wir in Verlegenheit geraten, uns abmühen und im Trüben fischen? Und ist das der Anfang von etwas, das noch viel schrecklicher werden kann?

Mach mal halblang, rede ich mir gut zu. Auch andere Lebensalter haben ihre Probleme. Niemand würde ein durchschnittliches

Teenagerverhalten als Muster an Besonnenheit, Nachdenklichkeit und Ausgewogenheit bezeichnen. Aber manchmal kommt es mir so vor, als wären meine Veränderungen im Dachstübchen etwas anderes, jedenfalls was mein Erinnerungsvermögen und die Konzentration angeht. Schon wenn mir jemand etwas Neues erzählt, denke ich daran, dass ich das Gesagte wahrscheinlich morgen schon vergessen haben werde: Oder ich verlasse mich blind darauf, dass meine Freunde hin und wieder meine Gedanken wie ein verloren gegangenes Kind im Kaufhaus an die Hand nehmen und zu ihrem Ausgangspunkt zurückführen. Worüber habe ich gerade geredet?

Ich hasse Jubiläen, Gedenktage und diese ganzen schalen Versatzstücke kollektiver Erinnerung. Nie wieder vergessen, das sagen und schreiben deutsche Politiker von Montag bis Samstag routiniert, während es doch immer wieder passiert. Dieses rührselige Zurückgeschaue, das Greinen über all die Jahre, die nun schon ins Land gegangen sind, der peinliche Stolz, mit dem Jahreszahlen wie Landmarken in erobertem Territorium präsentiert werden – nee, das ist meine Sache nicht. Das sind alles nur Vorwände, um sich aus der Gegenwart zu schleichen und die Zumutungen der Verantwortung für das eigene Tun zu schwänzen. Schlecht verhohlene Ausflüchte, um aus der Gegenwart zu flüchten und in die Vergangenheit abzutauchen, die dann noch dazu hemmungslos als die bessere Zeit imaginiert werden darf. Wer wagt schon zu widersprechen? Ausstehen konnte ich diese Jahrestage noch nie, erst recht nicht die mahnend mit gerecktem Zeigefinger ausgesprochenen Aufforderungen, dies oder jenes niemals zu vergessen.

Kommentar Willy Brandt: Die Zukunft wird nicht gemeistert von denen, die am Vergangenen kleben. Es kann doch ganz schön sein, vor allem die schlechten Dinge zu vergessen oder wenigstens nicht täglich wieder von Neuem herunterzubeten. Die Neigung, sich ablenken zu lassen oder zu vergessen, kann im richtigen Zusammenhang, zur rechten Zeit großartige Folgen haben: Wer die Gemeinheiten der anderen einfach vergisst, kann gar nicht nachtragend sein und wandelt ganz von selbst auf den Pfaden von Freundlichkeit und Milde.

Auch verrät eine ausgeprägte Fähigkeit zum Tagträumen nicht einen untätigen, sondern einen abschweifenden Geist, der seltsame Dinge auf neue Weise verknüpft – anderswo Kreativität genannt, auf die man im Hamsterrad der Jahre zwischen dreißig und fünfzig vergeblich wartet. In jenen Jahren, in denen man damit beschäftigt ist, seinen Platz im Leben und in der Gesellschaft zu finden.

Neuerdings passiert etwas ziemlich Spannendes in meinem Kopf, das ich von früher nicht kenne. Wenn ich einem scheinbar schwierigen Problem gegenüberstehe, wird der anstrengende Prozess, eine Lösung zu finden, häufig auf irgendeine Weise umgangen und wie durch Zauberei unnötig gemacht. Die Lösung kommt mühelos, übergangslos, scheinbar wie von selbst. Ich habe offenbar an augenblicklicher, fast unfair einfacher Eingebung gewonnen. Handelt es sich vielleicht um dieses geschätzte Attribut des Alterns, diesen rätselhaften Stoff, den man Weisheit nennt? Ich kann's gar nicht abwarten. Mehr davon! Ein älteres Gehirn braucht unter Umständen länger, um neue Informationen aufzunehmen und anzuwenden. Hat es aber mit Informationen zu tun, die in irgendeiner Hinsicht mit Bekanntem in Verbindung stehen, dann funktioniert das Gehirn im mittleren Alter schneller und klüger: Es macht Muster aus und springt an das Ende der logischen Kette. Und auch das: Neuerdings langweile ich mich furchtbar schnell bei fast allem, was mir früher mal auf- oder wenigstens anregend vorkam. Heute fragt mein Kopf ständig: Was gibt's Neues? Das könnte doch ein Schlüssel zur Erneuerung sein … Nicht vergessen, stemple ich auf meine Gedanken und klebe ein Post-it dran: unbedingt wieder aufgreifen.

Der Blick zurück hingegen kann gefährlich sein, wie die Geschichte von Lots Frau über die Zeiten hinweg erzählt. Gott trug ihr auf, mit ihrer Familie aus ihrer zerstörten Stadt zu fliehen und sich dabei nicht umzuschauen. Sie gehorchte nicht, schaute zurück – und erstarrte zur Salzsäule.

Vom gebotenen Blick nach vorn erzählt auch die Geschichte von Orpheus und Eurydike. Orpheus vertut seine einzige Chance, auf dem Weg aus der Unterwelt in die Oberwelt seine Geliebte ins Leben wieder mitnehmen zu dürfen. Er verliert die Zuversicht und das Vertrauen, dass sie ihm folgt, und dreht sich um. Damit hat er sie verloren. Selbst schuld, dass er die zweite Chance mit Eurydike vermasselt hat.

Woher also kommt eigentlich der Hype des Erinnerns, der den schlechten Ruf des Vergessens begründet? Die Tätigkeit des Erinnerns wird deutlich überbewertet. Könnte es womöglich sein, dass nicht das Vergessen, sondern das zwanghafte Erinnern die eigentliche Geisteskrankheit ist? Unser Gehirn muss Dinge loswerden, damit es nicht überläuft. Die wenigen Menschen, von denen es heißt, sie konnten nichts vergessen, wurden regelmäßig verrückt. Unser Gehirn ist dazu eingerichtet, Prioritäten zu setzen und unwichtige Dinge auszufiltern. »Vergesslichkeit ist keine Krankheit des Gedächtnisses, sondern eine Voraussetzung für seine Gesundheit«, schrieb im Jahr 1882 der französische Philosoph Théodule Ribot. Aber damals gab es ja auch noch kein Alzheimer-Gespenst, mit dem wir uns gegenseitig erschrecken konnten. Und so erinnern wir uns auf Teufel komm raus, feiern Jahrestage und erinnern uns sogar an Ereignisse, die genau genommen gar nicht stattgefunden haben: Am 8. Januar *wäre* Elvis Presley fünfundachtzig Jahre, einen Tag später *wäre* Rio Reiser siebzig Jahre und am 2. Juni *wäre* Marcel Reich-Ranicki hundert Jahre alt geworden. Im Jahr 2020 jährt sich der Todestag von Leif Eriksson zum tausendsten, der von Raffael zum fünfhundertsten und der des Barons Münchhausen zum dreihundertsten Mal. Praktisch jeder Tag des Jahres gibt uns zu was zum Gedenken: Tag der Jogginghose (21.1.), Tag der scharfen Saucen (22.1.), Thinking Day der Pfadfinder (22.2.), 100. Jahrestag der Gründung der NSDAP (24.2.), Jahrestag des Kompliments (1.3.), Frauentag (8.3.), Weltnierentag (9.3.). Der »Ehre-Dein-Werkzeug«-Tag (11.3.), gefolgt vom Popcorn-Tag (12.3.) Der 14. März ist dreifach belegt: Gedenktag zur Feier der Kreiszahl Pi, Albert Einsteins Geburtstag und Steven Hawkings Todestag. Den Welttag der Poesie begehen wir am 21. März. Am 10. April 1970 haben sich die Beatles getrennt, der Untergang der Titanic jährt sich am 15. April zum 108. Mal, und am 17. April feiern wir den fünfzigsten Jahrestag der Rückkehr der Apollo 13. Am 26. April gedenken wir der Opfer des türkischen Völkermordes an den Armeniern von 1915, und gleichzeitig ist Welttag des Versuchstiers. An die Atomkatastrophe von Tschernobyl erinnern wir uns am 26. April, auf den Tag der Arbeit am 1. Mai folgt der Internationale Tag der Pressefreiheit, gleichzeitig Weltlachtag, am 3. Mai, und am 23. Mai ist Welt-Schildkröten-Tag. Der Mai endet mit der Erinnerung an den Tag der Erstbesteigung des Mount Everest, und der Juni startet mit dem Internationalen Hurentag am 2. Juni. So geht es munter weiter: Die Verkündung des Grundgesetzes, der Deutsche Gedenktag für verstorbene Drogenabhängige, der Tag des Systemadministrators, der Internationale Linkshändertag, der Antikriegs- und der Deutsche Kopfschmerztag, der Tag der Zahngesundheit und der Tag des Butterbrots, der Welttag der Vegetarier und der Internationale Tag der älteren Menschen, der Weltstudententag, der Welttoilettentag, der Kauf-Nix- und der AIDS-Tag, der Internationale Tag der Abschaffung der Sklaverei und der Tag des Ehrenamtes, der Tag der Unbefleckten Empfängnis und der Tag der unschuldigen Kinder, der

Welttag des Stotterns und der Gedenktag für die Todesopfer in Abschiebehaft. Fünfzig Jahre Tatort, fünfunddreißig Jahre Lindenstraße und fünfzehn Jahre Youtube – irgendwas ist immer.

Auch wenn ich über die Jahre eine Art Jubiläumsallergie entwickelt habe, muss ich zugeben: Der verliebte Blick zurück in die Vergangenheit könnte ein Ausgleich für die Zukunft sein, die jetzt so überschaubar wird. Ja, beginnt das Alter nicht erst in dem Augenblick, in dem man meint, nicht mehr ohne Vergangenheit leben zu können? Wann geht das eigentlich los, ab wann müssen wir in Kauf nehmen, von unserer Umwelt, von Freunden, von der Familie als alt wahrgenommen zu werden? Sollen wir uns ergeben, leugnen oder vor dieser Tatsache davonlaufen? Eine Frage, die auch ich mir immer öfter stelle, und ich muss gestehen, dass ich damit schon ein Problem habe. Mit der möglichen Antwort sowieso.

Erinnerung macht alt, Vergessen hält jung, denke ich trotzig. Und arrogant wie Albert Einstein sage ich: »Mehr als die Vergangenheit interessiert mich die Zukunft, denn in ihr gedenke ich zu leben.«

Menschen mit Klasse

Dieses Abitur von 1979 wurde nach fünf, nach zehn, nach zwanzig und nach dreißig Jahren gefeiert. Immer ohne mich. Und jetzt? Wo stehe ich, wo die anderen? Dem prüfenden Check der anderen auf dem Schulhof habe ich mich lange Zeit nicht mehr (oder wieder?) aussetzen wollen. Doch alle meine guten Gründe, die Einladung abzulehnen, lesen sich auch ein bisschen wie die Inventarliste meines gelebten Lebens. Was mich von den letzten Jubiläen abgehalten hat, war ja nicht nur die Erinnerungsallergie und Vergangenheitsunverträglichkeit. Ich hatte an Sommerwochenenden tatsächlich Besseres zu tun, das war nicht so dahingesagt. Für die Kinder da sein, arbeiten und Geld verdienen, Freunde treffen, das Stundenglück mit DHL arrangieren und präparieren ... Und jetzt? Jetzt fällt ein guter Teil meiner Ausreden weg, und ich habe Zeit.

Der Zwiespalt bleibt, auch wenn ich ihm heute Abend fünfhundert Kilometer näher gekommen bin. Die Neugier hat gewonnen, ha! Von wegen Neugier, müsste man nicht eher von einer Art Altgier sprechen? Ach nein, das Wort »alt« wird etwas zu sehr strapaziert, finde ich. Tatsächlich geht es weniger ums Alter, mehr um eine Art Vertrautheit, die sich nicht mehr auszuweisen braucht. »Alt« hebt Dinge, Orte oder Menschen hervor, denen eine lässige, gewohnte Zuneigung gilt, die sich nicht mehr bewähren muss. Manchmal hängt dem Wort auch eine Verletzlichkeit an. Ich sage »mein alter Freund« und will damit ausdrücken, dass er mir sehr am Herzen liegt. Auf der langen Autofahrt in die alte Heimat habe ich mir weidlich ausgemalt, wie's morgen wohl sein wird, an der alten Schule mit den alten Mitschülern. Weil wir alle 1960 geboren sind, werden wir jetzt alle sechzig, manche sind es wohl schon. Vielleicht kann man sich da was abgucken? Oder wenigstens beschließen, niemals so, sondern ganz anders alt werden zu wollen. Ein wohliges Erschrecken beim Anblick der Gleichaltrigen, darauf wird es wohl hinauslaufen. Der ist ja auch alt geworden! Die sieht ja viel älter aus! Insgeheim denkt so jeder über den anderen, nur über sich selbst darf man sich wundern: So alt sieht man doch gar nicht aus! Alt? Ich? Wir doch nicht! Noch scheint Altwerden meistens etwas zu sein, das nur anderen passiert.

Irgendwann zwischen Ende dreißig und Mitte vierzig geschieht etwas Mysteriöses. Davor gibt es keine Anhaltspunkte fürs Älterwerden; danach sind sie auf einmal unübersehbar. Es geschieht nicht von heute auf morgen, sondern schleichend. Aber die Dreißiger im Inneren enden nie. Wir erreichen den vierunddreißigsten oder den neununddreißigsten Jahresring, aber mehr davon setzen wir nicht an. Die Diskrepanz zwischen innerem und äußerem Selbstbild aushalten, das wäre die Aufgabe. Mit, zugegeben, wachsendem Schwierigkeitsgrad. Der innere Mensch verharrt. Kein Kind mehr: gebongt. Kein Teenager mehr: dankbar zur Kenntnis genommen. Nicht mehr einundzwanzig: kann man verkraften. Nicht mehr neunundzwanzig: schon schwieriger, aber, hey, wo ist das Problem? Doch Ende dreißig, Anfang vierzig, das ist nicht vergangen, das bin ich noch. Das bist du, das bin ich, so empfinden wir uns, dabei bleibt's. Man fühlt sich an vielen Tagen wie mit fünfundzwanzig oder sechzehn oder neununddreißig und ist es ja auch noch immer. Zum Teufel mit den körperlichen Veränderungen! Da können wir noch so trotzig gegen den Verfall ancremen, losjoggen, wegspritzen oder die Falten am Hals mit Kältetherapien so sehr erschrecken, dass sie an einen Ort flüchten, von dem aus sie den Rückweg nicht finden.

Fünfzig fand ich, allem Gruseln vorher zum Trotz, als es dann so weit war, richtig schick. Gute Zahl, guter Stand im Leben – noch frisch, aber schon schlau. Mit der Sechzig tue ich mich schwer, auch weil ihr die Fünfundsechzig praktisch auf dem Fuß folgt und die hässliche Fratze der Siebzig um die Ecke schielt. S-e-c-h-z-i-g, das klingt komisch, und komisch aussehen tut's auch: 60. Wenn ich über diese Schwelle gehe, kann ich wirklich als alt gelten, auch wenn ich es nicht bin. Vierzig ist das Alter der Jugend, fünfzig ist die Jugend des Alters, ha! Und sechzig? Endlich erwachsen! Im Schnitt liegen dann noch zwischen zwanzig und fünfundzwanzig Jahre vor uns Babyboomern, so fit und agil, wie noch keine Kohorte früher es war, sagt die Altersforschung. Sie unterscheidet zwischen den jungen und den alten Alten. Die jungen Alten zwischen fünfundsechzig und fünfundsiebzig haben sogar einen gemeinsamen Namen. Sie heißen *Yoldies* nach *young old*. Dass das auch ein bisschen nach *Goldies* klingt, ist beabsichtigt: Die zehn Jahre zwischen dem fünfundsechzigsten und fünfundsiebzigsten Geburtstag sollen sich golden anfühlen. Sie entsprechen so ganz und gar nicht dem Klischee der Senioren, die den lieben langen Tag Kochshows im Fernsehen gucken, die Wartezimmer der Ärzte füllen oder auf der Parkbank hocken und sich die lange Liste ihrer aktuellen Leiden erzählen. Die *Yoldies* sind psychisch und physiologisch im Schnitt zehn bis fünfzehn Jahre jünger, als ihr biologisches Alter anzeigt, erklärt die Altersforschung. Sie sind ständig in Bewegung, geistig und körperlich, Aktivitäten, die ihnen helfen, nicht zu vergreisen. Das Phänomen ist neu: Eine zehn Jahre oder sogar noch länger dauernde Zeitspanne ist den Menschen geschenkt. Aus dem Berufsleben entlassen, aber vom Siechtum noch Lichtjahre entfernt, tut sich für unsere Generation ein neuer Raum der Möglichkeiten auf. Während für andere Phasen des Lebens wie Kindheit, Pubertät, Studienzeit, Berufstätigkeit, Familiengründung gelebte wie literarische Muster zur Verfügung stehen, an denen man sich orientieren kann, ist das Yoldie-Leben noch ein weißer Fleck in der Landkarte des Lebens. Das hat den Vorteil des Pionierdaseins, aber auch den Nachteil, dass Risiken und Nebenwirkungen noch im Dunkel liegen und für einige Überraschungen gut sein könnten. So befinden wir uns in der schwierigen Lage, dass es in Bezug auf diese neue Lebensphase keine bereits erprobte Tradition gibt. Wir sind aufgerufen, Versuche mit uns selbst anzustellen und wenn möglich den Verlauf zu protokollieren, bevor wir Schlüsse ziehen.

Unsere Eltern hätten dieses Problem jedenfalls nicht gehabt: Für ihre und vorangegangene Generationen gab es konkrete Vorstellungen von dem, was im Alter sein würde – und wo es dazu nicht kam, war man sich dessen schmerzlich bewusst: Man wäre in Rente, die Kinder aus dem Haus, würde Kuchen essen, den Garten pflegen, spazieren gehen, sich an den Enkeln erfreuen, Reisen unternehmen und hätte sein Leben im Großen und Ganzen gelebt. Es wäre die Zeit zum Zurücklehnen.

So war das. Und so bleibt es nicht: Altwerden erleben wir heute als Entwicklungsprozess, der nicht an eine bestimmte Jahreszahl gebunden ist. Tradition und Konventionen hält nicht mehr, die neuen Werte zielen auf individuelle Gestaltung und gesellschaftliche Aushandlung – ein Hinundhergerissensein, das es früher nicht gab. Was für die einen die erfrischende Aussicht darauf sein kann, mit achtzig auf ein Konzert der dann etwa hundertjährigen Rolling Stones zu gehen und völlig rollenklischeebefreit in Leoprintjeans abzurocken, ist für die anderen die erschreckende Ahnung, dass sie nie aus der Verantwortung, aus dem Selbstentscheidenmüssen entlassen werden. »Mit der Freiheit, alt zu werden wie man will, schwindet das rettende Ufer, das Konventionen auch sein können«, schreibt Ariane Bemmer im *Tagesspiegel*. Die unerforschten Landschaften nach Entdeckerart zu kartografieren und den Blick auf die Schwäche zu verändern, so etwa ließe sich die neue Aufgabe fassen, die mit dem neuen Zustand einhergeht.

»Als Gregor Samsa eines Morgens aus unruhigen Träumen erwachte, fand er sich in seinem Bett zu einem ungeheuren Ungeziefer verwandelt. Er lag auf seinem panzerartig harten Rücken und sah, wenn er den Kopf ein wenig hob, seinen gewölbten, braunen, von bogenförmigen Versteifungen geteilten Bauch, auf dessen Höhe sich die Bettdecke, zum gänzlichen Niedergleiten bereit, kaum noch erhalten konnte. ... Was ist mit mir geschehen?, dachte er. Es war kein Traum.«

Hat jemand gemerkt, dass Franz Kafka in seiner Erzählung »Die Verwandlung« mit dem schrecklichen Erleben des Gregor Samsa wahrscheinlich ein bedrückendes Bild für unser aller Vorstellungen vom Altwerden gefunden hat? Viele Menschen fürchten, dass sie ihren jungen, starken, gesunden Körper eines Tages ganz plötzlich an das Alter verlieren, ohne zu wissen, wie ihnen geschieht. Ohne zu ahnen, wie sie mit diesem Einbruch fertigwerden sollen. Die Verluste, das Gerade-noch-so und dann das Nicht-mehr, stehen im Vordergrund und verstellen den Blick auf das ganze Geschehen.

Fraglos verändert das Älterwerden den Menschen. Einige dieser Veränderungen sind spürbar, einige schmerzen, fast alle sind sichtbar. Aber das erzählt nicht die ganze Geschichte. Der älter werdende Mensch ist mehr als nur ein Erwachsener auf dem absteigenden Ast. Die Vorstellung »und eines Tages bin ich alt« ist ein großes Missverständnis. Altern beginnt nicht erst ab einem bestimmten Alter. Die Körperfunktionen eines Menschen verändern sich jährlich zwischen 0,5 und 1,3 Prozent, und zwar ab dem dreißigsten Geburtstag. Ein Dreißigjähriger erlebt also das gleiche Ausmaß an Veränderung wie ein Neunzigjähriger. Das ist die gute Nachricht: Alte und junge Menschen altern in gleichem Maße – nur haben Junge mehr Vorrat an glatter, straffer Haut und starken Muskeln, die sich fürs Altern eignen.

Da dieser Prozess stetig verläuft, lernt ein Mensch automatisch, was es heißt, alt zu werden. Den Gregor-Samsa-Effekt gibt es nicht, schreibt die Psychologin Ursula Nuber. Man wird nicht plötzlich älter, sondern langsam, Schritt für Schritt, sodass man genug Zeit hat, sich daran zu gewöhnen. Je älter man wird, desto größer wird diese Fähigkeit. Dank der Anpassung entsteht ein machtvolles Gegengewicht zu dem unvermeidlichen Abbau von Körperfunktionen. Muskeln mögen schwächer werden, aber ältere Menschen sind seltener depressiv als jüngere. Haare werden grau und fallen aus, aber ältere Menschen berichten von größerem Wohlbefinden.

Wir sind in einem kulturellen Umfeld aufgewachsen, in dem die Jugend höchste Wertschätzung genießt, und vor diesem Hintergrund deuten wir so gut wie alle Signale als Hinweise darauf, dass es von nun an bergab geht. Der Täuschung entkommen wir nur, wenn wir uns das wirkliche Leben ansehen und erkennen, dass es auch jetzt noch immer besser wird. Ist Altern nicht ein Leben in der Schwäche, sondern birgt eine neue, noch unbekannte Lebensweise?

Die will ich kennenlernen.

Wie konnte ich eigentlich am Beginn des vergangenen Jahrzehnts so sehr meinen Zurück-in-die-Zukunft-Tagträumen erliegen? Mir weismachen, mit fünfzig hätte ich das halbe Leben noch vor mir? Wie viel Zeit mir bis zum Beginn des wirklichen Alters noch bleiben würde! Jetzt, wo alle wesentlichen Entscheidungen gefallen waren, würde sich vor mir die unendliche Weite der Freiheit erstrecken wie ein gelobtes Land, und meine Beine wären noch stark, mein Kreislauf stabil und der Rücken noch schmerzfrei genug, um diese Etappe der Wanderung zu genießen. Zeit, um zu machen, was ich will, und nicht, was ich müsste oder sollte. Herrlich viel Zeit, um neue Herausforderungen zu suchen, alte Pflichten abzulegen und zu neuen Abenteuern aufzubrechen. Die Zeitungen sind voll von älteren Menschen, die um die Welt segeln, Cafés eröffnen, Stadtmarathons laufen und Romane veröffentlichen. Von Autorinnen wie Margaret Atwood wird gesagt, sie sei mit ihrem jüngsten Buch *Die Zeuginnen* auf dem Zenit ihres Schaffens angelangt. Mit weit über siebzig! Ingrid Noll veröffentlichte ihren ersten Krimi mit sechsundfünfzig! Und Carmen Herrera verkaufte mit neunundachtzig Jahren ihr erstes Bild; sie hatte mit hunderteins ihre erste Ausstellung in den USA. Deutschland und Großbritannien entdeckten sie etwas früher und widmeten der Vierundneunzigjährigen eine Retrospektive.

Aus solchen und ähnlichen prominenten Beispielen habe ich viel Mut gezogen und einigen Trost gefiltert. Die Freude über die vor mir liegenden Jahre hat sich lange gehalten. Aber jetzt … Jetzt ist sie in sich zusammengefallen wie ein Soufflé im Backofen, wenn man die Tür zu schnell und zu früh öffnet. Schlagartig vorbei, nicht langsam und schön. Für das Leben nach dem sechzigsten Geburtstag habe ich keine Idee, keinen Plan, keine Vorstellung und auch kein taugliches Vorbild.

Wäre das in Ordnung, ein kleines Problem mit dieser großen Zahl zu haben? Ist sechzig nicht doch schon ganz schön alt? Ich weiß eigentlich nur, dass es jetzt wieder zehn Jahre weniger Lebenszeit sind, als ich dachte. Egal, wie lange ich noch lebe. Irgendwann stellen wir uns doch alle bang die Frage, wie wir selbst als Alte einmal sein werden. Welche Nummer wir in der Lotterie der körperlichen Gebrechen ziehen und welches Los wir aus dem Eimer des geistigen Abbaus fischen. Oder welches Glück wir aus Fortunas Füllhorn erhaschen können.

Aber ich weiß auch, das ist viel zu negativ gedacht: Ein inneres Altern findet nach dem Ende der Dreißiger doch sowieso nicht mehr statt, die propagierte Weiterentwicklung, gar Reifung gibt es doch gar nicht, sie tarnt nur die Vorsicht, die zunimmt. Was alles passieren *könnte* – der kleinmütige Konjunktiv prallt am Immunsystem der zwanziger Jahre ab, erst danach rücken mögliche Folgen unbedachter Handlungen ins Blickfeld. Das Selbstbild ist mit Ende dreißig komplett, die Selbstwerdung einigermaßen abgeschlossen. Wer dann beispielsweise in seiner Einer-WG sein Selbst manchmal einfach nicht mehr erträgt, sehnt sich schon nach Ferien vom Ich und macht sich auf die selbstlose Wanderung mit vielen anderen Selbstlosen auf den Jakobsweg.

Die meisten von uns haben ein fremdes Bild im Kopf, wie sie im Alter aussehen und sein werden. Die oft bespöttelten beige gekleideten Rentner sterben aus – die heute Fünfzig- und Sechzigjährigen taugen kaum als Zielscheibe für den Spott über diesen Kleidungsgeschmack. Sie werden sich viel länger als ihre Vorgänger nach ihrem eigenen Geschmack und neuen Moden kleiden und sich damit immer stärker in einer Ambivalenz verstricken, die zwar ein entspanntes Verhältnis zu immer höheren Altersangaben pflegt, sich aber gleichzeitig innerlich vom Altern stärker distanziert und einen wachsenden Horror vor den äußeren Anzeichen entwickelt. In so einem Kontext will verständlicherweise niemand alt werden, und so entsteht ein Bild von Jugendlichkeit, das verbissen verteidigt wird. Familiengründungen jenseits der Fünfzig sind keineswegs selten, auf Konzertbühnen stehen Bands, die in den Achtzigerjahren bekannt wurden. In der *Süddeutschen Zeitung* schilderte eine Frau, wie es ist, mit fünfzig zum ersten Mal an einem Schönheitswettbewerb teilzunehmen.

Faltencheck im Hamsterrad

Unser Bild vom Altern ist weniger geprägt von lebenden Vorbildern als vielmehr von unzähligen Werbespots, in denen Altherrengruppen mit knallengen Sporthosen auf dem Rennrad steile Serpentinen herunterflitzen, fitte, coole, kultivierte Frauen in Bestform auf ihrer Yogamatte, ihrer Dachterrasse oder am Steuer ihres Cabrios lächeln. Erfahren, selbstbewusst und mit sich selbst im Reinen wirken sie, während sie vor den Kameras der Werbefuzzis bahnbrechende Bekenntnisse von sich geben: »Ich habe mich bewusst für einen Lippenstift entschieden, der mehr kann.« Verschrumpelte Lippen ein wenig aufpolstern nämlich. Truthahnhals, Furchen im Gesicht, Flecken auf faltigen Händen oder Doppelkinn haben keinen Platz in diesen Bilderwelten, Treppenlifte, Zahnimplantate und Prostatabeschwerden auch nicht. Was für ein Schwachsinn! Wären diese Frauen (und Männer) wirklich erfahren, selbstbewusst und mit sich selbst im Reinen, könnten sie die Wahrheit über ihre äußere Erscheinung und ihr Alter und auch ihren nächtlichen Harndrang leichter ertragen.

Die Fernseh-Alten trumpfen längst nicht mehr mit Güte, Nachsicht und Bonbons auf, sondern stellen Ehrgeiz und Fitness zur Schau. Da hat sich schon etwas getan, könnte man meinen. Aber das stimmt nicht. Es wird nur das, was für Jüngere gilt, für immer mehr ältere Menschen genauso zur Norm. Am Ende machen und wollen dann alle ihr Leben lang dasselbe: Leistung bringen, sich beweisen. Und das heißt auch, die Zeiten des entspannten Zurücklehnens, in denen das tätige Eingreifen vom wohlgefälligen Betrachten, quasi aus der Schaukelstuhlperspektive, abgelöst wird, die sind vorbei. Das ist nicht nur für die künftigen Enkel schade, sondern auch für die Alten im andauernden Hochleistungsstress.

Doch je weniger über die Bedeutung des neuen Alterns diskutiert wird, desto hemmungsloser kann die Körperlichkeit die Deutung beherrschen. Über den Körper, über das Sichtbare wird Alter definiert, und damit bleibt die Gefahr groß, dass das Altern negativ besetzt bleibt. Ein Zustand, den es zu vermeiden gilt, weil er sich in verlorenen Kämpfen gegen faltige Gesichter, runzlige Hälse, trockene Haut und schlaffe Bäuche ausdrückt und auf Defizite beschränkt, die den zweifellos vorhandenen Gewinn unterschlagen. Altersdiskriminierung benachteiligt Frauen einmal mehr, denn sie werden viel stärker als Männer nach ihrem Aussehen bewertet. Aber was wird aus einer Gesellschaft, die den Zustand der Mehrheit ihrer Bevölkerung verachtet? Sie verleugnet sich selbst.

Doch vorerst ist es noch nicht so weit. Wir brauchen Ideen für unser Altern, und zwar gute, die den Wunsch auslösen, bei dieser Party dabei sein zu wollen. Zur Gestaltung freigegeben sind die körperlich fitten Jahre von sechzig bis achtzig, das dritte Alter, das uns die längere Lebenserwartung beschert hat und das dem vierten vorausgeht, die biologisch bedingte Zeit vor dem endgültigen Aus. Die Realität schert sich nicht um Illusionen. Vielleicht müssen wir alle erst über unsere eigenen Falten stolpern, um das zu erkennen.

Nach diesem gedanklichen Stretch-und-Relax sind mir sogar die meisten Namen wieder eingefallen; fragt sich nur, ob ich morgen auch die passenden Gesichter dazu finde. Tina, Gebieterin der Schönheit in eigenem Kosmetiksalon und fast so alt wie ich, hat mich vor ein paar Tagen gewarnt: »Klassentreffen sind auch so 'ne Sache. Du ahnst ja gar nicht, wie viele meiner Kundinnen vor einem Klassentreffen noch unbedingt zu einer Anti-Aging-Behandlung kommen wollen. Man will's noch mal wissen. Dafür sind solche Daten da. Und abgenommen wird da wie verrückt. Noch einen Tag vorher!« Sie lacht. »Aber das darf man nicht übertreiben, es muss ja auch alles noch irgendwie zusammenpassen.« Offenbar hat sie auch schon ein paar Jahre vorausgedacht. Auf meinen fragenden Blick erklärt sie: »Hinten Lyzeum, vorne Museum? Das will doch kein Mensch!« Während ich noch überlegte, dass ich mir den maximalinvasiven Teil des Affentheaters jenseits von Maniküre, Pediküre, Ansatzfarbe getrost schenken kann, liefert sie mir ein Teilargument frei Haus: »Und die süßen Typen von damals? Sei vorsichtig, das kann ein richtiger Schock werden.« Meinen Blick deutete sie richtig und kichert: »Dicker Bauch und Glatze. Alle!«

Wie gemein! Die Panikattacken gelten nicht nur dem Verblassen der eigenen Jugend, auch das Altern der anderen stört. Schon, weil man an den anderen klarer als an sich selbst erkennen kann, wie viel Zeit vergangen ist. Jeder von uns muss mit dem Älterwerden klarkommen, mit der abnehmenden Energie, dem Verfall des Körpers und dieser neuen Müdigkeit in Augen, die schon so viel gesehen haben. Doch es ist nicht nur die Unabänderlichkeit des biologischen Prozesses, sondern auch noch der ganze Mist, der gesellschaftlich am »Nicht mehr« hängt. Älterwerden bringt für Frauen so viele Facetten der Abwertung mit sich, dass man schon beim Nachdenken wahnsinnig werden könnte. Frauen in den mittleren Jahren finden das zu ihrem Alter passende negative Selbstbild nicht etwa zwangsläufig in ihrem Kopf, ihrem Körper oder ihrem Herzen: Sie *sehen* es im Spiegel. Wenn sie sich mit dem Blick der anderen betrachten.

Seit jeher, aber mit zunehmendem Alter immer mehr, übernehmen Frauen den Blick von außen auf ihre Person und eignen sich fremde Zuschreibungen an. So werden sie sich selbst fremd und entwickeln ein gespaltenes Bewusstsein. Einerseits beschäftigen sie sich ständig mit dem Älterwerden, andererseits verdrängen sie alles, was damit zu tun hat. Zugegeben – alter Sack ist keine nette

Bezeichnung für einen älteren Herrn. Doch der böse Blick auf die älter werdende Frau hat böse Bilder hervorgebracht, die uns nachhaltig denunzieren, auch weil wir uns so bereitwillig zu Komplizinnen der Abwertung machen und uns scheinironisch dann selbst als alte Schachtel bezeichnen. Die denunzierende Sicht auf die älter werdende Frau durchzieht die Malerei, die Literatur und unser Alltagsbewusstsein. Wertung und Abwertung des Älterwerdens sind der letzte Hort der Ungleichheit der Geschlechter, eine der letzten schreienden Ungerechtigkeiten zwischen Männern und Frauen.

Das ist ein natürlicher Vorgang, aber gleichzeitig viel mehr: Altern ist auch eine gesellschaftliche Projektionsfläche, die sozial, historisch und kulturell sehr unterschiedlich ausgestaltet sein kann. Wir stehen vor einem verminten Gelände, in dem man gefährlich schnell die Orientierung verliert. Kein Kompass aus alltagstauglichen Koordinaten steht bereit, um Orientierung zu geben. Kein vielarmiger Wegweiser mit verschiedenen weiblichen Vorbildern zeigt, wo's langgehen könnte, weder auf den Bildschirmen noch auf den Plakatwänden und viel zu selten im realen Leben. So hartnäckig und erfolgreich Frauen in den letzten zweihundert Jahren auch um die Verwirklichung ihrer eigenen Lebensentwürfe gekämpft haben – als sie es mit den Fallstricken des Älterwerdens aufnehmen mussten, waren sie offenbar schon etwas müde.

So weit sind wir jetzt: Die männliche Geringschätzung der Frau ist Teil des weiblichen Selbst geworden, schreibt die Psychologin Sandra Konrad in ihrem Buch *Das beherrschte Geschlecht – warum sie will, was er will.* Damit beginnt eine unglückliche Verkettung: Je geringer das Selbstwertgefühl, desto wichtiger wird der Vergleich. Und eine Frau, die sich vergleicht, kann anderen Frauen die tollen Haare, Hintern, Jobs, Kinder, Ehemänner und Liebhaber nur schwer gönnen.

Vielleicht wird Altersscham die neue Fettscham? Dabei stünde es uns doch weit besser zu Gesicht, wenn wir vor den Jungen Haltung bewahren. Damit sie sehen, dass Altern nichts ist, wovor man sich fürchten muss, oder? Sonst hört das doch nie auf! Aber sichtbares Altern ist nicht nur ein Ärgernis, sondern auch eine Zumutung, für die man leicht das Gefühl hat, sich entschuldigen zu müssen. Offenbar hat man sich nicht genug Mühe gegeben – Falten als Affront? Schließlich stehen uns zahllose Produkte zur Selbstoptimierung zur Verfügung. Und wenn uns die Werbung erklärt, es sei möglich, das eigene Alter und die Naturgesetze abzuhängen, indem wir noch jenseits der Sechzig mit ein bisschen gutem Willen und der richtigen Venencreme oder dem angesagten Vitamin-Booster wieder Zumba tanzen, Skateboard fahren oder Fallschirm springen können, dann ist das so absurd wie die Hoffnung, dass der Winter in diesem Jahr ausfällt und der Sommer ewig bleibt. Oder dass DHL eines Abends mit rot geweinten Augen und kleinem Rucksack bei mir auf der Matte steht. Oder davon auszugehen, dass in diesem Monat die Miete nicht abgebucht wird.

Nein. Sicher wie der Tod ist, dass wir auf dem Weg zu ihm hin älter werden, sofern uns vorher nicht ein Unfall oder eine schwere Krankheit aus dem Leben kickt. Und doch ist es schwer zu begreifen, was das Altern eigentlich bedeutet und wie es sich, abgesehen vom Nachlassen der Kräfte, eigentlich anfühlt, wenn man als alte Frau betrachtet wird – oder sich selbst betrachtet.

 Wenn man an die Alternative zum Altwerden denkt, ist es gar nicht so schlimm.

Spiegelverkehrt

Mich überfällt beim Blick in den Spiegel die Furcht, dass meine Altersgenossen mich schon allein deshalb ablehnen und sich abwenden könnten, weil ich aufgehört habe, jung auszusehen. Ein bisschen fühlt sich das an wie die alte Neigung, sich nach den Ferien nicht auf dem Schulhof zeigen zu wollen, weil man ein bisschen dicker geworden ist. Und schon schießt eine der Dancing Queens aus der Nachbarklasse den vergifteten Pfeil ab: »Toll siehst du aus, hast du ein wenig zugenommen?« Oder der Fete fern zu bleiben, weil ein dicker Pickel am Kinn alles Selbstbewusstsein zunichte gemacht hat.

Die Gespenster von damals ließen sich mit gezielten Gegenmaßnahmen in die Flucht treiben. Das hier bleibt: die Brille, die Flecken auf den Händen, die Falten auf der Stirn – geschenkt. Für mich allein geht das voll in Ordnung, sogar das unselige Treiben der Schwerkraft ist mir letztendlich egal. Aber für die anderen? Besonders für die, die mich kannten, als ich noch so jung und glatt und frisch war wie sie selbst? Mogeln ist nicht; jeder Versuch, das eigene Alter nach unten zu korrigieren oder gleich zu verschweigen, wäre zum Scheitern verurteilt. Wir sind alle 1960 geboren und wissen das voneinander ganz genau. Wir sind nicht in schlechter Gesellschaft. Das wissen wir, weil wir viel Zeit beim Friseur verbringen und Gala lesen: Jogi Löw, Klaus Behrendt, Gloria von Thurn und Taxis, Ivan Lendl, Nena, Axel Prahl, Rudi Völler, Bono, Mick Hucknall, Antonio Banderas, Sarah Brightman, Sean Penn, Hugh Grant, Colin Firth, Damon Hill, Jennifer Rush, Jean-Claude Van Damme, Dieter Nuhr, Diego Maradona, Tilda Swinton, Kim Wilde, Julianne Moore, Jeffrey Eugenides und Kenneth Branagh – sie alle und noch viele andere mehr werden im Lauf des Jahres 2020 ihren sechzigsten Geburtstag feiern.

Ich bin mir nicht sicher, wie viele Vorbehalte gegenüber älteren Menschen ich übernommen habe, obwohl ich nach außen immer das Gegenteil behaupten würde. Was es heißt, alt zu werden, weiß ich ganz genau. Schließlich beobachte ich andere Menschen schon ein Leben lang beim Altern. Ich habe genug Bilder gesehen und verstörende Botschaften gehört: Die zweite Hälfte des Lebens geht mit Krankheiten, schlackerndem Bindegewebe und steifen Knochen, seltsamen Gebrechen und dem Nachlassen der körperlichen Kräfte einher. Ich muss nicht erst warten, bis ich ein versteinertes Brötchen aus dem 20. Jahrhundert in meinem Bücherregal entdecke oder meine erwachsenen Kinder, die mich auf eine Tasse Tee besuchen, mit pulverisiertem Honig überrasche, um zu ahnen, was ich heute schon weiß: Das Gedächtnis lässt nach, an immer mehr Dinge, Namen oder Menschen werde ich mich nicht erinnern können. Ergraute Menschen in Werbespots, die schmerzende Gelenke und Vergesslichkeit mit Medikamenten bekämpfen oder fortwährend Gingkoblätter mampfen, bestärken meine dunklen Gewissheiten. So stimme ich mich mithilfe überall bereitstehender negativer Stereotypen darauf ein, dass über kurz oder lang meine Fähigkeiten, auf die ich mich bisher verlassen konnte, verschwinden werden.

Diese Erwartung habe ich schon so gut verinnerlicht, dass jeder Hinweis auf die zunehmenden Jahre ausreicht, um mich tatsächlich schlechter zu fühlen, auch wenn ich mich vorher eigentlich noch ganz gut gefühlt habe. Wenn ich mich wenig bewege, weil ich glaube, dass meine Kraft altersbedingt abnimmt, werde ich über kurz oder lang tatsächlich schwächer. Wenn ich mir jeden Tag lange To-do-Listen schreibe, auf denen ganz oben immer »Haare kämmen« steht, dann werde ich schon bald immer mehr vergessen. Negative Erwartungen will man behalten und passt sein Verhalten an, und das kann direkt zu einer sich selbst bestätigenden Abwärtsspirale führen. Bei Gelegenheit muss ich unbedingt mal versuchen, ob die sich selbst erfüllenden Prophezeiungen als Verjüngungskur auch in die andere Richtung funktionieren: Weil ich leicht und gelenkig bin, kaufe ich mir ein Trampolin und übe ab morgen Salto. Weil ich mir alles gut merken kann, brauche ich keine Terminzettel beim Arzt, keinen Reminder im Handy und keinen Kugelschreiber, um mir etwas Wichtiges auf die Hand zu schreiben. Na, ich bin mal gespannt, was bei diesem Test rauskommt.

Vorsorglich habe ich jetzt erst mal das Lästern über die älteren Damen aufgegeben, die in der Umkleide im Schwimmbad keifend darauf beharren, dieser eine Schrank sei ihr Schrank – genaugenommen, seit ich auch immer wieder die Schranknummer vergesse und dann beschämt an der Rezeption um Auskunft darüber bitten muss, welche Nummer sich mein Schlüssel heute gemerkt hat. Alles Böse, das ich jemals gesagt oder auch nur gedacht habe, fällt mir wieder auf die Füße, das ahne ich schon länger und nicht erst, wenn ich wieder mal im Weg stehe, weil ich nicht gehört habe, dass es hinter mir jemand eilig hat. Wenn ich wieder mal beim Bezahlen im Restaurant den Beleg nicht lesen kann, *trotz* Brille. Wenn ich wieder mal ächze und im Treppenhaus nach der dritten Etage eine Verschnaufpause brauche, die sogar ich als würdelos empfinde.

Altern schürt Ängste vor den Emotionen, die es erzeugt – und diese Ängste können schnell stärker werden als die Angst vor körperlichen Veränderungen oder geistigen Einbußen. Und Altern ist auch deshalb mit Angst besetzt, weil es das Gegenteil von Selbstbestimmung darstellen kann. Es ist die Angst vor dem Ungewissen, dem unvorbereiteten Ausgesetztsein, auch dem Abgeschobenwerden bis hin zur medizinischen Behandlung, wo ein Arzt sagen könnte: Das lohnt sich doch nicht mehr. Bringt's nicht mehr. Kann man vergessen.

Und lange davor: die Angst, abgelehnt, unsichtbar oder verrückt zu werden, generelle Lebensangst, Existenzängste, Hilf-losigkeit. Angst vor Krankheiten, Angst vor ungesteuerten Veränderungen, Angst vor Entwicklungsaufgaben, Angst vor Kontrollverlust zählen zu den alterstypischen Ängsten. Eine ganz tiefe Angst wacht auf. Es ist die Angst vor Veränderungen, wenn die Flexibilität nachlässt. Manchmal äußert sie sich sehr banal: in der Angst, ausgelacht zu werden oder in der Stadt einen Parkplatz zu suchen; in der Sorge, ob man auf dem Flughafen das richtige Terminal finden und ins richtige Flugzeug steigen wird; in der Peinlichkeit, irgendwelche Hinweisschilder nicht zu sehen, und wenn doch, nicht zu verstehen.

Ich bin jetzt in einem *gewissen* Alter, und die anderen meines Jahrgangs sind es auch. Gewisses Alter – wie schamhaft und hilflos das klingt, aus der Zeit gefallen, in der wir jung waren und die Erwachsenen über andere Erwachsene sagten, dass sie in einem *gewissen* Alter seien. Mit neunundfünfzig Jahren befinde ich mich zweifellos und ganz eindeutig am äußersten Rand des mittleren Alters. Als jung würde mich niemand mehr bezeichnen, nicht einmal ich selbst in meinen euphorischsten Augenblicken. Aber von meinen Kindern abgesehen, würde mich wohl auch niemand (jetzt schon) eine alte Frau nennen. Im mittleren Alter bin ich also noch. Aber was hat das am Anfang des 21. Jahrhunderts eigentlich zu bedeuten?

 Altern heißt Hingucken!

Ich schaue in den Spiegel. Mit beiden Handkanten ziehe ich meine Haare auseinander und drücke sie längs vom Mittelscheitel flach auf den Kopf. In der Mitte macht sich eine schwarz-weiße, stinktierfarbene Spur breit; es könnte auch ein ausgetrocknetes Flussbett (aus dem Weltall betrachtet), eine achtspurige Autobahn oder ein dickes Kabelbündel sein. Aber nein: Es sind meine Haare, meine grauen

Haare, mein Grauen. Muss das denn schon wieder sein? Ja, es muss. Alle vier Wochen muss ich zum Ansatzfärben, so weit ist es jetzt gekommen. Es kostet viel Geld, es nervt und es muss sein.

Bitte, ich beklage mich nicht: Zeit, du Arschloch, nimm dir, was du willst. Lass meine Arme flattern, meine Knie knubbeln, meine Zähne wackeln, meinen Busen hängen, meine Augen trüb werden, meine Muskeln schwinden, meine Schulter schmerzen … Ach, mach doch, was du willst. Aber nimm mir meine Haare nicht, oder besser, die Farbe darauf nicht! Wie ich's auch drehe und wende – graue Köpfe, wohin man schaut. Das ist der blanke Horror für mich. Eintönig, traurig, langweilig. Grau ist ein Altersmerkmal, keine Farbe.

Mit meinen Handflächen bedecke ich links und rechts vom Scheitel die anderen Haare, die noch normal aussehen – braun eben. Die Haarfarbe, die mich seit einem halben Jahrhundert natürlich bzw. zunehmend aus der Flasche durchs Leben begleitet. Ich will ja keinen Beauty-Contest gewinnen, keine anderen Frauen ausstechen oder mit kalkuliertem Mähneschütteln junge Männer betören. Ich will nur meine eigene Haarfarbe behalten. Herrgott, ist das denn zu viel verlangt?

Ja, das ist zu viel verlangt. An grauen Haaren führt kein Weg vorbei, früher oder später sind sie da, ob man will oder nicht. Basta. 50 Prozent aller Menschen haben im Alter von fünfzig Jahren 50 Prozent graue Haare auf dem Kopf. Wo ist also das Problem? Ich bin das Problem. Graue Haare will ich nicht ertragen.

Meine Augen fokussieren die platte salz- und pfefferfarbene Mitte auf meinem Kopf, und ich versuche, den Anblick auf das ganze Haar zu übertragen. Mein Vorstellungsvermögen ist gut in Form, ich kneife die Augen zusammen, um besser zu sehen – das hier bin nicht mehr ich. In diesem Augenblick schaut meine Mutter mir direkt ins Gesicht. Immer wieder gerne, Mama, aber ausgerechnet jetzt? Der Besuch kommt immer so überraschend monatlich. Schnurstracks tippe ich eine SMS an Tanja, die Gebieterin über den vielfach verspiegelten Tempel der Schönheit: *Mayday! Ich brauche wirklich dringend einen Termin!* Sie antwortet prompt. Was die Natur verhunzt, ersetzt die Kunst – sagte vor vielen Jahren eine uralte Dame, als sie sich sorgfältig die welken Lippen vor dem Garderobenspiegel in der Oper rot anmalte und ich sie mit meinem Gaffen dabei störte. Dann setzte sie noch ein gönnerhaftes »Kindchen« hinzu und entschwand.

Jetzt ist es bei mir auch so weit. Jetzt brauche ich Kunst. Und zwar sofort.

Spätestens wenn Tanja einen Scheitel nach dem anderen zieht und die kalte Masse auf mein Haar aufträgt, atme ich tief durch. Wieder mal geschafft, war doch gar nicht so schwer, den kleinen Aufschub rauszuschlagen. Als Tanja meine Haare lauwarm auswäscht, stelle ich mir vor, wie Milliarden klitzekleiner Pigmente in den gurgelnden Tiefen des Abflusses verschwinden. Ein wohliges, frisches Gefühl macht sich auf meinem Kopf breit. Es prickelt ein bisschen, während sich die fremde Farbe in meine eigene verwandelt und so ein Teil von mir wird. Wenn die Haare getrocknet sind, wird man keinen Unterschied mehr sehen können. Alles meins.

Ich schaue wieder in den Spiegel. Nun ist meine Mutter wieder verschwunden, das bin zweifellos wieder ich. Zum xten Mal hat der Verjüngungszauber geklappt, und ich bin zutiefst erleichtert. Wie bei der geschenkten Stunde im Herbst, wenn die Uhr zurückgestellt wird. Man wacht auf, erschrickt, weil der Wecker schon acht Uhr zeigt, und dann – aufatmen, ruhig werden, die wunderbare Überraschung auskosten. Es ist erst sieben Uhr.

Und wenn ich keinen grauen Scheitel habe, bin ich auch gar nicht alt.

Nur ein kleiner spielverderberischer Gedanke trübt meine freudige und teuer bezahlte Erleichterung: Der neue Ansatz, über den ich mich in vier Wochen ärgern werde, hat klammheimlich schon wieder zu wachsen begonnen.

Kann man Altern lernen?

Hin und wieder überfällt mich der Gedanke an die Frauen meiner Familie vor mir – manchmal im Fitnessstudio, manchmal auf der Straße, in einer Bar oder in irgendwelchen Geschäften, manchmal einfach so. Ich kann daran in etwa ermessen, bis zu welchem Punkt sich mein Verhalten, meine Interessen und meine Verhältnisse von denen meiner Mutter unterscheiden, von meiner Großmutter ganz zu schweigen. Ich kann mir weder die eine noch die andere auf dem Laufband oder im Pilates-Kurs vorstellen, auch nicht bei dem Plan, im Herbst auf die andere Seite der Welt aufzubrechen, um einer alten Liebe auf den Grund zu gehen. Ob meine Mutter auf die Idee gekommen wäre, einen Tauchkurs in Thailand zu machen, ist schwer zu sagen. Und wenn ihr der Einfall gekommen wäre, hätte sie kein Sterbenswörtchen darüber verraten. Meine Mutter hätte bestimmt die körperlichen Voraussetzungen gehabt, um Sport zu treiben oder in der Weltgeschichte herumzureisen. Zu jener Zeit, die sie mit »in meinem Alter« bezeichnete, wäre sie vielleicht auch noch auf die Idee gekommen, das zu tun. Aber gemacht hätte sie es nie im Leben. Sie und ihre Freundinnen, die meisten Frauen ihres Alters, die ich kannte, sprachen flüsternd verschämt und manchmal über »ihr Alter« und umkreisten damit Themen wie die Wechseljahre, Krankheiten oder Fragen, was sich gehört und was nicht. Sie gestatteten sich nicht mehr, sich zu verändern, sich anzuziehen oder zu benehmen, wie sie wollten.

Schwer zu sagen, ob sich die Frauen noch früherer Generationen überhaupt Gedanken über ihr Älterwerden gemacht haben oder sich untereinander offen über die Frauenängste rund um die zweite Lebenshälfte ausgetauscht haben. Ich schätze, eher nicht. Weil die weibliche Rolle zu wenig Spielraum ließ, darüber laut nachzudenken? Weil Frauen von anderen existentiellen Sorgen belastet waren und ihr Älterwerden hinnahmen wie das Wetter? Ohne Smalltalk, weil es sich nicht gehörte, über drohende Attraktivitätsverluste zu lamentieren? Vielleicht betrachteten sie das Leben als von Gott, der Natur oder der Geschlechterordnung vorgegeben; vielleicht waren sie aber auch froh, ihre jungen Jahre, die Dramen um die Fruchtbarkeit, die heiße Phase des Familienlebens mit kleinen Kindern hinter sich zu lassen und wieder Bestimmerin über den eigenen Körper zu sein, sich aus dem Attraktivitätsstress zurückzuziehen und ganz eigenen Vorlieben nachgehen zu dürfen. Wie meine Großmutter, die ihre Stunden am Klavier über alles liebte – zumal sie das Klavierspielen viele Jahre zurückstellen musste, weil das Familienleben, die Haus- und Gartenarbeit den Löwenanteil ihrer Zeit forderten.

Aber wenn ich jetzt auch das gewisse Alter habe, was mache ich damit? Nie vergesse ich, wie mir meine Mutter als Fünfzigjährige in der Wäscheabteilung des KaDeWe im Tonfall einer keuschen Nonne erklärte, in ihrem Alter könne sie sich unmöglich noch im Badeanzug zeigen. Ich habe sie tatsächlich irgendwann nicht mehr schwimmen sehen. Und oft denke ich an sie, wenn ich im Sommer die grauhaarigen Frauen beobachte, die am Ostseestrand im Spaghettiträger-Hemdchen herumlaufen und ihre Oberarme im Wind flattern lassen. Sie gehen in kurzen Hosen spazieren, wobei sie der Sonne das faltige Dekolletee entgegenstrecken und das kühle Wasser auf ihren schwabbeligen Knien, fleckigen Waden und dunkel geäderten Oberschenkeln genießen, ohne sich auch nur das Geringste darum zu scheren, wenn sie mit schrägen Blicken bedacht werden. Gut so!

Ja, es stimmt, weder meine Großmutter noch meine Mutter wären auf die Idee gekommen, der Welt mit dem geblümten Sommerkleid auch ihre nackten unbestrumpften Beine zu präsentieren, ein

Dekolletee zu zeigen oder in Flipflops und Shorts herumzulaufen. Wir zeigen heute viel mehr Haut und dürfen das auch. Aber damit kommen auch Körperstellen ans Licht, die mit zunehmendem Alter an Liebreiz verlieren und irgendwie unbedingt künstlich aufgehübscht werden müssen – ein Umstand, durch den wir uns zusätzlich druckbetankt fühlen dürfen, weil wir plötzlich Attraktivitätskriterien unterworfen sind, die wir immer schwieriger und bald gar nicht mehr erfüllen können. Wo sich Mütter und Großmütter noch, vielleicht aufatmend, in Hochgeschlossenes flüchten konnten, die Röcke länger wurden und die Beine niemals nackig präsentiert wurden, fanden Frauen früher auch einen Freiraum, in dem manche Körperstellen, vor Blicken und Vergleichen geschützt, aussehen konnten, wie sie halt aussahen. Sobald es üblich wird, bestimmte Körperstellen vor aller Augen zu zeigen, entsteht eine Norm, wie die auszusehen haben – und das ist eine schlechte Nachricht für Krampfadern, gelbe Fußnägel, hängende Haut an den Oberarmen und knittrige Dekolletees. In der Ausweitung der Kampfzone gehen die Freiräume verloren. Davon erzählen uns nicht zuletzt die hängenden Hintern in Skinny Jeans, die immer traurig aussehen, auch wenn ihnen niemand etwas getan hat.

Ich kann mich nicht daran erinnern, meine Großmutter jemals anders als im Gewand einer alten Dame gesehen zu haben. Von Kopf bis Fuß in Schwarz oder Grau verpackt, trug sie stets Kleidung, die keine Farbe kannte und kaum Körperform enthüllte. Dabei war sie besonnen, vergnügt und voller Verständnis für meine Nöte – ohne sich davon hinreißen zu lassen. Ihr weißer Haarknoten wurde morgens sorgfältig aufgesteckt und hielt den Stürmen des Tages unbeirrt stand. Mit offenem Haar habe ich sie nie gesehen und habe den Anblick auch nicht vermisst. Und doch war sie, als ich ein Kind war, von der Zahl ihrer Jahre her viel jünger, als ich es heute bin!

In letzter Zeit ertappe ich mich immer wieder bei solchen albernen Rechenspielchen. Ich bin jetzt so alt, wie meine Mutter war, als sie offenbar beschloss, in ihrem Alter keinen Badeanzug mehr tragen zu können. Oder jetzt zu alt für roten Nagellack zu sein. Oder künftig ihrem Alter entsprechend, wie sie das nannte, auf flachen Schuhen durchs Leben zu gehen. Ihr langes Haar war schon mit dem vierzigsten Geburtstag gefallen und einer praktischen Kurzhaarfrisur gewichen. An meinem vierzigsten Geburtstag hatte sie mich telefonisch noch vor dem Glückwunsch wissen lassen, dass es im Leben einer Frau nach dem vierzigsten Geburtstag nur noch bergab gehe. Das ist jetzt zwanzig Jahre her, Himmelhilf!

Selbst das Autofahren gab sie auf und rückte neben meinem Vater auf den Beifahrersitz. Mit wie viel Stolz in der Stimme hat sie mehr als einmal verkündet, niemals eigenhändig das Auto betankt zu haben! Das hatte sie doch nicht nötig!

Offenbar können wir uns heute also nicht an vorangegangene Generationen mit der Frage wenden, wie wir uns in den nächsten dreißig Jahren als werdende Seniorinnen eigentlich kleiden oder benehmen sollen, was wir wagen dürfen und wie man über uns denken wird. Wie in der Umkleidekabine probiere ich Bilder an: Das Porträt der ehrwürdigen und respektgebietenden alten Dame, das Großmutter mir hinterlassen hat, passt nicht. Die verrückte Alte, die im Nachthemd spazieren geht, liegt auch noch fern. Rauchend, trinkend, Sport verachtend und flirtend – Grande Dame nach dem Bild von Catherine Deneuve, das wäre vielleicht etwas. Cool, selbstbewusst und gebieterisch wie Christine Lagarde, die Herrin des Geldes – auch diese Verkleidung hat ihren Reiz. Stark, abgeklärt und mit der Aura von »so einer macht man nichts vor«, das wäre ich gerne und male mir eine gewisse Grandezza aus. Vor meinem inneren Auge sehe ich mich ausschweifende Dinnerpartys schmeißen.

All diese Bilder können als Anhaltspunkte dienen, um den Ursprung bestimmter Lebenshaltungen besser zu verstehen. Aber heute ist es fast unmöglich, den Regeln der Altvorderen zu folgen, ohne Gefahr zu laufen, uns fast die Hälfte des Lebens zu verderben, indem wir Freiheiten und Möglichkeiten nicht nutzen, die sich Frauen im letzten Jahrhundert erobert haben. Dieser große Lebensabschnitt, der nicht mehr von den Rhythmen und Pflichten der Jungen geprägt ist, aber auch noch nicht dem abgebremsten Schlurfen der Hochbetagten unterworfen ist, ruft nach Gestaltung, ohne spontan auf historische Anleihen zurückgreifen zu wollen, sich in ihnen zu spiegeln und sie sich zum Vorbild zu nehmen. Aber es gibt sie doch: die mädchenhafte Verschmitztheit einer Dame wie Hildegard Hamm-Brücher. Die unendlich scheinende Güte und das feine wissende Lächeln meiner Oma. Den Sex-Appeal und die tiefe, lebenssatte Stimme von Tina Turner. Die Auswahl im Supermarkt der Schicksale ist riesig und fordert das Nachdenken über Fähigkeiten und Ziele, die man jetzt in den Blick nehmen muss, geradezu heraus. Besonders hat es mir Jeanne Calment angetan: Sie starb 1997 im Alter von hundertzweiundzwanzig Jahren. Sie war Raucherin, aß gern Schokolade, schüttete sich Olivenöl über sämtliche Lebensmittel, begann mit fünfundachtzig Jahren zu fechten, fuhr bis zu ihrem hundertsten Lebensjahr Fahrrad und lebte bis zu ihrem hundertzehnten Geburtstag allein. Und als Französin hat sie auch ihr ganzes Leben lang Rotwein getrunken.

Aber vielleicht müssen wir einfach nur leben und uns kein bisschen um die Meinung der Mitmenschen scheren? Das wäre eine schöne Möglichkeit, dem Alter zu trotzen. Nichts mehr auslassen. Vielleicht sollten wir alle versuchen zu tun, was wir tun wollen. Warum sonst der ganze Aufwand? Außerdem wird man mit einem schlechten Ruf immer noch besser fertig als mit einem schlechten Gewissen.

Vielleicht werden wir aber auch Zeugen einer Verschwörung der geburtenstarken Jahrgänge. Dem Fachkräftemangel und der demografischen Entwicklung sei Dank: Heute sieht es so aus, als könnte es sich bald niemand mehr leisten, in den Ruhestand zu gehen, und deshalb spazieren wir einem Zeitalter entgegen, in dem es normal sein wird, dass wir uns mit sechzig an der Uni einschreiben, uns ein Fünfundsiebzigjähriger das Auto repariert, den Bypass legt oder das Badezimmer fliest. Wir sollten unser Denken darauf einrichten und von vornehrein jeden zwanzig Jahre jünger schätzen, als der äußere Anschein oder der Personalausweis sagt. Dann werden wir uns viel besser fühlen, wenn der zweiundachtzigjährige Briefträger die Post bringt, darunter der kurze Brief der einundvierzigjährigen Tochter, die an der Berliner Universität der Künste als Post-Post-Post-Post-doc arbeitet und wieder einmal Geld braucht, um die Kaution für die endlich gefundene Mietwohnung zu finanzieren.

So denke ich und fahre und denke weiter und dann wieder im Kreis. Ich sollte mich beeilen, schließlich fängt die Schule bald an.

Wie es aus gut unterrichteten Kreisen heißt ...

Zurück zum Klassentreffen. Beinahe pünktlich bin ich mittags über den gepflasterten Schulhof in das riesengraue Gebäude gerannt. Dass ich länger gebraucht habe, weil ich plötzlich den Weg vergessen hatte, den ich jahrelang vom Bahnhof zu dem hässlichen Siebziger-Jahre-Klotz, morgens hin und mittags zurück, getrottet bin – Schwamm drüber.

Kein Mensch zu sehen, wie früher, wenn man zu spät kam. Alle saßen längst an dem für sie vorgesehenen Platz, nur ich wieder nicht. Aus den Augenwinkeln sah ich, dass es die Raucherecke nicht mehr gab. Dort, wo wir nach Leibeskräften pafften und quarzten, brennende Blicke warfen und uns in unübersichtliches Gerede verstrickten, wo die Mädchen die Köpfe zusammensteckten, um die Jungs zu besprechen, standen drei langweilige Koniferen. Der Aschenbecher war verschwunden, das Pflaster ordentlich gefegt.

Um ein Uhr wollten wir uns im Foyer der Schule treffen, hatte das Orga-Team geschrieben. Danach volles Programm, vor allem viel Zeit zum Quatschen, so der Plan. Ein uralter gelber School-Bus, der schon damals für einen Oldtimer durchgegangen wäre, sollte uns ein bisschen in der Gegend herumfahren, dann den Berg hinauf zum Schloss, wo mit Kaffee und Kuchen eine große Pause stattfinden sollte. Vom Schloss wieder herunter war ein Spaziergang zum Minigolfplatz geplant, am Hang entlang durch den neu angelegten Friedwald – warum auch immer? Ich hatte mich gefragt, ob wir uns da alle schon mal ein Plätzchen aussuchen wollten und vielleicht die Konstellationen auf dem Schulhof eins zu eins im Friedwald für die Ewigkeit nachbilden könnten. Die blöde Idee behielt ich aber für mich.

Die große Uhr am Eingang, der Feind aus Schülertagen, drohte und trieb zur Eile wie eh und je. Mein Herz raste los, als hätte es plötzlich von ganz allein den Ort erkannt und sich daran erinnert, hunderte Male hier zu spät gekommen zu sein. Da vorne, das mussten sie sein. Ich kannte keine einzige Menschenseele. Im Laufe der nächsten Stunden vom Samstag- bis zum Sonntagmittag würden sie sich alle in das handelsübliche Personal eines Tolstoj-Romans verwandeln, bei dem neben jeder Figur immer wieder die Frage auftaucht: Wer war das noch mal?

Auf einmal erschienen mir die fremden Leute wie Botschafter aus einer Zeit, die ich zwar nicht zurückhaben möchte, die aber ein Versprechen enthielt: jede Menge Zeit zum Verbasteln nach eigenen Vorlieben, Ideen, Möglichkeiten. Zukunft betrachteten wir als etwas, auf das wir ein Recht hatten.

Ich versuchte, mich unauffällig einzureihen, was mir genauso wenig gelingen sollte wie früher. »Du schon wieder. War ja klar, dass du zu spät bist«, knurrte ein hagerer älterer Herr mit schlohweißem Haar neben mir und lächelte. Keine Ahnung, wer das war. Ich hätte schwören können, dass ich den Mann noch nie gesehen habe. Und die anderen Männer und Frauen, die dort herumstanden, auch nicht. Die fremden Menschen lauschten dem Vortrag eines ergrauten Herrn über die Geschichte der Schule, in dem ich erst Stunden später einen Referendar erkannte, den wir seinerzeit in der Mathestunde versucht hatten zum Weinen zu bringen. Aber die anderen? Fehlanzeige. Ich überlegte kurz, ob ich auf der falschen Veranstaltung gelandet war, den Termin verwechselt hatte, die Uhrzeit missverstanden. »Ist uns allen anfangs so gegangen«, flüsterte der Mann neben mir und deutete meine Verwirrung richtig. »Warte einfach mal ab. Am leichtesten erkennt man die Stimmen. Ich bin übrigens Eberhard«, sagte er und schüttelte meine Hand.

»Oh, ich hatte dich jünger in Erinnerung«, wollte ich kalauern, biss mir aber im letzten Moment auf die Zunge. Wer weiß, ob ich seine Antwort wirklich verkraften würde.

Er hatte recht, tatsächlich: Wie aus dem Nebel tauchten plötzlich in den zerknitterten Gesichtern der Fremden die vertrauten Züge längst vergessener Mitschüler auf, mit und ohne Namen. Wenn man den anderen zum letzten Mal gesehen hat, als man selbst noch jung war, überlegt man schon, ob man einander überhaupt wiedererkennt. Das hatte ich auf dem Weg hierher gedacht. Jetzt waren mir nicht die Gesichter, aber Bewegungen und Körperhaltungen, erst recht die Stimmen schnell vertraut. Nur die oberste Schicht eines Menschen wandelt sich, und selbst die nicht allzu sehr. Im Grunde bleiben wir wohl doch die Gleichen, staunte ich, und an diesem Tag nicht zum letzten Mal.

Eine Zeitreise

Die magische Verwandlung ergriff jeden: Die allermeisten Brillen lösten sich in Luft auf, wundersamerweise sprossen blonde, braune und schwarze Schöpfe auf Glatzen, weiße Locken färbten sich auf einmal tiefschwarz oder goldblond, ein Vollbart begann kupfern zu strahlen. Dicke Bäuche schmolzen dahin, hier und da zeichneten sich schon Taillen ab. Ausladende Hinterteile schnurrten zu knackigen Popos zusammen, die abwärts in Schlaghosen steckten, plissierte Wangen schienen glatt gebügelt wie von Zauberhand. Braune Flecken auf Händen und Gesichtern verblassten. Lidfalten verschwanden und ließen braune, blaue und grüne Augen erstrahlen. Falten zogen sich glatt, wie von Geisterhand berührt, hier und da zeigten sich ein paar Pickel. Schon nach ein paar Stunden waren wir alle wieder sechzehn. Und saßen in exakt den Gruppen und Grüppchen zusammen, in denen wir vor vierzig Jahren auch auf dem Schulhof zusammengestanden hatten. Damals allerdings glich die Pärchendichte in den großen Pausen, bei den Schulfeten und Kursfahrten einem Samstag bei Ikea, heute ist jeder einzeln angereist und bleibt auch vereinzelt. Sprüche fliegen wie beim Ping-Pong hin und her, eine geschwisterhafte Vertrautheit verbindet alle lose und anstrengungslos miteinander, wie man sie später im Leben selten noch erreicht.

In allen Ecken wurde gemurmelt, getuschelt und gekichert wie in einer Schulklasse, die der Lehrer für ein paar Minuten sich selbst überlassen hat – und so ganz falsch war das ja auch nicht, wenn man in Rechnung stellt, dass sich an diesem Nachmittag vierzig Jahre wie ein paar Minuten anfühlten.

»Weißt du noch?« Die Frage schwebt im Raum, umgaukelt wie ein betrunkener Schmetterling die Gespräche, lässt sich auf Tischen nieder, hockt sich auf Schultern und springt wieder und wieder aus Mündern. Und dann kommen die Erinnerungen zurück. Wir erzählen uns, was wir eigentlich schon längst wissen, jetzt aber aus der Perspektive von heute. Manchmal verstehen wir dadurch etwas in unserem Leben besser, manchmal wundern wir uns über uns selbst, manchmal geht uns ein Licht auf über die Beweggründe der anderen. Wir ärgern uns nachträglich, oder wir freuen uns. In unseren Erzählungen berichten wir uns gegenseitig über unser Leben und darüber, wie wir wurden, was wir heute sind. Wir berufen uns auf vergangene Zeiten, erzählen damit, wie anders wir heute bestimmte Dinge sehen, und versuchen zu ermessen, was es damals für die inzwischen vergangene Zukunft bedeutet hat, die Dinge so und nicht anders gesehen zu haben. »Weißt du noch, wie furchtbar gestresst du im Abi warst, weil du unbedingt die besten Noten haben wolltest und keine Chance hattest, das zu schaffen?« Entspannt lehnt sich Carmen zurück und erzählt, dass dieses Problem ihr Leben noch lange geprägt hat. Dann sei sie depressiv geworden und habe erst mithilfe einer Psychotherapie gelernt, das Leben zu genießen. Heute nimmt sie sich viel Zeit für ihren Garten, für ihre drei Pferde – und es wird noch mehr werden, lacht Carmen. »Gerade weil ich das alles verpasst habe, als ich jung war.«

Ein Kreis schließt sich. Oder ist es ein Jahresring? Gestern erst haben wir in der Aula unsere Abiturzeugnisse in Empfang genommen, überwiegend ungeduldig, denn diese Zeremonie sollte die letzte Hürde vor dem richtigen Leben sein, das dahinter auf uns wartete und um Gestaltung bettelte. Freiheit vor allem und von allem: Das war damals ein großes Wort, während wir mit den Hufen scharrten. Heute, an diesem Abend, sitzen wir in einer Kneipe mit Minigolfplatz und erzählen uns unsere Lebensgeschichten – beschämende, problematische, beglückende, komische und schreckliche Wendungen. Wie eine Generalprobe: Wir proben, die Geschichte so zu erzählen, dass wir gut damit leben können. Dazu gehört auch, sich an Geschichten wieder zu erinnern, die man vergessen hat und die geeignet sein könnten, ein anderes, zusammenführen

Licht auf das eigene Leben zu werfen. Dazwischen spielen wir Lebensquartett und ziehen die Karten *Abgrenzung* und *Vergleich* aus dem Stapel: Bis du verheiratet? Geschieden? Was machst du beruflich? Hast du Kinder? Schon Enkel? Wie viele? Wo lebst du?

Eigentlich hat sich nichts verändert. Petzen werden nicht sympathisch, nur weil sie älter geworden sind. Die beliebtesten Mädchen halten noch als gestandene Frauen genauso Hof wie damals. Die Schüchternen sind schüchtern geblieben. Der Klassenclown, der tolle Typ, der Kotzbrocken, der Langweiler, der Angeber: alle wieder da. Plötzlich weiß man wieder, wer einen abschreiben ließ und wer nicht, wer einen ärgerte, wer einen ignorierte, wer für einen log und auf wen man sich verlassen konnte. Der blonde Typ mit den strahlend blauen Augen und dem rotzfrechen Grinsen ist auch dabei. Manfred heißt er immer noch, aber der Schüler ist jetzt Schulleiter. Tatsächlich sind die meisten Lehrer geworden. »Bei mir war ja klar, dass ich Ingenieur werde«, lächelt Uwe, ein anderer Fremder von heute Nachmittag, der sich plötzlich als Uwe aus dem Chemie-Leistungskurs zu erkennen gab. *Der* Uwe, einer von vier Uwes und entschieden der Coolste damals. Er war der erste, der mit dem Motorrad zur Schule kam und alle Blicke auf sich zog, schon weil er den ganzen Tag in seiner Ledercombi herumschlenzte und seine Zigaretten selber drehte. Keines Blickes hat er mich damals gewürdigt, und heute quatschen wir stundenlang über Gott und die Welt, und es sollte noch bis tief in die Nacht dauern. Die paar, die Stunden später als letzte die Party verlassen, hielten sich schon früher für den harten Kern.

»Drei von uns sind schon tot«, hatte Uwe gesagt, als wir alle zusammen durch den Friedwald stiefelten. »Wusstest du das?« Er lachte über mein verdutztes Gesicht. »Was glaubst du denn, warum das Orga-Team diesen Programmpunkt Spaziergang durch den Friedwald wollte?« Er grinste: »Ad pluribus ire, erinnerst du dich? Zu den Vielen gehen«, half er mir aus. »So haben die alten Römer das Sterben umschrieben. Haben wir in Latein mal gelernt. Vergessen?«

Ich zuckte mit den Schultern, sagte lahm »Angeber!«, und dann wurde mir alles auf einmal klar. »Hier?«, fragte ich und deutete vage über die hohen Baumwipfel und das Unterholz, in dem kleines Getier summte und surrte. »Wer?« Uwe nickte. »Thomas hat dahinten seinen Baum, da liegt er.« Und die anderen? »Also, Yvonne ist schon lange tot, sie wurde von ihrem Liebhaber ermordet«, begann Uwe sehr langsam. »Andi hatte einen Verkehrsunfall, und Thomas …« Er räusperte sich. »Der ist letztes Jahr gestorben. Lungenkrebs.« Thomas und Uwe waren damals *best buddys,* die Freundschaft hatte offenbar ein ganzes Leben gehalten. Uwe erzählte, dass Thomas in seinen Armen gestorben sei und einen coolen letzten Wunsch gehabt habe. »Er wollte einen Trapper-Abgang.« Uwe grinste schief. »Ein Schwamm mit Whiskey getränkt und eine Kippe, die ich gehalten habe, während er daran zog.« Wir schwiegen für den Rest des Weges, aber es war ein schönes, einträchtiges Schweigen, das erst am Minigolfplatz wieder aufbrach und einen neuen Strom von Geschichten und Gelächter freigab, in den sich nun auch noch die Freude darüber mischte, noch am Leben zu sein.

 Altwerden hat auch Vorteile: Karzinome wachsen langsamer.

Wie Wesen von einem anderen Stern? Das sind doch wir!

Früher einmal habe ich geglaubt, alte Leute wären grundsätzlich Wesen von anderer Art als junge Leute. Bis um meinen fünfzigsten Geburtstag herum dachte ich von alten Menschen als einer fremden Spezies, die in derselben Welt parallel existiert, ohne Berührungspunkte mit Jüngeren. Über das Bewohnen des gleichen Planeten hinaus konnte ich mir keine Verbindung vorstellen. Bis dahin konnte ich mir nicht ausmalen, dass eine klapprige alte Frau mit Rollator vorzeiten ein strahlendes, kicherndes junges Mädchen gewesen sein sollte und ein gesetzter, in Missbilligung erstarrter Rentner ein lebenslustiger Hallodri, mit Kippe im Mundwinkel vielleicht und in einem Haushalt beheimatet, in dem das Gästebett nie kalt wurde und der Korkenzieher immer in Bewegung war. Oder umgekehrt: dass aus diesem angriffslustigen Skateboardfahrer ein dahinschlurfender alter Sack werden sollte, der über die Jugend von heute lamentiert, während ihm die Spucke aufs Kinn tropft; und aus jener feenhaften Erscheinung mit langem rabenschwarzem Haar eine dicke Matrone mit grauer Kurzhaarfrisur, quasi dem Linoleumboden weiblichen Stylings. Fremd wie die Vorstellung, dass noch der übelste Massenmörder, Vergewaltiger und Kriegsverbrecher einst mit einem unwiderstehlich engelhaften Babylächeln das Herz seiner Mutter erwärmt hat. Misslungen meine Versuche, im alten das junge Gesicht und im jungen das alte Gesicht zu imaginieren. »Alte haben gewöhnlich vergessen, dass sie jung gewesen sind, oder sie vergessen, dass sie alt sind, und Junge begreifen nie, dass sie alt werden könnten«, schrieb Kurt Tucholsky, und ich verstehe endlich, wie es dazu kommt: Ich konnte die jungen Züge nicht ins Alter morphen, das alte Gesicht nicht zu vergangener Jugendfrische zurückrechnen. Es gab keine Brücke zwischen beiden Existenzen.

Jetzt sehe ich sie deutlich: Seit dem Vexierspiel der Gesichter auf dem Klassentreffen kann ich erkennen, was diese Welten verbindet, changierend, in Teilen beschädigt, in anderen Teilen noch stabil – es ist eine dehnbare, aber unauflösliche und teilweise sehr unterirdische Verbindung. Die Jugend liegt nicht hinter uns, sondern in uns.

Eine seltsam verdrehte Selbsteinschätzung lässt an diesem Klasse-Abend für Momente die vergangenen Jahre verblassen. Während ein paar ältere Fotos die Runde machen, sind wir uns schnell einig, dass es zwar schade, uns im Inneren aber schnurzegal ist, dass Schwerkraft und Spannkraft ein ungleiches Paar sind. Zugegeben, Altern macht nicht immer Spaß. Eigentlich eher gar nicht. Selbst wenn es schrittweise und schleichend vor sich geht, kommt die Erkenntnis meist plötzlich – sie fällt über einen her. Jetzt bin ich alt. Ändern lässt sich daran nichts. Gut, wenn man nicht gleich zu Tode erschrickt, sondern bis dahin einige Dinge für sich geklärt hat. Unter anderem, dass man sich nicht über sein Alter definieren will – und von anderen nicht definieren lässt. Heute Abend geht das gut: Wir sind alle ein Jahrgang und stehen vor oder kurz nach um einen runden Geburtstag herum, der es in sich hat.

Streber, Angeber, Klassenclowns, everybodys darlings ...

»Ich mag diese Sechs nicht«, hörte ich heute Nachmittag Petra vor Publikum lautstark lamentieren. Unter den Blicken ihrer Bewunderer blühte sie auf und plapperte los wie ferngesteuert. »Mit der Fünf konnte ich gut leben, die Vier war mir wurscht und die Drei eigentlich auch. Aber die Sechs passt irgendwie nicht zu mir. Dann eher schon die Neun. Aber davor kommen noch die Sieben und die Acht, die kann ich beide nicht leiden, noch weniger als die Sechs.« Micha sagte etwas lahm, was sie von ihm erwartet hatte: »Aber bisher hast du dich doch gut gehalten!« Die Ex-Jungs am Tisch nickten und rührten sinnend in ihren Kaffeetassen. Petra strahlte und strich sich die grauen Locken aus der Stirn. »Meinste?«

Seit Stunden schon flitschen die Gesprächsthemen zwar von Altersteilzeit bis Fersensporn und Frührente, doch immer wieder kommt's zum Showdown. Lebensleistungen werden gepostet, die Angeberei dreht irre Pirouetten. Am Tisch nebenan versteigt sich Karin gerade zu der steilen These, man dürfe heute doch wohl von jeder Ärztin, jedem Arzt erwarten, dass er oder sie Grundzüge des Arabischen und Türkischen beherrscht. Für sie als praktizierende Kinderärztin in eigener Praxis sei das jedenfalls selbstverständlich. Als sie dann demonstrationshalber auf Arabisch weiterredet, verstehen zwar weder die Ex-Jungs noch die Ex-Mädchen, was sie sagt. Aber sie kriegen den Mund vor lauter Bewunderung kaum noch zu.

»Ihr wisst ja bestimmt noch, dass ich schon immer ein Tramp war«, lässt sich Martin vernehmen und baut sich eine kleine Steilvorlage zurecht, um mit einer ausführlichen Schilderung seiner Weltenbummeleien aufzuwarten. Er hat die Wüste Kalahari durchquert, wäre im bolivianischen Dschungel beinahe einmal entführt worden, der Globetrottel, wurde in Libyen dreimal überfallen und hat in der Antarktis zwei Sonnen gesehen. Total nüchtern!, beteuert er. Doch das Beste waren die Monate in der Mongolei, wo er in einer Jurte lebte. »Hat von euch schon mal jemand Kamelmilch getrunken?«, fragt er lauernd in die Runde. Glücklicherweise keiner, und schon legt er los, die begleitenden Umstände des Kamelmilchtrinkens zu erläutern.

Ach ja, das Reisen. Allmählich wird's Zeit. Weil ich anfange, mich zu langweilen, wenn ich zu viel in der Vergangenheit lebe. Weil mir die Kinder mehr fehlen, als ich erwartet hatte. Solange die Beine stark genug sind, um die Gangway eines Flugzeugs, die Stufen der Mayatempel oder wenigstens das Trittbrett vom Wohnmobil hinaufzusteigen, solange Augen und Reaktionsvermögen erlauben, ein Auto oder Fahrrad zu fahren, solange man sich Hotelübernachtungen und Wellnesswochenenden leisten kann, sollte man's tun, so der Klassenkonsens.

Mit Martins Kamelmilchabenteuer war der Korken aus der Flasche, und schon nach den ersten Ländernamen, die aufgerufen wurden, fühlte ich mich ziemlich abgehängt. Alle außer mir waren schon überall. Seit DHL ... Ich habe noch immer kein Wort dafür, denn er war weder zu beschäftigt, krank, beleidigt, noch in eine andere Frau verliebt ... Seit DHL also nicht mehr auf dem Bahnsteig, im Restaurant oder im Hotelzimmer auf mich wartete und auch bestimmt nicht mit mir nach New York fliegen würde, war mir die Lust ziemlich vergangen. Ich wollte das Reisethema schweigend überstehen, sonst hätte ich einräumen müssen, dass ich weder Vietnam noch Mexiko noch Namibia oder Thailand bereist habe und auch die Schönheit der Malediven nur vom Aldi-Reiseprospekt ahnend ermessen konnte. So still wie ich auch damals im Stehcafé blieb, als es darum ging, wer jetzt schon hat und wer noch nicht, und ich hatte noch nicht, noch lange nicht, und die anderen hatten schon und warteten mit Details auf, deren Wahrheitsgehalt ich zwar kaum beurteilen konnte, die mich aber schwer beunruhigten.

Zum Glück war ich wenigstens mal eine Woche in Hongkong, aber das ist eine andere Geschichte, und von Hongkong habe ich auch nichts gesehen, was ich erzählen könnte. Genau wie in den vier Wochen Sydney. Ich hätte versuchsweise ein paar Bemerkungen über den Duft der Eukalyptusbäume in den Blue Mountains fallen lassen können, mich einmal mehr über hüpfende Kängurus begeistern, die meine Wege kreuzten, oder kenntnisreich die Finten des Bootsverkehrs am Circular Quai erörtern. Aber dann ließ ich's doch lieber sein. Meine Laune sank. Ein innerer Temperatursturz. Wenn ich doch wenigstens einmal die Pyramiden besucht und den Nil befahren, den Jakobsweg erwandert oder den Traum von der Panamericana auf dem Motorrad verwirklicht hätte!

Andererseits hört sich das, was hier an Reiseberichten zum Besten gegeben wird, jetzt so an, als seien selbst die größten Reiseziele gar keine großen mehr und Länder wie China, Australien oder Neuseeland inzwischen genauso banal wie Spanien, Italien, Frankreich oder die Mecklenburgische Seenplatte und der Gardasee.

Adventure before dementia lässt sich auf einen Nenner bringen: So häufig und so weit wie möglich verreisen zu wollen, als Paarhufer gern in Begleitung des Gatten, ansonsten mit der besten Freundin oder gleich in einer Gruppe – betreutes Reisen unter der Bedingung, dass man an allen Enden der Welt den minimal notwendigen Komfort in Gestalt eines richtigen Bettes und heißen Wassers zum Waschen vorfindet. Dazu nicht zu exotisches Essen, keimfreies Mineralwasser und medizinische, deutschsprachige Versorgung in Rufweite.

 Du musst reisen vor dem Sterben, sonst reisen deine Erben.

Gefühlt sind wir heute tatsächlich um die Sechzehn, Siebzehn oder Neunzehn – mit dem einzigen Unterschied, dass wir heute quatschen, wo wir damals getanzt, gekifft, getrunken und in dunklen Ecken geknutscht haben. Diesbezüglich ist eine Art hormoneller Ruhe eingetreten, die ich mir früher oft gewünscht hätte. Ich bin nicht sicher, ob ich mich darüber freuen darf. Eigentlich fehlt mir nichts, aber sollte mir nicht genau das fehlen?

Mir fällt dieser Moment wieder ein, vor ein paar Wochen auf dem Laufband mit Blick auf die Saunaterrasse, dicht besiedelt mit nackten Männern in allen Grautönen dieser Welt und Formen, die nicht immer von Tüchern gnädig verhüllt wurden. Die meisten waren deutlich jenseits der Fünfzig. Wozu jetzt noch mal die ganze Aufregung? Es war mir entfallen. Etwa wegen zwei trauriger Kröten unter einem kaputten Ast?

Die Männerrunde am Tisch betrachtete ich wie die Schwarz-Weiß-Bilder in alten Filmen, aus großer innerlicher Entfernung und komplett frei von Begierden aller Art. Gut, mit einigen von ihnen hatten wir Ex-Mädchen noch vor dem Abitur das Spiel »Feste Beziehung« ausprobiert, mit allen Schikanen sogar: Es gab Betrug, Seitensprung, Drama, Trennung. Man lebte sich auseinander, fand bei der nächsten Fete wieder zusammen oder ging ab sofort getrennte Wege und wurde füreinander zu Luft. Vorbei – wahrhaftig ein dummes Wort. Selbst wenn die Ex-Jungs an diesem lauen Sommerabend alle im T-Shirt dahockten und attraktiv schwitzten, Wein und Bier in Strömen flossen und die Stunde spät genug für ein reifes Entgleisen gewesen wäre.

Erreichte da noch irgendetwas mein erotisches Radar, ein kleiner Funkspruch aus den plaqueverklebten Synapsen meiner Großhirnrinde? Hallo Mandelkern, jemand zu Hause? Eher nicht. Als ich jung war, hielt ich ein ruhiges Leben für ein Versehen, das einem unterläuft, wenn man nicht aufpasst. Neuerdings buchstabiert sich die Idee vom vollkommenen irdischen Glück für mich so: unbehelligt bleiben, für mich sein dürfen, in Ruhe gelassen werden.

Dabei sind sinnliche Empfindungen ja nicht ganz auf der Strecke geblieben und durchaus noch lebendig oder tauchen jedenfalls manchmal überraschend aus ihrem Winterschlaf auf. Die Fata Morgana von DHL auf meiner Bettkante ersteht nicht immer, aber immer noch immer wieder. Aber Sinn und Sinnlichkeit gelten nun bisweilen seltsameren Zielen in ungekannter Intensität. Wasser auf der Haut, wärmende Sonnenstrahlen im Gesicht, Klavierspiel, die versunkene Beobachtung nestbauender Elsternpaare vor dem Fenster, von kulinarischen Genüssen mal ganz zu schweigen.

Umgeben von so vielen Gleichaltrigen, fühlte ich mich wie in den sprichwörtlich alten Zeiten, die sich in Wirklichkeit auf die »jungen Zeiten« beziehen, in denen wir alle jünger gewesen sind. Sichtbar gealtert war nur der Körper, im Kern sind wir die Alten geblieben, zumindest in unseren Augen: die Stillen, die Besserwisser, die Liebevollen, die Witzigen, die Aufmüpfigen, die Klugen und weniger Klugen. Keiner und keine scheint dem Einheitssechziger zu entsprechen, dem Klischee des angepassten, schlecht gelaunten oder ziellos treibenden, vergangenheitsverliebten und gegenwartsgestressten alten Menschen. »Und nächstes Jahr werden wir alle sechzig«, habe ich mehr wie zu mir selbst gesagt und wollte eigentlich mal die Frage in den Raum stellen, wie diese Zahl vor den anderen oder sie vor dieser Zahl stehen. »Wie vor einer Mauer.« Micha rollt mit den Augen. »Wer weiß, ob's dahinter weitergeht.« Mit schwerer Zunge bekundet Bernd in gewolltem Pathos, das Älterwerden sei für ihn ein Weg, auf dem er freiwillig voranschreite. Dann lacht er und prostet vage in die Runde. Manfred tut so, als hätte er meine Frage nicht verstanden, und strahlt mich an. »Man ist doch nur so alt, wie man sich fühlt.« Jetzt bin ich dran mit dem Augenrollen. Bekunden, sich jünger zu fühlen, um die gängigen Vorurteile auszutricksen? Keine ganz dumme Idee, die merke ich mir.

Alte Säcke und alte Schachteln, runderneuert

Doch offenbar haben die meisten Herren (warum werden mit dem Alter die Männer zu Herren?) kein nennens- oder bekennenswertes Problem mit der großen Zahl. Sehen nur wir Frauen dem Älterwerden mit Widerwillen, Gegenwehr, Angst und sogar Scham entgegen? Männer hingegen meinen offenbar wenig fürchten zu müssen. Im Gegenteil, ihre Falten, grauen Haare und Kanten stehen für Reife, Erfahrung und einen festen Stand im Leben. Da mögen die traditionellen Rollen für Frauen noch so sehr aufgebrochen sein, bezogen aufs Älterwerden lässt sich die Ungleichheit einfach nicht verleugnen und degradiert Frauen in die alte (!) Unterlegenheit des beherrschten und sich selbst beherrschenden Geschlechts. Kollektiv geteilte Vorlieben und Abneigungen und die Frage, wen Falten hässlich und wen sie attraktiv machen, streifen nur die Oberfläche. Dahinter geht es um Vorurteile, Abwertung und um die Verteilung von Macht, Einfluss, Positionen. Jenseits der Fünfzig, spätestens Sechzig, manchmal schon mit vierzig Jahren werden Frauen unausweichlich zum Mängelwesen. Unter der Knute des »Nicht mehr« leiden Frauen ungleich stärker als Männer – nicht mehr jung, nicht mehr erotisch, nicht mehr attraktiv, nicht mehr imstande, unter vielen Möglichkeiten wählen zu dürfen. Alles wird weniger, das sollen wir glauben und tun es viel zu oft auch. Älterwerden als Problem, als etwas, das uns zu schaffen macht, darum drehen sich immer mehr meiner Gespräche mit Freundinnen und Kolleginnen. Männern hingegen schadet das Älterwerden in gesellschaftlicher Hinsicht offenbar wenig, und noch die Selbstbezichtigung als alter Sack kommt leicht ironisch daher. Nach herrschender Meinung können ihnen die Jahre sogar sehr guttun. Sie bedeuten ein Mehr an Persönlichkeit, Ausstrahlung, Sicherheit, Reife und, wenn's gut läuft, sogar an Geld und Macht.

Klaus räusperte sich. »Äh, ich muss euch was sagen«, schnaufte er. »Ich bin schon zweiundsechzig«, flüsterte er und machte den Rücken gerade, als die anderen ihn anschauten. »Ich bin zweimal sitzen geblieben, bevor ich zu euch auf die Schule kam. Davon hab ich aber nichts erzählt, weil mich so geschämt habe.«

Müssen eigentlich Junge oder Alte mehr ackern? Es schien damals offensichtlich, dass wir Jungen viel mehr tun müssen. Wir mussten lernen, arbeiten, Geld verdienen, uns im Hypothekenstress der mittleren Jahre über Wasser halten und geschmeidig in höchst verschiedene Rollen schlüpfen. Wir wurden ermahnt, zensiert, gerügt und ausgenutzt, während die Alten auf riesigen Kreuzfahrtschiffen über die sieben Weltmeere gondelten und sich auf der Sonnenseite ausruhten. Auf ihrer Selbstzufriedenheit, ihrem Übergewicht und ihrer Rente. Dieser Eindruck verblasst mit der Zeit und macht einer neuen Erkenntnis Platz: Wer älter wird, muss mehr tun. Tatsächlich mehr tun, um die morgenstarren Füße aus dem Bett auf den Boden zu setzen und die ersten Schritte zu gehen. Die Schultern zu dehnen und sich dann hochkonzentriert Wirbel für Wirbel aufrichten. Man muss mehr tun, um den Bus zu erreichen und an der richtigen Station auszusteigen, sich dem Schnösel an der Hotline verständlich zu machen, eine Stadt zu besichtigen, zu spätes Essen oder zu viel Wein zu verkraften, einen guten Eindruck zu machen. Wer altert, muss mehr leisten für einen vertretbaren Level an Geistesgegenwart, Wachheit, Schlankheit, Haarvolumen, Muskelmasse, Ansehnlichkeit, Aufmerksamkeit, Gedächtnisvermögen.

Und wer empfindet, dass er jetzt mehr tun muss, und das meist maulig zum Ausdruck bringt, hält die Arschkarte auch noch hoch, die er gezogen hat. Er offenbart, dass er bereits dazugehört, zu jener bislang fremdartigen und scheinbar überflüssigen Spezies. Und deshalb sind die Parks, Schwimmbäder und Fitnessstudios voll mit älteren Menschen, die mit der Arbeit an sich selbst beschäftigt sind und auf dem Laufband die missliche Lage des Auf-der-Stelle-Tretens in eine sportliche Performance verwandelt haben.

Wann ist es eigentlich normal geworden, einen Marathon oder doch mindestens einen Halbmarathon zu laufen? Mit dem Fahrrad zur Arbeit zu fahren, den Samstagvormittag im Fitnessstudio zu verbringen und den Urlaub im Yoga-Retreat? Als ich um die Zwanzig war, war das kaum vorstellbar. Wanderurlaube hießen noch genauso und fanden im Harz statt; sie kamen nicht als Hiking-Tour daher, die spezielle Outdoor-Outfits erforderte. Außerdem waren sie etwas für alte Leute. Das Windsurfen war gerade erst erfunden, genau wie der Berlin-Marathon. Die wenigsten Erwachsenen besaßen ein Fahrrad und hätten sich wahrscheinlich kopfschüttelnd abgewandt, wenn ihnen jemand vorgeschlagen hätte, auf einem Tretroller durch die Stadt zu kurven. Heute trainiert alle Welt, das Work-out boomt, und die Golden Ager, Silver Flitzer und welche schnittigen Bezeichnungen die Werbeindustrie noch finden mag, lenken luxuriöse Heime auf vier Rädern über die neuseeländischen Serpentinen, an Küsten entlang und über sandige Wüstenpisten. Den schwitzenden Menschen an den Geräten im Fitnessstudio ist gemeinsam, dass sie sich selten wie noch in ihrer Jugend üblich in Vereinen organisieren oder bei Turnieren gegeneinander antreten. Sie kämpfen auch nicht ums Gewinnen. Trotzdem wollen sie sich alle irgendwie verbessern.

Keiner rauchte mehr, alle machten irgendeinen Sport, was gesunde Ernährung eigentlich genau bedeutet, war ein großes Thema bei diesem Klassentreffen. Klar, wir wollen alle kerngesund sterben. Aber nicht heute: Das launig-listige, kalkuliert provozierende Bekenntnis, noch nie von Stevia, Dinkel oder Quinoa gehört zu haben, katapultiert einen sofort ins Abseits, und dort droht der soziale Kältetod, und zwar genauso schnell, wie es damals einem Außenseiter widerfahren wäre, der behauptet hätte, noch nie von Cat Stevens, Black Sabbath oder ACDC gehört zu haben. Oder tatsächlich geglaubt hätte, Gras wüchse nur auf der Wiese.

 Fit bis zur Kiste, turne bis zur Urne.

Unk, unk, unk. Vor Zeiten war ich junk

Na toll, die Unke ist wieder da, habe ich mich also doch nicht verhört. Sie hat nach meinem fünfzigsten Geburtstag so lange geschwiegen, dass ich sie schon fast vergessen hatte – diese böse innere Stimme, die offenbar noch immer in meinem Kopf wohnt und sich jetzt wieder einmischt, wenn ich gute, helle, klare und freundliche Dinge denken will. Dabei macht sie sich wie früher zur Komplizin der Abwertung von außen und nervt mit genuschelten, gezischten oder arrogant hingetropften Bosheiten. Sie ist ein Gefühl, ein Gedanke und gleichzeitig eine Realität. Und die Stille, die folgt, nachdem sie eine neuerliche Gemeinheit platziert hat, macht mich einen Moment lang taub. Manchmal erkenne ich in der Unkenstimme Mutterworte, Vaterworte, Großmutter- und Lehrerworte. Sie sind meistens einengend gewesen und klingen noch immer nach. Sie wollten festlegen, wie ich war oder bin oder zu sein habe. *Du musst auch immer das letzte Wort haben!* Oder: *Freu dich bloß nicht zu früh, der Ernst des Lebens holt auch dich noch ein!* Oder: *Du wirst schon sehen, was du davon hast!*

Genau jetzt, wo ich sie kein Stück mehr brauche, ist die blöde Unke wieder da und ruft und nervt. Genau jetzt, wo ich endlich mal über mich nachdenken könnte, nachdem ich Tausende von Stunden mit dem Nachdenken zuerst über meine Eltern und dann über meine Kinder verbracht habe, fährt mir die Unke in die Parade. Die Unke ist albern, aufdringlich und gefährlich. Wie gut, dass ich sie habe! Ihre Kommentare führen mich mitten in meine Lebensgeschichte; ich kann eine zweite Chance ergattern auf den ersten Eindruck von mir selbst. Die Worte, aus denen die Unkenrufe gemacht sind – haben die einen bestimmenden Einfluss auf mein Leben gehabt? Ja. Habe ich sie als Motto übernommen, mit dem ich auch meine Kinder bedacht habe? Hoffentlich nicht. Sind es Leitsätze, waren es Leitplanken? Na ja. Kann ich sie jetzt endlich über Bord werfen? Wie denn? Ist die Unke mein alter (!) ego, meine schlechtere Hälfte?

Danke, Unke – wenn mir deine Rufe bewusst sind, kann ich auch verstehen, wie sie mich geprägt haben. Und dann kann ich auch entscheiden, ob sie weiter gelten sollen oder nicht. Vorerst leihst du dem Blick von außen auf mich eine Stimme und schmuggelst fremde Zuschreibungen in meine Sicht auf mich selbst wie der Kuckuck seine Eier in fremde Nester. Die Unke ist eine Spaßbremse und Spielverderberin, eine echte Denunziantin noch dazu; ihr Geschäft ist die Resignation und Verbitterung, die Abwertung und das Runtermachen – sie übt Verrat am Älterwerden der Frauen, und deshalb muss ich sie eines Tages zum Schweigen bringen. Aber wie?

In den Stunden mit DHL hatte sie immer geschwiegen. Erst Tage, manchmal Wochen danach meldete sie sich mit brüchiger Stimme, aber nur noch dann und wann zu Wort. Einmal wollte sie gerade Anlauf nehmen und mir mit einer fiesen Bemerkung über schlackerndes Bindegewebe die Vorfreude auf DHL verderben, der unter der Dusche stand und gleich zu mir ins Bett kommen würde, wo ich nackt und ungeduldig so tat, als würde ich nicht warten und rein zufällig da liegen. Als er dann über mich hinweg auf die andere Seite stieg und sein schlanker, muskulöser Bauch direkt vor meinen Augen vorbeizog, sah ich, dass seine Haut sich kräuselte wie die Oberfläche eines Sees, über den der Wind streicht. Eine Welle von Zärtlichkeit stieg in mir auf. Bei mir selbst konnte ich nicht so liebevoll betrachten, was der Zahn der Zeit benagte, aber dass es mir bei ihm spielend gelang, nahm ich als gutes Zeichen. Vielleicht konnte ich es mit der Zeit lernen, mich genauso schön zu finden wie ihn?

»Ich finde, Altwerden ist das Widerwärtigste, Schrecklichste, Unansehnlichste, was es gibt. Mir fehlen die Worte, um dieses Elend zu beschreiben. Ich spüre den Verfall, und wo nicht, dann sehe ich ihn. Wehe, ich höre noch einmal jemanden sagen, dass altwerden so schön ist, weil man ruhiger, gelassener und weiser wird. Jede Frau, die sagt, dass sie ihre Falten liebt, lügt wie gedruckt. Altwerden ist eine einzige Katastrophe. Nicht wenige versuchen, den Gang der Zeit durch den Weg zum Chirurgen aufzuhalten. Aber schon die Vorstellung davon, was da mit mir geschieht, lässt mich erschaudern. Außerdem gibt es genug schlimme Beispiele von Frauen, die das versucht haben. Nein. Ich habe eine andere Lösung. Meine faltigen Oberarme? Meine Beine? Kein Mensch wird sie jemals mehr zu sehen bekommen. Ich trage hochgeschlossene Kleidung. Auch der Hals verschwindet weitgehend. Ich finde, das ist eine gute Kompromisslösung zwischen mir und der Welt.«

»So sieht's aus!«, hatte Christiane in die Betreffzeile der E-Mail geschrieben, mit der sie mir den Link geschickt hatte. Die Schauspielerin Beatrice Richter im ZEIT-Dossier über ihr Lebensgefühl mit aktuell siebzig Jahren. »Kleine Aufmunterung« stand da noch, und: »Musste gleich an dich denken, als ich das gelesen habe. Warum wohl? Zehn Jahre hast du noch Zeit, um so mies draufzukommen. Schaffst du vielleicht, wenn du dich anstrengst.« Ich konnte gar nicht anders als grinsen. Christiane schaffte es immer wieder, meinen Missmut mit einem Stock anzustupsen und sich darüber lustig zu machen, bis sie mich damit ansteckte. Es war ihr kühler, klarer, inspirierter und über den Moment hinausweisender Pragmatismus, der mich faszinierte und manchmal bis zur Weißglut reizen konnte. Ich hatte noch nie an inhaltlich neutrale Spruchweisheiten wie die geglaubt, dass entweder gleich und gleich sich gerne gesellt oder Gegensätze sich anziehen. Zumindest im Fall von Gegensätzen käme es doch entscheidend darauf an, dass es auch die richtigen

Gegensätze aus einer ganzen Palette von theoretisch möglichen Gegensätzen sind! Und das war bei Christiane und mir der Fall, glücklicherweise. Seit wir vor ein paar Monaten begonnen hatten, uns gegenseitig Geschichten übers Altwerden zu erzählen, über das, was wir verloren hatten oder verlieren würden, seit wir uns gemeinsam darüber mokierten, oder Erlebnisse, Gedanken und Ängste in banale, ironische oder komödienhafte Filme verwandelten, hatte das Thema viele seiner Stacheln verloren – und neue offenbart, die wir uns dann in Gestalt von allerhand schriftlichen Fundsachen zuschickten oder in die Hand drückten. Sicher würde sie von all meinen besten Freundinnen immer die beste bleiben, weil sie so viel von mir wusste. Doch der Gedanke aus dem Gedicht, dessen Schöpfer ich vergessen hatte, verströmte auch etwas Beruhigendes: mit ihr zusammen schön langsam alt und verrückt zu werden. Auch wenn es alleine viel schneller ginge.

 Tja, Burka oder Botox – da musst du dich wohl entscheiden.

Meine Empörung über den Inhalt des Briefkastens an meinem neunundfünfzigsten Geburtstag hatte sie weidlich amüsiert. Neben der Glückwunschkarte von Ikea, drei Rechnungen und Werbung für Treppenlifte hatte ich eine Einladung zur Darmspiegelung gefunden. Die Aufforderungen aus den Jahren zuvor, mir eine coole Sterbeversicherung zu kaufen, zur Mammografie oder Hautkrebsvorsorge anzutanzen, Organe zu spenden oder mich beizeiten um meine Patientenverfügung zu kümmern, hatte ich auch schon alle ignoriert. Vorsorgeuntersuchungen finde ich genauso überbewertet wie Jubiläen und Jahrestage. Erschwerend kommt hinzu, dass diesen Aufforderungen meine höchstpersönliche Sterblichkeit betreffend etwas Übergriffiges innewohnt, weil sie mir vor allem eins vor

Augen führen: Meine Gesundheit ist offenbar so wichtig, dass man sie nicht mir selbst überlassen kann.

Vorsorgeuntersuchungen dienen angeblich einem guten Zweck und sind im Grunde doch nur Krücken für die lahmende Selbstvergewisserungsnot über das eigene Dasein. Wie Jahrestage: Ich schau zurück, ich erinnere mich, also bin ich. Oder: Meine Werte sind super, ich bin gesund. Beides ist genau genommen per se immer schon falsch – wer in der Vergangenheit feststeckt, verpasst die Gegenwart. Und während man innerlich noch seine superkorrekten Werte feiert, kann sich in den Tagen seit dem großen Check schon sonst was Kleines, Fieses unerlaubt Zutritt zum Körpertempel verschafft haben und dort im Hinterhalt auf den geeigneten Moment lauern, um zuzuschlagen. Vorsorgeuntersuchungen und Jubiläen gefährden die Gesundheit, weil sie das Vertrauen ins Leben korrumpieren. Jawohl.

Zugegeben, ich war mit ziemlich düsteren Gedanken beschäftigt, während ich im Wartezimmer des Augenarztes auf die Vorsorgeuntersuchung wartete. Vor ein paar Wochen war mir mitten in der Nacht eingefallen, dass ja nicht nur meine Hände allmählich den Händen meiner Mutter immer ähnlicher wurden, sondern ich vielleicht auch mit ihren Malaisen rechnen müsste, wenn das so weiterginge. Schließlich würde ich bald schon, praktisch übermorgen, so alt wie sie sein, nämlich fünfundachtzig Jahre. Mama litt an einer Beeinträchtigung ihres Sehvermögens mit dem unaussprechlichen Namen Makuladegeneration, und so kam es, dass ich ganz von selbst einen Termin beim Augenarzt gemacht habe – ohne Druck von meinen Kindern, die wie besessen von Vorsorgeuntersuchungen aller Art sind und natürlich, weil sie sich um mich sorgen, seit sie ausgezogen sind, mir bei jedem Treffen mit Kontrollfragen in den Ohren liegen. Ich lüge, so gut ich kann, aber sie sind misstrauisch. Jetzt jedenfalls malte ich mir aus, wie ich in beiläufigem Stolz von meinem Besuch beim Augenarzt berichten und nebenbei in gut dosierter Selbstverständlichkeit einfließen lassen würde, dass der Zustand meiner Augen tiptop sei. Reife ist eben, wenn man etwas tut, obwohl die Kinder es angeraten haben.

Der Augenarzt war zur Begrüßung nett und betrachtete dann schweigend alles genau, was es in meinen Augen zu sehen gab. Da mir die Stille unbehaglich war, versuchte ich mich an einem kleinen Smalltalk und beschwerte mich über biografische Zumutungen wie Brillen, die einen ab fünfzig die ganze Welt nur noch durchs Fenster betrachten lassen, wo man vorher mittendrin war. Weder laue Winde noch Regentropfen auf den Lidern spüren zu können, wo das vorher doch zu den schönsten der vielen schönen Momente gehört habe. Ob es Sinn habe, die Augen zu trainieren und die Brille einfach mal wegzulassen, wollte ich wissen. Er lächelte mich mitleidig an und hielt ein Kurzreferat, in dem es hauptsächlich um einen sich mit den Jahren verfestigenden, trainingsresistenten Glaskörper ging. Ich wollte eins draufsetzen und bezichtigte das zunehmende Alter, voller feiger, hinterhältiger Anschläge auf die Lebensfreude zu sein, und hob anklagend die Hände gen Himmel. Warum die Wissenschaft nicht mal etwas gegen graue Haare und nachlassende Sehschärfe erfinden könnte, fragte ich mit gespielt schlechter Laune, denn eigentlich wollte ich ja nur mit dem durchaus attraktiven Augenarzt ins Gespräch kommen. Er zuckte mit den Schultern. »Och, joah, ein Mittel gegen Krebs fände ich wichtiger.« Dann holte er tief Luft und schaute mir direkt in die Augen. »Aber ansonsten ist bei Ihnen alles in Ordnung.«

Tierisch

Ich schwöre – von selbst wäre ich niemals auf eine dermaßen bescheuerte Idee gekommen. Aber die Idee ist in der Welt und sie regt mich auf. Weil sie so bescheuert ist und weil sie illustrieren soll, wie das Älterwerden der Frauen in der Gesellschaft vonstatten geht und dass es die Gesellschaft ist, die Frauen alt macht. Die zänkische Unke hat Gesellschaft bekommen, und das geht so: Ab einem gewissen Alter werden Frauen in Ziege oder Kuh eingeteilt. Ziegen sind die Zicken unter uns. Sie schleifen ihren Körper und quälen ihm nicht nur die Röllchen in der Mitte, sondern auch sportliche Höchstleistungen ab, leben auf dem Cross-Trainer und haben immer Hunger, was sie sich aber nicht anmerken lassen. Sie sind dünn und schrumpelig, angespannt, ausgemergelt, zickig, überambitioniert und meistens zu stark geschminkt, tragen ihre Röcke zu kurz und gehen mit High-Heels, rotem Lippenstift und Out-of-bed-Frisuren gegen die Zeichen der Zeit an. Ihr gutes Aussehen verdanken sie nicht guten Genen, wie sie nassforsch behaupten, sondern Apotheken, Kliniken und Laboren. Früher mal wollten sie gerne für die ältere Schwester ihrer Tochter gehalten werden, heute genügt das Standard-Kompliment: Du siehst doch echt gut aus für dein Alter!

Ganz anders, wenn Frauen Kühe sind. Dann lassen sie sich mit zunehmenden Jahren gehen, werden breit und gleichgültig und geben den Kampf gegen die Zeichen der Zeit auf. Wie Mütter. Warum sollten sie sich noch aufbrezeln, wo sie doch Mutter(tier) geworden sind? Titten sind zum Stillen da, das weiß doch jeder! Es sei denn, sie sind selbstsüchtige karrieregeile Weiber. Die sehen meist super aus mit ihren perfekten Frisuren und Pilates-gestählten Popos. Wenn sie nur nicht so zickig wären! Frauen wollen lieber Ziege sein, heißt es. Männer allerdings mögen angeblich ja lieber Kühe, gerne dick und prall, wobei die Ziege früher mal die Kuh des kleinen Mannes genannt wurde. Bauer sucht Frau: «Wenn ein Mann zwischen Ziege und Kuh wählen darf, geht eigentlich immer die Kuh als Siegerin vom Platz beziehungsweise in sein Bett«, schrieb Evelyn Holst in der Zeitschrift *emotion* über den höchsten Punkt des Frauen zugänglichen Siegertreppchens. Weswegen Frauen sich früh zwischen Arsch und Gesicht entscheiden müssen, beziehungsweise für den Ort, an dem sie die fünf Kilo mehr untergebracht sehen wollen. Dicker Hintern oder furchiges Gesicht. Uuarrgh. Alter bedeutet Verlust: Oder warum sonst gibt es jetzt nur noch diese zwei Tiere im schimpfworttauglichen Menü der tierischen Menagerie? Früher mal gab's mehr Auswahl: Man konnte, wenn man sich nur ein bisschen Mühe gegeben hatte, eine dumme Gans oder ein blödes Kamel sein, eine süße Maus oder ein liebes Häschen kam auch mal vor. Und erst die Sau! Aber das dumme Huhn, die diebische Elster, die leichtfüßige Gazelle, die falsche Schlange, das fleißige Bienchen dürfen in der Menagerie der Frauenbilder auch nicht fehlen. Und erst die alte Wachtel, die Brillenschlange, die Pute! Es ist schon ein Kreuz mit dem Altern. Gut, dass es auch Gegenentwürfe wie Salonlöwinnen, Silberfüchsinnen und rollerfahrende Flamingos gibt. Mehr davon wäre schön, aber wenn die Entscheidung zwischen Kuh und Ziege die Lösung ist, dann will ich mein Problem zurück.

Fundsachen für den Faktencheck:

+ Ab zwanzig geht's bergab. Schon ab fünfzehn Jahren sieht man schlechter, ab fünfundzwanzig sinkt der Testosteronspiegel, ab Mitte dreißig schrumpfen die Muskeln, ab siebenundzwanzig lässt das logische Denkvermögen nach, ab siebenunddreißig das Erinnerungsvermögen. Die Filterleistung der Nieren hat bereits nach dem dritten Geburtstag ihren Zenit überschritten. Der Alterungsprozess beginnt spätestens mit dreißig. Die Reparaturmechanismen unseres Körpers sind auf eine Lebenszeit von dreißig bis vierzig Jahren ausgerichtet. Das reicht, um den Fortbestand der Gattung zu sichern. Der Rest ist geschenkt. Das Selbstbild ist mit vierzig gefestigt, der evolutionäre Auftrag mit fünfzig erfüllt. Ein weiterer kommt nicht.

+ »Alte Frau« wird monatlich viertausendvierhundertmal gegoogelt, während »junge Frau« nur hundertvierzigmal ins Suchfenster getippt wird.

+ Sprache ist geduldig: Wenn man auf nette Weise »Du bist alt« sagen und dabei genau das böse Wort vermeiden will, stehen die schönsten Redewendungen parat: reife Frau, erfahrene Frau, mitten im Leben stehend, sexy & sechzig, silver und sexy.

+ Stilratgeber raten der Frau ab vierzig: Tragen Sie knieumspielende Röcke, zeigen Sie nie die Oberarme entblößt und nicht zu viel Dekolleté. Leggings sehen fast nie gut aus, Handschuhe dagegen immer. Statt Diät geht auch eine Kleidernummer größer.

+ MILF ist der in Amerika am häufigsten gegoogelte Begriff in Suchmaschinen für Pornos.

+ Ein Goldfisch verliert nicht alle drei Sekunden seine Erinnerung, sondern etwa alle drei Monate.

+ Wenn Sie dreimal am Tag und fünfmal pro Woche ihre Gesichtsmuskeln massieren, sehen Sie erste Ergebnisse bereits in zwölf Wochen.

Was kommt jetzt noch? Dass ich nicht mehr zu den Jungen gehöre, habe ich inzwischen kapiert, und es juckt mich immer seltener. Aber was erwartet mich jetzt? Was verstehen wir unter Alter? Wann sind wir eigentlich alt, die wir alle nicht alt sein wollen? Die Alten aus meiner Kindheit saßen auf der Bank vor dem Haus und schauten dem Leben auf der Straße zu. Hin und wieder fuchtelte ein alter Mann warnend mit dem Stock, aber das kam selten vor. Meistens holten sie freundlich lächelnd ein Bonbon aus der Tasche, wenn man näher kam, und mischten sich ansonsten nicht weiter in unsere Spiele ein.

Die Räume des Alters beziehen

Das Bild hat an Klarheit eingebüßt, Alter lässt sich nicht mehr eindeutig beschreiben. Ist es nur ein Gefühl? Man fühlt sich alt oder nicht, man glaubt sich jung oder nicht. Doch unabhängig von der Zahl der Jahre lässt sich eine Schwelle ausmachen, hinter der sich eine Zimmerflucht öffnet. Hereinmarschiert!

Zunächst in den ersten von vielleicht noch weiteren Räumen des Alters, in den des jungen Alters. Man öffnet die Tür, steht vielleicht noch ein wenig unschlüssig herum und überlegt, wo man hingeraten ist, doch es gibt einen Satz, der Vertrauen und Rückhalt gibt und Optimismus erlaubt, wenn auch auf niedrigem Niveau. Nein, er möchte nicht, sagt der höfliche Mann mit sanfter Stimme, der im ersten Raum des jungen Alters sitzt. »Ich möchte lieber nicht.« Der rechtschaffene Mann, der immer nur diesen einen Satz sagt, ist Bartleby, der Schreibergehilfe, der Held aus Herman Melvilles gleichnamiger Erzählung aus dem Jahr 1853. Er verdient sein Geld als Anwaltsgehilfe in einer Kanzlei in der New Yorker Wall Street. Unermüdlich und Tag für Tag schreibt er Akten ab, »farblos ordentlich, erbarmungswürdig ehrbar, unendlich einsam«. Aber plötzlich sagt er mit unendlich sanftmütiger Stimme »I would prefer not to.« Er möchte nicht, und am Ende möchte er noch nicht einmal mehr das Wollen mögen. Er wird gekündigt und verhungert im Gefängnis.

Bartleby ist nicht nur eine literarische und deshalb unsterbliche Figur. Er ist mitten unter uns und geistert durch die Köpfe. Meistens schläft er und lässt uns davon träumen, wie es wäre, diesem ganzen Bullshit um uns herum die kalte Schulter zu zeigen, vielleicht sogar den Mittelfinger zu recken, die Gebete um mehr Hirn, das der Herr vom Himmel schmeißen sollte, einfach einzustellen und halt einfach nicht mehr mitzuspielen – *too old for this shit.* Bartleby schläft tief und fest, aber immer öfter in letzter Zeit schreckt er hoch. Der Held aus Melvilles Erzählung hat das Zeug, zur Symbolfigur einer neuen Bewegung zu werden, die Galionsfigur der Neinsager und Verweigerer. Er ist vielleicht unser aller Schutzengel, und dieser Schutzengel ist immer zur Stelle, wenn man dringend Hilfe braucht: Wenn guter Rat teuer ist, wenn alle Wege in die Irre führen, wenn es bei einer Wahl scheinbar nichts zu wählen gibt oder wenn es bei einem Wettrennen keinen Blumentopf zu gewinnen gibt – dann steht Schutzengel Bartleby plötzlich in Gedanken ganz nah und gibt Rat für die Ratlosen. »Bartleby, was sollen wir tun?« Der Schreiber wiegt den Kopf und wispert die Zauberformel …

 Wer in einem bestimmten Alter nicht merkt, dass er hauptsächlich von Idioten umgeben ist, merkt das aus einem ganz bestimmten Grund nicht.

Ich möchte lieber nicht – in dieser Aussage steckt eine ebenso samtweiche wie beinharte Verweigerung des Hergebrachten, des Normalen, des Hamsterrades. Ich muss nicht mehr … es allen beweisen, mir etwas abverlangen, Karriere machen, Konkurrenten abschütteln, mich durchsetzen, dies und das unbedingt erreichen. »Ich muss nicht mehr« charakterisiert und kritisiert unseren beschleunigten, druckbetankten Alltag zwischen Erwerbs- und Familienleben, das ganze Leben im Imperativ: Man muss, man soll, man darf nicht, und am besten schon gestern – Hektik, Hetze, Stress, die permanente Überforderung zum Normalzustand erklärt. Wir schieben einen Wust von Verpflichtungen, unerledigten Aufgaben und unabdingbaren Pflichten vor uns her. Wir müssen, denn wir wollen: wollen unbedingt im Urlaub verreisen, ein neues Auto, eine schicke Wohnung, schöne Gerätschaften, die uns laut Werbung ein Glück versprechen, das wir mit Haus, Boot, Familie, Garten noch nicht gefunden haben.

Wir geben uns noch Mühe, stimmt's? Noch versichert uns niemand, dass wir *noch* erstaunlich klar im Kopf sind. Wie peinlich wäre das! Wir haben eher das Gefühl, dass wir uns noch steigern – nicht an Leibeskräften, aber an geistigem Durchblick. Ich habe schon länger den Eindruck, immer klarer zu sehen. Dass Christiane diesen Eindruck nicht teilt, tut dem keinen Abbruch. Sie mit nichts als der schönen Strahlkraft eines guten Argumentes zu überzeugen, betrachte ich als mein persönliches Gehirnjogging. Aber: Überflüssige Schlacken sind abgefallen, vieles brauche ich wirklich nicht mehr. Motorradtrips, Schickeriatreffs, Autoscooter, Egoshooter: So etwas haben wir nicht mehr nötig. Tanz bis zum Morgengrauen, Wildwasserkajak, alpine Viertausender besteigen, Liebesrekorde aufstellen – Haken dran. Wir müssen uns nicht mehr mit anderen messen. Wir widersprechen auch nicht mehr, wenn wir als normal eingestuft werden, auch wenn wir lieber noch als ein wenig außergewöhnlich gelten würden.

Und dann wird man älter, und eines Tages ist man alt und fragt sich immer wieder bang, was jetzt noch kommen soll und was einen im ersten Raum des Alters erwartet, während man vor der Tür steht, in den Taschen nach der Karte mit dem Schlüsselcode kramt und den Koffer über die Schwelle hievt.

Wenn man die heiße Etappe des Familienlebens unter einem Dach hinter sich gelassen hat, überschreitet man die nächste Schwelle und betritt einen neuen Raum: Er sieht vielleicht aus wie die Lounge eines Wellnesshotels, wie ein Hobbyraum, wie eine Bibliothek, wie ein Musikzimmer, wie ein Garten, wie eine Schiffskabine – oder er ist leer. Längst befreit von Wecker, Kochtopf, Familienpflichten und dem Takt der Klassenarbeiten, Zeugnisse, Schulferien, stellt man überrascht fest, dass man nun machen kann, was man will. Der Zeitwohlstand, auf den man sich vielleicht seit Jahren freut, kann plötzlich belasten. Niemand braucht einen mehr oder sagt einem, was man tun soll. Niemand unterbricht einen beim Tun und Träumen – sofern man das Handy ausgeschaltet lässt. Niemand verwüstet die Wohnung. Wenn man nach Hause kommt, sieht dort alles exakt so aus, wie man es verlassen hat. Zögerlich, wehmütig auf Vergangenes oder verunsichert auf Künftiges blickend, stehen wir vor der Aufgabe, unserem Alltagskleid eine neue Passform zu geben: Welchen Sinn kann ich jetzt noch finden? Welcher Herausforderung sollte ich mich stellen? Wer oder was braucht mich noch? Und was brauche ich?

Und ehe man sich versieht, sind die beflissenen Makler der vergessenen Träume zur Stelle. Sie sagen: Du siehst, die Leere des Raumes eignet sich hervorragend als Meditationsort; mach daraus eine Insel spiritueller Erhebung. Oder: Ein besseres Studio findest du nicht, mach daraus deinen Ort beinharten Fitnesstrainings. Oder: Langweilig soll es in diesem Lebensabschnitt nicht sein. Mach deine Wohnung zum Ort deiner Einladungen und Partys, lade Freunde ein und zeig, was du hast. Werde ein exzellenter Gastgeber, ein toller Koch, ein begnadeter Unterhalter, ein Feierbiest, ein Partytier, ein Salonlöwe, eine Dame der Gesellschaft, um deren Einladungen man sich reißt.

Und sie alle, die uns beraten, haben etwas zu verkaufen: die einzig richtige Yogamatte samt kupferner Klangschale in Himalaya-Optik für Meditationserlebnisse der Spitzenklasse; blitzende Sportgeräte und magische Tiegel, deren Gebrauch ewige Jugend verspricht; das elektrische Mountainbike für Bike-Trips am Kap der Guten Hoffnung; die opulente Sitzgruppe für gesellige Abende und das Luxus-Catering – auf endlich einheitlich skandinavisch design-tem Geschirr serviert, denn die Kinder sind endlich ausgezogen – gleich dazu. Ganz unverblümt sagen die Verkäufer: Fülle den leeren Raum mit Gegenständen, mit unseren Angeboten, mit Reisen. Wir haben schwimmende Paläste auf dem Meer, da ist auch eine Kabinen-Suite für dich frei, und du brauchst nicht mehr allein zu Hause sein, im leeren Zimmer deines leeren Hauses.

Kaum *muss* man endlich nicht mehr und kann Zumutungen mit einem samtweichen »Ich möchte lieber nicht« verweigern, ist man auch schon wieder in die Fänge neuer Anforderungen geraten. Das Zimmer entpuppt sich als Druckraum neuer Zwänge, die den alten verdächtig gleichen. Es tönt von überall: Du musst ... aktiv bleiben ... dich bewegen ... Sport treiben ... beweglich bleiben ... deine Beziehung auf Vordermann bringen ... neue Hobbys entdecken oder alte wiederbeleben ... dein Gedächtnis trainieren ... gesund essen ... auf Weltreise gehen ... du musst, du musst, du musst!

Der Raum wird bedroht vom Zwang zum Konsum, der mich über die Werbung und durch ein Wechselspiel aus Angst vor Verlust und einem Versprechen des vitalen Erhalts in die Pflicht nehmen will: Kaufe unser Angebot, und dein Alter wird gesund und glücklich sein – der neue Ablasshandel unserer Konsumreligion. Mit Bartleby in Melvilles Erzählung sage ich: Danke. Ich möchte lieber nicht.

Endlich: Ich muss gar nichts!

Im beginnenden Alter wittere ich Morgenluft und spüre den Mut kommen, mich zu verweigern. Jetzt endlich und in vollem Bewusstsein meiner Kräfte die Welt um mich zu betrügen. Mich nicht mehr innerfamiliär zum Deppen erklären lassen, weil ich mit mehr als zwei Fernbedienungen überfordert bin und mich in gesichtswahrender Absicht zur Verteidigung stottern höre, dass ich wenigstens weiß, wann man das mit einem und wann mit zwei s schreibt. Ich könnte allerlei Moden, viel digitalen Schnickschnack und auch endlich hirnrissige Aufträge ablehnen, weil ich deutlich weniger Geld brauche, wenn ich nur für mich selbst sorgen muss. Dem Zwang zum beruflichen Networking könnte ich endlich eine lange Nase drehen. Folgen bräuchte ich nicht zu fürchten, weil ich keinen Anschluss und auch sonst nichts mehr zu verlieren hätte. Dennoch spüre ich einen Verlust, weil mir bewusst wird, dass sich die Gesellschaft auch von mir zu verabschieden beginnt, wenn sie mich als alt und nicht mehr ganz zugehörig betrachtet und sich den Jungen zuwendet, die nun all die Aufmerksamkeit genießen, die doch noch gestern mir galt.

Ich bin zwar frei, und das unwidersprochen, denn es interessiert sowieso keinen mehr, was ich mache. Zuerst ist es die Gesellschaft, die mich aus der Frontreihe ihrer Lebenskämpfe entlässt. Danach bin ich selbst es, die sich nach und nach selbst entlassen muss. Ich kann dies und jenes nicht mehr, ich werde vergesslich, habe nicht mehr die geistige Präsenz, die Schlagfertigkeit, die schnelle Auffassungsgabe, mit der ich früher glänzen konnte. Aber vielleicht war das alles ja auch nur Einbildung.

Je älter man wird, desto ähnlicher wird man sich selbst.

Auch dieser Vorgang der allmählichen Distanzierung von sich selbst hat eine sprachliche Formel. Sie heißt »Ja, ich weiß« und meint: Ich habe genug und die Dinge schon so oft ähnlich erlebt, dass ich ihrer überdrüssig bin, vor allem, wenn körperliche Leiden und Einschränkungen dazukommen. In der Formel »Ja, ich weiß« verbirgt sich Defätismus, der leider zu Resignation und Verbitterung führt – zwei lebensfeindliche Prinzipien.

Neben dem Auffinden einer neuen, mir entsprechenden Alltagsstruktur sehe ich eine zweite schwierige Aufgabe, die im Alter zu lösen ist: genau dieser Resignation und Verbitterung nicht anheimzufallen. Geschieht dies dennoch, bin ich wie die Fliege an der Fensterscheibe, und auch dieser Zustand des Gefangenseins hat eine eigene sprachliche Formel, die man leider nur zu häufig hört: »Früher war es besser.« – »Früher wäre man nie …« – »Früher hat man das so gemacht.« – »Früher hätte man …«. So gut es geht, versuche ich diese Formeln zu vermeiden, doch immer wieder springen sie mir in meine Worte, wie ohne eigenes Zutun.

Manchmal steigt heute schon dieses Gefühl des Sichablösens in mir auf, wenn sich still und leise der Gedanke an die Vergänglichkeit und Vergeblichkeit unseres Tuns heranschleicht und breit macht. Ich fürchte mich vor dem Gedanken, obwohl ich es nicht gern zugebe: Die Tage und Jahre sind gezählt, der Zeitpunkt rückt näher, an dem die Welt ohne mich weitermachen wird. Meine Silvester, meine Sommer, meine Weihnachten, meine Geburtstage sind abgemessen. Ich ahne eine Zeit, in der es mich nicht mehr geben wird. Etwas in mir wehrt sich, schreit gegen die Gewissheit an, dass alles, was ich ein Leben lang unter gewaltigen Anstrengungen und mit Schmerzen gelernt habe, nun in ein paar Jahren vergessen und verfallen sein soll. Danke! Ich möchte lieber nicht!

Verlieren, zurückbleiben, nicht mehr können, vergessen – nein, das darf nicht sein. Wir wehren uns mit Beschwörungsformeln vom »neugierig bleiben«, »aktiv sein« oder »nicht einrosten« und pfeifen so im Keller unserer Angst, der tägliche Hindernislauf der letzten Jahrzehnte könnte sinnlos gewesen sein, ein geschickt eingefädeltes Täuschungsmanöver an uns selbst, das jetzt auffliegt.

Eine seltsame Erfahrung, die ich schon jetzt mit zunehmendem Alter mache, ist, dass hinter Ansehen, gesellschaftlicher Stellung, Besitz, Geld, Wissen und Können eine eigenartige Leere durchscheint. Man sollte sich vor Angeboten hüten, die einen dazu verführen wollen, weiterhin das zu tun, was schon das Arbeitsleben uns seit Jahrzehnten abfordert, nämlich Zuträger für den Profit anderer zu sein, die an unseren vermeintlichen Defiziten viel Geld verdienen. »Jugendlich bleiben«, »Stets-aktiv-Sein« oder »den Anschluss nicht verlieren« sind Phrasen, denen man sich im Alter endlich entziehen darf. Ich möchte lieber nicht. Ich möchte lieber kennenlernen, was sich in der unbekannten Lebensform des Alterns verbirgt. Und da möchte ich nicht von irgendwelchen Angeboten abgelenkt werden oder irgendwelchen Imperativen hinterherhecheln.

Die Struktur meiner Tage ist heute nicht mehr so, wie sie noch vor fünf oder gar zehn Jahren gewesen ist. Sie ist weicher, durchlässiger, gefährdeter und weniger diszipliniert. Ich lasse mir einige Dinge durchgehen, die ich mir früher nicht zugestanden habe: einen Tag nicht am Schreibtisch verbringen, sondern durch die Straßen flanieren. Dabei habe ich bewusst meinen Gang verändert, ich gehe langsamer und will nach dem Schweinsgalopp des Alltags zwischen Arbeits- und Familienleben jetzt endlich herausfinden, was es bedeutet, ziellos zu gehen und sich treiben zu lassen.

Das geht schon länger so: Die Anstrengungen anderer Menschen kamen mir zuerst übertrieben, dann lächerlich vor, und neuerdings scheinen sie mir sogar gefährlich, weil sie sich in einem atemlosen Versuch erschöpfen, Unausweichlichem auszuweichen. Alle suchen ihr Heil im Training von Körper und Geist. Ich fühle mich umzingelt von Champions. Bildungschampions, Liebeschampions, Schreibchampions, Familienchampions, Lebenschampions.

Ich würde so gerne aufhören, mich anzustrengen, und dann mal sehen, wohin das führt – bei der Arbeit nicht mehr versuchen, erfolgreich zu sein; im Kino nicht mehr versuchen, den Sinn des Films zu ergründen; auf Partys nicht mehr versuchen, mich zu amüsieren; der anfahrenden U-Bahn nicht mehr hinterhersprinten.

Ich ahne, dass eine Entscheidung vor mir liegt: die zwischen Verbitterung und Neuanfang. Mit Verbitterung beginne ich mich auszukennen. Wie die Wende, der Neuanfang funktionieren soll, ist mir ein Rätsel. Das Schwinden von Möglichkeiten macht mir Angst. Oder macht jede Chance, die verschwindet, einer anderen Platz, die man vorher gar nicht sehen kann, weil sie jetzt erst auftaucht?

+ Was jetzt erst geht: ein Museum entwerfen. Das futuristische Guggenheim-Museum in Bilbao entwarf Frank Gehry mit über sechzig Jahren. Mit fünfundachtzig Jahren arbeitete er am Guggenheim Abu Dhabi; Frank Lloyd Wright entwarf das New Yorker Museum mit vierundsiebzig Jahren.

+ Was wieder geht: Viele Universitäten bieten älteren Menschen ein sogenanntes Kontaktstudium an. Sie müssen als Voraussetzung kein Abitur haben, bekommen aber auch keine akademischen Abschlüsse. Aber wer braucht die schon?

+ Was nicht mehr geht: Als Bürgermeister kandidieren. Das Höchstalter für einen hauptamtlichen Bürgermeister liegt in vielen Bundesländern zwischen zweiundsechzig und siebenundsechzig Jahren. Blut spenden. Laut Transfusionsgesetz kommt man nur bis zu einem Höchstalter von achtundsechzig Jahren als Erst-Blutspender infrage. Hat man früher schon Blut gespendet, ist dies noch bis zum letzten Tag vor dem sechsundsiebzigsten Geburtstag möglich. Ins Lazarett beordert werden. Ab fünfundfünfzig Jahren können Frauen im Verteidigungsfall nicht mehr zum Zivildienst verpflichtet werden.

Der Kopf ist rund, damit das Denken die Richtung wechseln kann. Oder so.

Neulich war ich mit Elise auf dem Wochenmarkt und musste feststellen, dass es eine Art von vorauseilender Unsichtbarkeit gibt, die das erst hervorbringt, vor dem sie sich vorher schon fürchtet. Elise wollte ein Stück griechischen Feta kaufen, und weil die Besuche meiner Kinder mich neuerdings augenblicklich in die Spendierhosen schlüpfen lassen, ist die Sparsamkeit der früheren Jahre, in denen nur gekauft wurde, was wirklich nötig war, längst zur Anekdote geronnen. Elise, Charlotte, Nick und Leander genießen bei ihren Besuchen nach all den Jahren des Powershoppings bei Aldi diese zelebrierten Marktbesuche, bei denen man nach genüsslicher Erörterung von Farbe, Form und Konsistenz der dargebotenen Köstlichkeiten 125 Gramm getrocknete Tomaten oder so ersteht. Mir geht es genauso. Also steuerten wir den Wagen mit griechischer Feinkost an.

Ich bot gerade an, dass sie sich aussuchen könne, was sie möge, da zeigte sie auf eine Porzellanwanne. Ein großes Stück Feta schwamm in der Salzlake, das der griechische Verkäufer, gelenkt von ihrem Blick, ruckzuck am Wickel hatte. Dann verpackte er den Feta mit der einen Hand und reichte Elise mit der anderen ein gefülltes Weinblatt zum Probieren. Nur ihr! Nicht mir! Ich ließ mir nichts anmerken, wurde aber inwendig stinksauer. Elise lächelte mit allem Liebreiz ihrer jungen Jahre und mampfte ihr Weinblatt. Alleine! Ohne mich abbeißen zu lassen. Ich beschäftigte mich ausführlich mit meinem Portemonnaie, zahlte dann und beschloss, die Sache zu übergehen und einfach nicht weiter darüber nachzudenken. Ich war überhaupt nicht verärgert. In meinem Alter weigere ich mich nämlich, mich zu ärgern. Wir gingen weiter, und ein paar Augenblicke später fragte Elise, ob mir eigentlich aufgefallen sei, dass der Grieche in die Tüte mit dem Feta ein paar Oliven für mich hineingeworfen habe. Sicher habe er ein Dankeschön erwartet, als er mich angelächelt habe. Das aber sei mir ja leider nicht aufgefallen, weil ich so konzentriert in mein Portemonnaie gestarrt habe.

Sport ist doch Mord

Gerade neunundfünfzig geworden, und wirklich schon außer Atem? Es lief überhaupt nicht an diesem Morgen vor knapp zwei Wochen: die Beine aus Gummi, die Füße bleischwer, die ersten Schweißtropfen viel zu früh. Meinen Vorsatz, mit dem Training für den Berliner Halbmarathon zu beginnen, konnte ich glatt vergessen. Dabei schien mir der erste New York-Marathon meines Lebens zum Aufwärmen gerade richtig. Den Halbmarathon, so meine neueste Schnapsidee, um den Jahren ein Schnippchen zu schlagen, würde ich mir zum 60. Geburtstag schenken. Nimm dies, Altweibergespenst!

Gut, es war nicht der echte New York-Marathon, nur einer auf dem quietschenden Laufband im Fitnessstudio vor mir auf dem Bildschirm. Ich rannte durch die Straßen der Stadt, die niemals schläft. Inmitten der anderen Läufer, also eingebildet dank runsocial, der perfekten Illusionn, mit Freunden zu laufen, und nach gut vierzig Minuten hat man das Ziel erreicht.

Aber wie gesagt, es lief nicht, obwohl die Straßen doch weitgehend flach waren wie in Berlin und mich mit innerlichem Triumphgeheul über die Brooklyn-Bridge führen sollten. Schon kam mir der Gedanke, es einfach sein zu lassen und in die Sauna zu gehen, da fiel der Blick auf die Anzeige im Display. Steigung: sieben Prozent. Wer hatte die denn eingestellt? Es ging doch immer nur geradeaus, niemals bergauf oder bergab. Also per Fingerwisch zurück auf null. Meine körperliche Zuversicht kehrte langsam zurück – da ging es schon wieder los, kletterte die Steigungsmarke sogar noch höher, passte überhaupt nicht mehr zum Straßenbild, auch nicht zum stilisiert dargestellten Streckenprofil. Also runter von den Straßen New Yorks, hin zum Sandstrand von Maui. Sea Level, kein Hügelchen weit und breit, nur ein grüner Korridor aus exotischen Gewächsen und dahinter gleich rechts das weite blaue Meer. Aber auch das half nicht, wieder und wieder kletterten die Prozentzahlen.

Sollte das Laufband der einzige Ort im Leben sein, an dem es immer bergauf geht?

Nicht zum Joggen, sondern zum Grillen auf dem Tempelhofer Feld vor zwei Monaten waren sie alle wieder da – aus zwei Kontinenten und vier großen Städten waren Nick, Elise, Charlotte und Leander an diesem strahlenden Sommerwochenende angereist. Ein Freund, eine Freundin und meine Schwester waren auch dabei. Die Rede kam auf das neue Fitnessstudio, in dem ich seit drei Monaten ... nun ja, trainiere. Weil ich nicht ganz sicher war, ob Pilates, Beckenboden- und Rückengymnastik auch unter »Training« fallen, lobte ich die angebotenen Kurse wie BodyShape, Hot Iron und Jump, Body Art, Piloxing und Stepdance, verstieg mich gar zur Ankündigung, demnächst eventuell noch den Bollywood Dance-Kurs besuchen zu wollen. Dass es dort groß, geräumig, hell und sauber sei, die Trainer so freundlich und die Rezeptionisten so nett und hilfsbereit, schwärmte ich, außerdem gäbe es einen 25-Meter-Pool und drei Saunen, eine Terrasse ...

Clara, Nicks zweiundzwanzigjährige Freundin, unterbrach mich. »Sag mal, glotzen einem die Typen da auch so penetrant auf den Arsch? Also, ich geh ja zu McFit, und das ist echt krass dort. Man fühlt sich ständig beobachtet und irgendwie so ... angefasst«, plapperte sie weiter. Nick fragt höhnisch: »Echt, ja? Da zieht man eine glänzende, hauchdünne Leggings an, und dann wird man auch noch angeglotzt? Ist ja'n dolles Ding.« Clara ignorierte ihn und schaute mich an. »Jetzt sag doch mal, findest du das Geglotze auch so ätzend?« Unwillkürlich schnappte ich nach Luft wie ein Fisch auf dem Trockenen. Ein sehr, sehr alter Fisch. »Woher soll ich das denn wissen?«, fragte ich in sehr überzeugend gespielter Ahnungslosigkeit. Da saßen sie, die Youngsters, und schauten mich verständnislos an. Sollte ich ihnen jetzt versichern, dass ich nicht mal im Traum darüber nachgedacht hatte, ob mir in diesem Studio jemand hinterherschaut, dass niemals nie einer von den alten Säcken, pardon, Interesse an mir oder Teilen von mir gezeigt hatte und ich das auch richtig gut fand? Beobachtet habe ich mich da nie gefühlt, und wenn ich mal gucke, wie einer guckt, dann guckt er gewiss nur ins Leere oder ist vielleicht sogar extrem kurzsichtig oder weitsichtig, was weiß ich, und hat seine Brille verlegt. Die Jungen sahen mich an und hatten wirklich keine Ahnung, wovon ich rede. Nur meine jüngere Schwester lächelte dünn.

 Du bist nicht alt. Du bist jung. Und das schon sehr, sehr lange.

Wie alt bist du? Das fragt man nicht

Zum allerersten Mal habe ich über mein Alter gelogen, als ich sieben Jahre alt war. Es war für einen guten Zweck: Ich wollte meiner neugeborenen Schwester die Aufwartung machen, und auf dem Schild an der großen Tür zur Entbindungsstation stand: *Zutritt für Kinder unter 14 Jahren verboten*. Ich hielt einen Strauß aus selbst gepflückten Gänseblümchen in der Faust und klingelte zuversichtlich. Als die Schwester öffnete und mich fragte, was ich wollte, sagte ich, ich wolle meine Schwester besuchen und sei vierzehn Jahre alt. Ob sie wenigstens ein bisschen über die faustdicke und sehr offensichtliche Lüge gelächelt hat, weiß ich nicht mehr. Ich erinnere mich nur noch daran, wie ich schneller, als ich protestieren konnte, in den Aufzug geschoben und nach unten zum Ausgang verschickt wurde.

Vielleicht habe ich von diesem peinlichen Vorfall die Neigung mitgenommen, mein Alter vor anderen nie großartig nach oben oder unten zu korrigieren oder gar zu verschweigen. Dem haarsträubenden Blödsinn wie der Versicherung, immer neununddreißig zu bleiben, sofern man mit neununddreißig nur bezaubernd genug war, bin ich nie erlegen. Und doch … In den letzten Jahren gerate ich gelegentlich in Versuchung, die ganze Wahrheit lieber für mich zu behalten. Die Welt will betrogen sein, was soll's? Andererseits: Es ist ungeheuer peinlich, entwürdigend, demütigend, die Zahl der eigenen Jahre verschweigen zu müssen. Überhaupt wüsste ich auch gar nicht, welche der vielen tollen Jahre in meinem schönen Leben ich unter den Tisch fallen lassen sollte: Die Jahre, in denen meine Kinder geboren sind, schon mal gar nicht. die Jahre im besetzten Haus – niemals. Die Jahre in der Frauen-WG – never ever. Das Jahr, in dem ich Christiane traf – nee, echt nicht. Auch das Jahr, zu dem sich die Stunden mit DHL addieren, oder die Wochen mit John – die gebe ich nie wieder her. Genauso wenig wie die Jahre im schönsten Beruf der Welt – alles meins.

Allerdings gilt lange schon die Frage nach dem Alter als ungehörig. »Überhaupt aber ist es mit dem Alter der Frauenzimmer ein kitzlicher Punkt«, erklärte Adolph Freiherr von Knigge. »Man tut am besten, diese Saite gar nicht zu rühren.« Schön wär's ja, wenn auch anders, als Knigge mit seinem Ratschlag beabsichtigte: wenn es einfach egal wäre, wie viele Jahre jemand auf dem Buckel hat. Schon die Frage danach hat ihre Tücken, denn sie holt ja nicht die Information darüber ein, ob jemand schon Schnaps kaufen, ein Auto fahren oder sich in den Bundestag wählen lassen darf. Mit der Frage nach dem Alter will man etwas über die Identität und die gesellschaftliche Position des anderen erfahren. Es sind die eigenen gedanklichen Schubladen, die wir knirschend aufziehen. Das Sortieren der Informationen klingt wie ein Rennauto, das im Kiesbett zum Stehen kommt. Und mehr noch: »Wie alt bist du eigentlich?«, fragt man auch, um zu vergleichen und weil man sich Hinweise darauf erhofft, wo man selbst steht und wo das Gegenüber.

Im beinharten alltäglichen Auf- und Unterordnen, Rivalisieren, Werten und Bewerten ist die Frage nach dem Alter eine Testrakete, die über unübersichtlichem Gelände detoniert und dabei schlaglichtartig Projektionen erlaubt – die Schubladen stehen offen. Offenbart man sein wahres Alter, kann man manchmal direkt zusehen, wie die Relais in den Köpfen rattern. Es ist ein verunsichernder Moment, der darüber mitentscheidet, wie man von anderen gesehen wird. Was liegt also näher, als zu schummeln? Christiane erzählt mir beim Kaffeetrinken, dass sie die Frage großräumig umfährt und das Thema schnell zu wechseln versucht, wenn die Altersfrage am Horizont auftaucht. Oder sie tut so, als hätte sie nichts gehört. »Ich mache mich klein und ducke mich weg«, lachte sie und zeigte auf ihren Hund. »Wusstest du, dass Hunde eine Verletzung zu verstecken versuchen? Ist wahrscheinlich evolutionsbiologisch sinnvoll. Verletzte Tiere werden halt schnell gefressen. Sie hatte eine Augenentzündung, das habe ich nur daran gemerkt, dass sie sofort den Kopf weggedreht hat, wenn ich sie angesprochen habe. Oder die verletzte Pfote neulich, die hat sie immer schnell unter den Bauch gezogen, damit ich das nicht sehe.«

Das Verschweigen der Jahre gehört also noch immer und aus guten Gründen zum Verhaltenskanon für Frauen. Wir werden nicht gefressen, aber wir fürchten Nachteile im Beruf oder bei Bekanntschaften oder in Gesellschaft – und verbergen unsere Wunde, sprich: unser Alter. Aus Angst vor den Reaktionen der anderen und nicht etwa vor eigenen negativen Gefühlen wissen, vermuten oder fürchten wir, dass jede neue Zahl auf dem eigenen Kalender zu Benachteiligungen führt. Ein giftiger Cocktail aus Vorurteilen, überkommenen Rollenbildern und allgegenwärtiger Abwertung älter werdender Frauen wartet auf die Ehrlichen und Dummen. Wie in einem Brennglas zeigt der große Konflikt ums Älterwerden der Frauen im Kleinen, was auf uns wartet und was uns Angst macht, weil wir nichts dagegen tun können und den Kampf gegen den Zahn der Zeit schon verloren haben, während wir noch überlegen, ob wir ihn überhaupt antreten wollen. So gesehen ist das Verschweigen und Schummeln in der Altersfrage auch eine subversive Erste-Hilfe-Aktion, aber längst kein heilendes Medikament, um den akut drohenden Nachteilen zu entgehen: an Würde einzubüßen, aufs Abstellgleis geschoben werden, nicht mehr vorzukommen – und zwar nicht aufgrund irgendwelcher tatsächlicher Defizite, sondern einfach nur aufgrund der Zahl von Jahren, die wir auf der Welt verbracht haben. Je mehr vom Alter abhängig gemacht wird, desto stärker der Impuls, es zu verschweigen. Welche Frau will schon bei Beförderungen, Posten- und Auftragsvergaben übergangen werden, weil man ihr jenseits der Fünfzig oder Sechzig die Leistungsfähigkeit, Attraktivität oder Kompetenz nicht mehr zutraut – in einem Alter, in dem Männer gerade mal Anlauf nehmen, um in dicken Chefsesseln zu landen oder eine zweite Familie zu gründen? Oder im Fernsehen reüssieren: Thomas Gottschalk wird im Herbst dieses Jahres einmal mehr *Wetten dass …?* moderieren, mit siebzig Jahren. Welcher Frau im gleichen Alter würde man diese Aufgabe antragen? »Keiner! Never ever«, schnaubte Christiane. »Wir werden natürlich nie herausfinden, ob das ZDF Petra Gerster mit fünfundsechzig Jahren im Herbst dieses Jahres rausschmeißen oder ob sie selbst gehen will. Aber wo sind denn all die Frauen von Mitte fünfzig aufwärts? Im Fernsehen jedenfalls nicht!« Recht hat sie. Mein gespielter Einwand, dass man unsichtbare Menschen im Fernsehen auch schlecht gebrauchen könne, brachte sie zum Lachen. Weil mir das so oft auch nicht gelingt, war ich auf einmal sehr stolz.

Es ist schwer, sich von der Zukunftsangst zu befreien, wenn uns in der Öffentlichkeit und den Medien ständig vorgeführt wird, dass Frauen mit Anfang, spätestens Mitte fünfzig nicht mehr so recht vorzeigbar sind. Wie soll man sich mit Runzeln, Kilos und welken Hälsen arrangieren, wenn die wenigen prominenten Vorbilder selbst mit sechzig oder siebzig Jahren kaum Falten haben? Alle Gesichter, alle Hände und alle Brüste gemacht – und wo es im Fernsehen oder in der Werbung nur noch »gemachte« Gesichter gibt, sehen wir ungemachte Gesichter nur noch daheim im Spiegel – und erschrecken über den himmelweiten Unterschied zwischen uns und den Bildern, die uns umgeben. Es wäre schon schön, nicht allein zu sein mit dem, was passiert, und wirklichen Frauen auch im Fernsehen beim Älterwerden zusehen zu können. Die faltenfreie Inszenierung der Realität offenbart hier ihre innige Verwandtschaft mit der beschönigenden Geheimnistuerei um das tatsächliche Alter. Christiane redete sich jetzt doch in Rage: »Das ist so bekloppt, so unfair, so ganz und gar lächerlich. Man müsste es echt ab sofort ganz anders machen und überall, wo man hinkommt, laut hinausposaunen, wie alt man ist. Hey Leute, wusstet ihr, dass ich schon fünfundfünfzig bin? Überall wo ich hinkomme, sage ich laut und deutlich mein Alter. Um es vorzumachen. Immer. Immer. Immer.« Sie lachte laut und straffte die Schultern. »Wenn ich den Mut dazu hätte.« Sie legte den Kopf schief und überlegte angestrengt. »Ich hab's! Warum solltest du dich zur Abwechslung nicht mal älter machen und das nächste Mal zum siebzigsten Geburtstag einladen. Du könntest einfach behaupten, dass du die ganze Zeit gelogen hast und in Wahrheit zehn Jahre älter bist. Dann werden alle denken: Boah, hat die sich gut gehalten!« Sie klopft sich selbst auf die Schulter: »Es wird Komplimente regnen, wirst sehen. Ich höre sie schon prasseln wie Hagel auf dem Wellblechdach. Wahnsinn, wie du aussiehst, ich hätte nie gedacht, dass du schon siebzig wirst! Wow! Gönn dir das! Wird super!«

Je älter ich werde, desto schneller rennt die Zeit. Wenig originell kommt diese Einsicht daher, auch wenn man sie öfter und öfter hört. Dabei ist es gar nicht die Zeit, die mir davonläuft, sondern mein Tempo hat sich verändert: Je älter ich werde, desto langsamer werde ich. Mein Körper hat sein eigenes Maß, trügerisch und wandelbar. Für mich als Zwanzigjährige waren zehn Jahre Zukunft eine kleine Ewigkeit, für das Kind, das ich war, sechs Wochen Sommerferien beinahe unendlich. Eine Zeitspanne von zehn oder zwanzig Jahren ist nur für den Kalender konstant; alles, was lebt, empfindet Dauer als relativ. Es hängt davon ab, von welchem Punkt aus man auf die Zeit schaut. Vielleicht erscheinen uns die Tage als Kind so lang und die Zeit beim Älterwerden so rasend, weil wir die große Zeit vor dem Hintergrund unserer kleinen Zeit, der Lebenszeit, der Körperzeit sehen?

Die Zeit der Uhr fließt in gleichmäßigem Tempo voran wie ein Fluss durch eine Ebene. Wir laufen am Flussufer entlang. Das geht am Anfang, am Morgen unseres Lebens, noch flott und schneller als die Strömung. Gegen Mittag hat das Tempo schon nachgelassen, aber wir halten noch leicht Schritt mit der Geschwindigkeit der Strömung. Gegen Abend werden wir müde, wir fallen zurück und der Zeitstrom überholt uns. Wir laufen langsamer als die Strömung. Und während wir stehen bleiben, uns neben dem Strom hinsetzen, fließt der Fluss einfach weiter, im selben unbeeindruckten Tempo, in dem er den ganzen Tag schon strömte. Und er fließt niemals zurück. Er stoppt auch nicht, um dann von vorne anzufangen.

Deshalb gibt es auch kein zweites Leben, ganz egal, was die Frauenverbesserungsindustrie uns einzuflüstern versucht. Wir haben nur ein einziges Leben, auch wenn wir im Vergleich zu unseren Großmüttern älter werden und uns auf viele Jahre nach dem Berufsleben freuen dürfen. Mehrere Leben haben wir deshalb noch lange nicht.

Die gute Nachricht lautet: Wir müssen uns nicht neu erfinden, uns gibt's ja schon. Wir gehen uns niemals verloren und bleiben die, die wir sind. Allerdings mit der Möglichkeit der behutsamen und kontinuierlichen Gestaltung.

Neu sind nur die Umstände, nicht das Leben. Die neuen Umstände können wir aufs Beste nutzen. Die geschenkte Zeit genießen, etwas wagen, wozu bisher der Mut und die Zeit gefehlt haben, zu einer ungeplanten Reise aufbrechen, die ganze Nacht hindurch lesen, die Kinder besuchen, Klavierstunden nehmen, Freunde einladen. Nichts bringt die Jugend zurück, nicht die radikalsten Veränderungen mit der bisherigen Lebensweise. Ab heute rauchfrei, fleischfrei, weinfrei oder pflichtfrei – egal. Einen Neustart gibt es nicht, darin gleicht das Leben einem Schiff, das auf hoher See und bei laufendem Betrieb repariert werden muss, weil der Weg zurück ins Trockendock versperrt ist. Der Grund ist die sichtbare Lebensbegrenzung: Keiner von uns kommt aus der Nummer lebend heraus. Der andere Grund liegt in uns selbst, weil wir mit der Hektik, die eine schnelllebige Zeit verströmt, gar nicht mehr einverstanden sind.

Altern ist gut für die Gesundheit

Ist doch okay, wenn ich an der Kasse im Supermarkt in meiner Umhängetasche wühle und mein Portemonnaie nicht sofort finde, meine EC-Karte zu Boden fällt und ich mich bücke, um sie aufzuheben. Wahrscheinlich habe ich Mühe, wieder hochzukommen, nur langsam und mit schmerzendem Rücken gelingt es mir. Während ich meinen Geldbeutel langsam öffne und kurz überlege, ob Karte oder bar, verdrehen die hinter mir anstehenden Kunden die Augen aus Ungeduld. Die junge Kassiererin blickt mich mitleidig an. Ich halte alle auf! Vor der U-Bahn nach dem Aussteigen überlege ich kurz, ob ich jetzt nach links oder rechts muss. Wer's eilig hat, kann ja überholen. Stört es Sie, wenn ich mal eben auf der linken Spur stehen bleibe? An der Ampel langsam losfahre? Beim Abbiegen lieber einmal mehr nach rechts oder links schaue, damit ich keinen Radfahrer übersehe? Auch mal bis zur Schrittgeschwindigkeit herunterdimme, weil ich dem jungen Mann im Fond, Freund meiner Tochter, gerade erkläre, was Strafzinsen sind und wie sie mit der Null-Zins-Politik der Europäischen Zentralbank zusammenhängen? Experten sind nämlich selten jung und Weise immer alt. So!

Eigentlich muss mein neues Zaudern angenehm für alle sein, die sonst immer so voller Inbrunst die Hektik der Großstadt verfluchen und sich angeblich dringend eine allgemein rundum verkehrsberuhigte Stadt wünschen. Hupen Sie bitte nur, wenn Sie sich oder andere in Gefahr wähnen. Und seien Sie gewiss: Der Straßenverkehr wird noch viel mehr sediert werden, wenn meine Generation, die stärkste in diesem Land, vollends die Langsamkeit entdeckt oder vielmehr von der Langsamkeit entdeckt wird. Aber wem sage ich das!

Da wird doch wohl niemand ungeduldig werden, schon bald jedenfalls nicht mehr, da bin ich zuversichtlich. Aggressiv und kriegerisch sind nämlich nur Völker mit einem hohen Anteil an Jugend. Israelis, Palästinenser – muss man mehr dazu sagen? Unsereins ist über feuriges Temperament und aufbrausende, strafbewehrte Tätlichkeiten Gott sei Dank schon lange hinaus. Es wird friedlich, langsam und ruhig in unseren Städten. Auf Rolltreppen, Straßen und viel begangenen Plätzen ist nur noch ein schrittweises Fortkommen möglich, von Warteschlangen an Supermarktkassen, vor Kinos und Theatern ganz zu schweigen. Stellplätze für Rollatoren gehören zur Grundausstattung jedes Restaurants wie früher die Kinderhochstühle. Das Land kommt zur Ruhe, und das hat es uns zu verdanken, den zwischen 1955 und 1966 geborenen Babyboomern, die schon im Jahr 2025 die Mehrheit der Bevölkerung stellen werden. In alternden Gesellschaften wächst der politische Einfluss älterer Wähler. Alte Menschen sind momentan eine ziemlich mächtige politische Kraft. Da die Zahl der Fünfundsechzigjährigen leicht steigt, wird dieser Trend auch weiterhin anhalten …

Mit einem tiefen Atemzug entspanne ich mich von der Mitte meines Rückens aus und versuche mich an so etwas wie einem versöhnlichen Blick auf meine alten Schulkameraden. Wir sind nicht von schlechten Eltern, uns könnte man politischen Einfluss schon anvertrauen. Mittlerweile prasselte ein großes Feuer auf der Wiese vor dem Restaurant. Die Flammen loderten dem rosafarbenen Sonnenuntergang über den umliegenden Bergspitzen entgegen und waren schon an der Arbeit. In wenigen Minuten würden die Grillwürstchen gar sein, das Salatbuffet aufgebaut, und die ersten alten Abiturienten würden sich Teller greifen und in die Schlange einreihen. Vielleicht kamen wir über Michi und Bine drauf, die wie eh und je unzertrennlich im Doppelpack unterwegs waren. Die beiden wirkten noch immer ein bisschen wie Teenager, die von zu Hause durchgebrannt waren. Eine waschechte Jugendliebe, die damals vor aller Augen bei einer Kursfete mit Stehblues begann – und offensichtlich bis heute gehalten hat. Was eigentlich aus Karin und Frank, dem anderen Dream-Team, geworden sei, fragte ich Ulrike. Sie hatte meinen Blick auf Michi und Bine verfolgt und antwortete mit einer wegwerfenden Handbewegung. »Die haben sich schon ein paar Monate nach dem Abi getrennt.«

»Und du?«, fragte ich. »Du warst doch damals mit Uwe zusammen.« Sie seufzte. »Ach, Uwe, meine allererste Liebe. Ich hatte ihn aus den Augen verloren. Er ist nach München gegangen, um zu studieren, und nach ein paar Monaten war halt Schluss. Aber vergessen habe ich ihn nie. Und heute treffen wir uns zum ersten Mal wieder. Aber geredet haben wir bisher noch kein Wort miteinander.« Sie verdrehte die Augen und blies eine Haarsträhne aus ihrem Gesicht.

Auf einmal war es still geworden an unserem Tisch. Die vielbeschworene, in den höchsten Tönen besungene Jugendliebe legte sich wie ein weichgezeichnetes Echo auf die Gesichter – er war vielleicht der heiße Typ im Chemie-Leistungskurs oder später an der Uni im Statistik-Seminar, sie vielleicht das Mädchen aus der Parallelklasse, der Nachbar-WG oder die Unbekannte in der U-Bahn, aber auf jeden Fall unvergesslich. Keine gute Geschichte beginnt mit einem Happy End, sagte Ulrike und ließ einen weiteren vielsagenden Seufzer in Uwes Richtung folgen. Wir grinsten verständnisinnig.

Alte Liebe rostet schön

Der Anfang von allem ist Jahrzehnte her, in denen jeder seine eigenen Wege gegangen ist, seine eigenen Fehler gemacht hat, andere Lieben getroffen und geheiratet hat, Kinder großzog und, wie beinahe jeder zweite, geschieden wurde. Und dann trifft man sich wieder, findet zusammen und bleibt das auch, für den Rest des Lebens. So weit die Theorie.

Unweigerlich landete ich in der Erinnerung bei meinem eigenen Selbstversuch in Sachen *Alte Liebe rostet schön.* Vom anderen Ende der Welt war ich vor etwa einem Jahr aus Sydney zurückgeflogen. Hoch in der Luft dieses Ziehen in der Bauchgegend: Da war er wieder, der alte Traum. Trieb eine Flut von Bildern vor sich her, jagte den Herzschlag in die Höhe und drehte mir die Mundwinkel himmelwärts. Die Legende von der Liebe ohne Ende, dachte ich – bin ich mittendrin oder fliege ich gerade raus? Der zimtfarbene Klecks im blauschwarzen Meer zehntausend Meter unter mir musste Sri Lanka sein, direkt daneben tauchte die Spitze Südindiens auf. So flog ich seit Stunden durch die Welt, Sydney im Rücken, Berlin vor Augen. In die andere Richtung war ich vier Wochen zuvor aufgebrochen, weil ich's unbedingt wissen wollte. Ich wollte herausfinden, wer dieser Mann, in den ich mich vor knapp dreißig Jahren zum ersten und vor zwei Jahren zum zweiten Mal verliebt hatte, in seiner Welt eigentlich ist. Wir konnten ein Feuer entfachen, aber könnten wir es auch am Brennen halten?

In meiner Welt war er in den zwei vergangenen Jahren dreimal zu Gast gewesen – beim ersten Mal für drei Nächte, dann für eine Woche und später noch einmal für drei Wochen. Vielleicht liebte ich ihn zu viel oder falsch, dachte ich damals. Suchte etwas in ihm, was er mir nicht geben konnte. Hielt an dieser Beziehung fest, an der Vorstellung von etwas, was es so nie gab.

Dass ich jetzt endlich seine Kinder, seine Mutter, seine Schwester und seine Freunde, sein Haus und seine Lieblingsplätze kennenlernen wollte, hatte ich ihm beim letzten Skypen erklärt. Weil man zu Besuch immer ein ganz anderer ist als zu Hause, würde ich gern wissen wollen, wie er so lebt. Hier in Berlin war er charmant, humorvoll, klug, aufmerksam, rücksichtsvoll, einfühlsam … »Hör auf!«, schrie Christiane und hielt sich die Ohren zu, wenn ich ihr erklären wollte, was ich an ihm so toll fände. Der hohe Besuch, dem hier der rote Teppich ausgerollt wird, und bei ihm zu Hause? »Ein Anwalt wie viele. Hier ein King und in Sydney vielleicht nur ein Mann mit Bauch!«, mahnte Christiane, die mit vernunftgestählten Argusaugen seit zwei Jahren über das wachte, was sie meine »Märchenstunde« nannte.

Dass ich außerdem sehr gern schlau dem steingrauen Berliner Winter entkommen und mich in der Frühlingssonne am Bondi Beach in Sydney räkeln und auch surfen lernen wollte, während sie hier das erste Eis von den Scheiben kratzen, habe ich John gegenüber nicht extra erwähnt. Er schlug selbst vor, ich solle doch den November bei ihm in Sydney verbringen. »Da ist es warm bei uns! Ich lad dich ein!«

Begonnen hatte das alles schon vor rund dreißig Jahren. Er stand vor der Tür des Hauses, das ich damals mitbesetzt hatte, und wollte seinen Freund Jens besuchen, der aber gerade verreist war. Ich warf den Schlüssel hinunter, er kam die Treppe hoch, schleuderte seinen Rucksack neben das Sofa in der großen Gemeinschaftsküche. »Hi!«, sagte er, strahlte mich an und gab mir den Haustürschlüssel zurück. Dabei berührten seine Fingerspitzen meine Handinnenfläche, und mein Herz raste los. Die tiefe Stimme gab mir den Rest.

Ich sah einen Vulkan ausbrechen, feurige Lava ausströmen, danach sah ich einen Tsunami turmhoch auf einen Strand donnern. Der wummernde Bass in meinem Ohr, das muss mein Puls gewesen sein. Ich machte den Rücken gerade, versuchte den Spuk zu vertreiben. »Hi. Jens ist nicht da.« Diese Augen, verdammt! Leuchtend wie das blaue Licht im Märchen, nicht von dieser Welt. Der ganze Kerl war unwiderstehlich: lässig, muskulös, supersexy, positiv, genau so wie man sich in den Achtzigerjahren einen dieser coolen, braun gebrannten, lachenden Surfer-Boys vorgestellt hat, von denen es angeblich an Australiens Küsten nur so wimmelt. Heute weiß ich: Es stimmt.

Im Berlin der Achtziger kamen solche Typen eher selten vor. Rotzige Punks, verstrahlte Anarchisten, todernste Welterklärer, betrunkene Ganzandere und als Revolutionäre verkleidete Spießer – ja, die gab's in Horden. Aber gut gelaunte, fröhliche und dabei auch noch ansehnliche männliche Exemplare waren damals so selten wie heute der Schnee im Winter.

Er blieb eine Zeit. Es passierte nicht viel. Verstohlene Blicke, ja, ein betrunkener Kuss im Morgengrauen nach einer durchtanzten Fete, viel Gänsehaut bei Begegnungen im Treppenhaus, in der Küche, auf dem Dach, im Hof. Alles hätte, aber nichts ist daraus geworden. Wenn man jung ist, gibt's nur alles oder nichts. Erst in späten Jahren sucht man sein Heil in Kompromissen oder laboriert an den Versuchen herum, das eine zu tun, ohne das andere zu lassen. Ist mit dem einen, trifft den anderen, bleibt bei dem einen und verzichtet auf den anderen, verlässt den einen und trifft den anderen wieder.

Ich war damals die Freundin eines anderen und hatte meinem künftigen Ex und Vater meiner Kinder fest versprochen, das auch zu bleiben. John war auf der Durchreise. Wir lebten alle miteinander in der großen Wohngemeinschaft im besetzten Haus, verputzten Wände, wechselten Balken aus, löteten geplatzte Wasserleitungen, demonstrierten gegen Entmietung und den Abriss der Berliner Altbauten, schrieben Flugblätter auf der Schreibmaschine (!), tranken nächtelang, kifften zum Frühstück und debattierten ohne Unterlass. Wir diskutierten beim Plenum über Hofbegrünung, Sitzpinkeln, Verhandlungen mit dem Schweinesystem in Gestalt des Lummer-Senats und übervolle Katzenklos, versuchten uns an moralischen Rechtfertigungen von Steinewerfen und Molotow-Cocktails, stritten über die notwendigen Vorkehrungen vor der nächsten Hausdurchsuchung. Nach vier Monaten zog John weiter nach Frankreich, wo er als Skilehrer jobbte, und irgendwann kehrte er nach Sydney zurück.

Dort verliert sich seine Spur. Angeblich ist er im Jahr drauf noch einmal zurückgekommen. Doch da war ich längst ausgezogen und hatte hinter mir alle Brücken ins besetzte Haus verbrannt. Dass er nach mir gefragt hat und angeblich keiner der ehemaligen Hausbesetzerfreunde meine neue Adresse wusste, habe ich erst ein halbes Leben später erfahren. Aber 1987 gab's ja auch noch kein WhatsApp, kein Facebook, kein Google.

Im Winter vor zwei Jahren, zum dreißigsten Jahrestag der Hausbesetzung, gab's eine Riesenparty: Im Gedränge fast dreihundert alter Hausbesetzer in ihrem angestammten Biotop, auf dem Dachboden, in einem einzigen weichgespülten Wiedersehenstaumel, da ist es dann passiert. Sentimental-Journey-Modus, sogar die Musik war die alte: Iggy Pop, Ton Steine Scherben, Hansaplast. Und plötzlich stand John vor mir. Nur an seinen strahlenden Augen habe ich ihn erkannt. Als wir uns das letzte Mal sahen, hatte er noch viele rotblonde Haare auf dem Kopf, keinen runden Bauch, und ich hatte noch keine Brille auf der Nase. Auch war meine Haarfarbe damals noch echt und die Gemeinheiten der Schwerkraft kein Thema.

Und dann hat's richtig geknallt. Wir ließen uns nicht mehr aus den Augen, redeten, tanzten, lachten, konnten irgendwann auch die

Finger nicht mehr voneinander lassen. Es war wie in Baron Münchhausens Geschichte von den eingefrorenen Tönen des Posthorns, die am Kaminfeuer auftauten und plötzlich den Raum füllten – als wären all die nicht geschehenen Umarmungen, die nicht gelachten Lacher, die nicht getanzten Tänze, alle nicht geküssten Küsse und jeder einzelne der heimlichen Seufzer plötzlich aus ihrem dreißigjährigen Dornröschenschlaf erwacht. Abschied damals und Wiedersehen jetzt, die beiden Momente schnurrten zusammen wie ein Wochenende, an dem der Sonntag auf den Samstag folgt. Und: Auf einen Schlag war die Jugend zurück. Wir hatten ein gutes Stück der prägendsten Zeit im Leben miteinander verbracht, ein Stück gemeinsame Identität über gemeinsame Erlebnisse entwickelt. Wir waren Hausbesetzer. Wir waren cool. Wir waren frech, jung und unsterblich.

Weißt du noch? Wir haben zusammen gebrüllt: »Haut die Bullen platt wie Stullen«, »Keine Macht für niemand« oder »Samstags frei für die Polizei«. Und ähnlichen Unsinn. Wir trugen Lederhosen und psychedelisch bedruckte T-Shirts. Wir bewarfen die Bullen mit Steinen und teilten den gleichen Freundeskreis. Wir stritten um die angemessene Siff-Toleranz, schmutziges Geschirr und darum, warum Männer im Sitzen pinkeln sollen.

Vergessen habe ich ihn nie, aber mit den Jahren konnte ich hin und wieder auch mal an jemand anderen denken. Wie stark eine geteilte Wurzel sein kann, spürte ich an diesem Partyabend. Mit einer früheren Liebe kann man wie mit sonst niemandem über alte Zeiten reden und fühlt eine tiefe Vertrautheit – sogar, wenn man sich seit dreißig Jahren nicht mehr gesehen hat. Es gibt praktisch keine Anlaufzeit und auch keine Anlaufschwierigkeiten, kein Hin und Her, keinen Zweifel, kein Zögern, kein Zaudern, sondern nur ein Ab-dafür und ein Mittenhinein.

Drei Nächte nach der Party haben wir zusammen verbracht, dann flog er nach Sydney zurück. Am letzten Morgen stand ich in der Küche und hielt mich an meinem Kaffee fest, als ein Sonnenstrahl durch die grauen Winterwolken brach, durchs Fenster schoss und auf meine nackten Füße zielte. Unter meiner Dusche sang ein Mann, vielleicht *der* Mann, aber nicht *mein* Mann, und ich hätte alles dafür gegeben, genau jetzt die Zeit anhalten zu können. Er trällerte einen Song von Paul Kelly: »You can't take it with you«. Das hätte mich warnen können. Vielleicht auch sollen.

Diese neue alte Liebe war über drei Nächte zur intensivsten Romanze gereift, die ich jemals erlebt hatte; die gegenseitige Anziehung war die stärkste überhaupt. Am liebsten wäre ich nie wieder von seiner Seite gewichen, hätte vielleicht sogar DHL geopfert. Keine Chance, aber die hätte ich gerne genutzt: Seine Kinder, meine Kinder, seine Arbeit, meine Arbeit, sein Leben, mein Leben – das alles lässt sich kaum mal eben umtopfen. Damals, bevor der ganze Wahnsinn losging, hätte das geklappt. Heute sind alle Spatzen gefangen und man traut sich kaum noch, den Lieblings-Italiener oder den Stromanbieter zu wechseln.

Er schien genauso wenig geneigt, sich in eine neue Beziehung zu stürzen, wie ich mein hart erkämpftes Single-Dasein aufgeben wollte. Ein Three-night-stand! Ein reifes Entgleisen! Außerdem: Man muss sich ja keine Kuh kaufen, wenn man mal ein Glas Milch trinken möchte. Zum Abschied taten wir cool. Schlecht gespielte Unverbindlichkeit, hastige Umarmung. So what? Was soll schon sein? Heimliche Affäre? Fernbeziehung? Rund um die halbe Welt? Vergiss es, sagt mein Verstand. Phh, sagt mein Herz. Wer nicht will, sucht Gründe. Wer will, sucht Wege.

Und dann brach die Sehnsucht aus wie ein Fieber. Wie im Wahn feuerten wir Hunderte Mails und Tausende SMS aufeinander ab, telefonierten stundenlang zwischen den Schreibschwätzchen und schmachteten in Skype-Sitzungen zu jeder Tages- und Nachtzeit. Es war höllisch aufregend, ihn ganz nah auf dem Bildschirm zu sehen, aber danach wurde die Sehnsucht unerträglich und die nächsten Stunden schwer wie Blei. Ich konnte die Zeitdifferenzen zwischen Sydney und Berlin auswendig herunterbeten. Er checkte im Internet das Berliner Wetter und überraschte mich auf dem Heimweg im Regen mit der fürsorglich fragenden SMS, ob ich einen Schirm dabeihätte. Im Mai dann die SMS von ihm: »Just a theoretical question. Could you manage to come to Hongkong later this year? It's half way between Sydney and Berlin.«

Hat hier jemand »Feigling« gesagt? Der Form halber schrieb ich zurück, dass ich als Dame gründlich darüber nachdenken müsste. Zwei Sekunden später simste ich ein YES!!! hinterher, und am selben Tag habe ich meinen allerletzten Tausender aus dem Geheimversteck geholt und ein Ticket nach Hongkong gekauft. Eine Woche wie im Himmel oder jedenfalls nahe dran, im sechsunddreißigsten Stock des Harbour Grand Hongkong, in das er mich eingeladen hatte.

Auf dem Rückflug habe ich bis Teheran geweint, dann habe ich schnell noch den Reiseführer gelesen, damit ich meinen Kindern erzählen kann, was es in Hongkong alles zu sehen gibt. Ich habe geredet wie ein Wasserfall, und als ich einmal tief Luft holte, schaute der Jüngste seine Geschwister an und sagte: »Mama lügt.«

In den nächsten Wochen nutzten meine Kinder jede Gelegenheit, um mir ihren Standpunkt zu dieser Liebe klarzumachen. Wenig Wohlwollen war darin zu entdecken – und das war mir ziemlich egal. Mit Zähnen und Klauen begann ich, mein Stück vom wiedergefundenen Glück gegen die Missbilligung meiner Kinder zu verteidigen, und verstieg mich zu dunklen Drohungen wie der, dass ich nach Sydney ziehen würde, sobald sie ausgezogen wären. Bis dahin war John da, auch wenn er gar nicht da war. Intensiv, wenn auch nie ganz unbeschwert, aber leidenschaftlich und voller Humor – so versuchten wir wie im Spiel digital zu überbrücken, was zwischen den analogen Treffen als Lücke klaffte.

Was macht den Zauber einer wiedererwachten Jugendliebe aus? »Denken Sie an den aufgewühlten Hormonhaushalt der Teenager! Im Blut verliebter Teenager kreisen große Mengen der Hormone Oxytycin und Vasopressin. Diese Stoffe formen emotionale und sexuelle Erinnerungen im Gehirn«, erklärt Nancy Kalish, Professorin für Psychologie an der California State University in Sacramento die stoffliche Grundlage der möglichen Wunder. Es beginnt meist so: »Wenn die Verlorenen einander wieder treffen, werden diese Erinnerungen wachgerufen – durch den vertrauten Anblick, den Duft, die Berührung oder den Klang der Stimme des anderen. Diese Gefühle sind vertraut und angenehm und, wie viele meiner Teilnehmer berichteten, sexuell erregend. Aber wir sollten dieses emotionale Ergebnis nicht mit einer Prägung auf einen bestimmten Menschen verwechseln, etwa wie die Gänse dem ersten Lebewesen nach dem Schlüpfen folgen. Denn das würde ja bedeuten, dass alle Heranwachsenden, nur weil sie Hormone haben, ihre ersten Lieben wiederfinden wollen. Viele wollen das auch nicht.«

Nancy Kalish hat das Phänomen *Rekindling* der wiedererwachten Jugendliebe seit mehr als zwanzig Jahren erforscht und unzählige Geschichten gesammelt. Mehr als dreitausend ausgefüllte Fragebögen, die von Teilnehmern aus allen amerikanischen Bundesstaaten und neunundzwanzig anderen Ländern in der ganzen Welt kamen, sind ihre Datenbasis. Die Teilnehmer waren zwischen achtzehn und neunundachtzig Jahren alt und stammten aus verschiedenen ethnischen, religiösen und beruflichen Gruppen. Die erste Liebe, die beendet und wieder aufgenommen wird, rostet offenbar nicht so leicht: 78 Prozent der Rekindling-Paare nannten sich glücklich und bekundeten, dass die Liebe halte. Scheidungen gab es selten, wiedervereinte Paare hatten eine Scheidungsrate von 1,5 Prozent.

Gemeinsam war den Studienteilnehmern auch, dass sie sich seinerzeit aus äußeren Gründen getrennt hatten – etwa wegen der Eltern, die gegen diese Liebe waren, oder sie zogen um, gingen auf die Universität oder zum Militär. »Sie hatten sich nicht getrennt, weil sie nicht harmonierten oder die Beziehung grundsätzlich infrage stellten«, sagt Nancy Kalish. »Sie waren einfach zu jung.« Und: »Je länger die Partner getrennt waren und je älter sie bei ihrem Wiedertreffen waren, desto besser klappte es.«

In der ersten Studie berichteten 72 Prozent der wiedervereinten Paare, dass sie nach zehn Jahren immer noch zusammen waren. Sie alle sagten, dass ihre verlorenen und wiedergefundenen Geliebten ihre Seelenverwandten seien. Auch das Phänomen der sich mit aller Macht querstellenden Kinder sei nicht ungewöhnlich, hat Nancy Kalish beobachtet: Für die Kinder, die aus einer anderen Beziehung stammen, ist die wiedergefundene Liebe eines Elternteils wie ein Beweis dafür, dass sie eigentlich nicht auf der Welt sein sollten. »Wenn diese wiedererwachte Liebe scheitert, was sehr selten geschieht, gehören die unüberbrückbare Feindschaft der Kinder und das Schuldgefühl der Mutter oder des Vaters, die sich vorwerfen, ihre Kinder dem eigenen Liebesglück geopfert zu haben, zu den Gründen für eine Trennung.«

Ich wagte trotzdem einen Versuch, das Fest der Liebe sehr wörtlich zu nehmen, und lud ihn über Weihnachten ein. Vorher versuchte ich meinen Kindern beizubringen, was sie noch nicht wussten: dass sie niemals meine Schlafzimmertür öffnen dürften, wenn diese geschlossen war. Also standen sie davor und krähten, gern auch in sehr besonderen Momenten auf der anderen Seite der Tür: »Mama, wo sind meine Handschuhe? Wer hat meine Regenjacke geklaut? Ich kann den Fahrradschlüssel nicht finden! Wann gibt's Essen?« Mehr als einmal brachten meine Kinder mich an den Rand strafbewehrter Tätlichkeiten, gebremst nur von Johns geduldiger Freundlichkeit und dem Augenzwinkern, mit dem er bei mir (!) um Verständnis für meine sehr netten Kinder warb, die eben daran gewöhnt seien, den Mittelpunkt meiner Aufmerksamkeit allein zu bewohnen.

Wie ich inzwischen weiß, ist seine mittlerweile zwanzigjährige Tochter auch sehr daran gewöhnt, singulär auf dem Podest von Papas Aufmerksamkeit zu posieren. Wir waren zur Hochzeit von Johns Nichte eingeladen. Als der Brautstrauß auf mich zuflog, habe ich reflexhaft zugegriffen. Ihr Blick auf den Strauß in meiner Hand verhieß nichts Gutes: Fassungsloses Entsetzen, kaum gemildert von Johns hektischen Beschwichtigungsversuchen, mit denen er ihr hastig beteuerte, dass es keine Pläne in diese Richtung gebe noch jemals geben würde. Ich sei nur sein »good old friend from Germany«. Schlagartig wurde mir klar, dass ich John nur als vermeintlichen Surfer-Boy, nicht jedoch als praktizierenden Papa kannte. So wie ich ihm als Mutter komplett fremd war. Die dreißig Jahre dazwischen haben uns verändert, wie denn auch nicht?

Als wir uns damals verliebten, lagen die absehbaren Metamorphosen der Mutter- und Vaterwerdung noch in weiter Ferne. Vor meinen Augen verwandelte sich jetzt der Traummann in einen dieser »stillenden Väter«, die in grundlosem Glück ihre Töchter anhimmeln und ihnen, wenn sie klein sind, die Schulranzen hinterhertragen. Wenn die Mädchen größer sind, können ihre Väter es kaum fassen, mit diesem engelsgleichen Wesen die gleiche Luft atmen zu dürfen, und machen sich jederzeit, überall, beständig und supergerne zum Affen mit willig zuckender Kreditkarte. Sehr gerne beißen diese Töchter die Freundinnen ihrer Väter weg, und die Väter als glückliche Sklaven lassen das noch gerner zu. Eine astreine Soll-bruchstelle in jeder Beziehung.

»There is a crack in everything. That's how the ligth gets in«, sang Leonard Cohen gut hörbar in meinem Kopf. Es war dieser Moment, der die wundervollen Wochen in Sydney in ein Davor und ein Danach geteilt und meinen Blick auf John verändert hat. Ein nebulöses Unbehagen, das sich später als berechtigt herausstellt? Nein, vorerst nur ein weiterer Blick auf Seiten, die mich erstaunen, aber noch nicht verstören. Zuerst fiel mir auf, dass er an den Nägeln kaute. Dann, wie oft und unbeirrt er zu seinen Lieblingsthemen (Klimawandel, Trump, Plastikmüll, Kohleabbau) lange Vorträge hielt, anstatt das Gespräch zu pflegen oder im Vortrag wenigstens Pausen für Einwände, Verständnisfragen und Gegenrede zu lassen. Wie machohaft er auftrat. Wie streng er über Verfehlungen seiner Mitmenschen urteilte. Wie hingebungsvoll er sich selbst in Sachen schwierige Kindheit, körperliche Gebrechen oder gescheiterte Ehe bemitleidete.

Es tat meiner Liebe keinen Abbruch, weil ich es einfach ausge-blendet habe. Nancy Kalish hat für den Unterschied zwischen ei-ner neuen und einer neuen alten Liebe eine Erklärung gefunden: »Diese wiedergefundene Liebe hat nichts mit Sex zu tun, es geht auch nicht um den Zustand einer Ehe, und es ist keine Midlife-Crisis. Die anfängliche Liebes-Euphorie hält an und verbraucht sich nicht mit der Zeit. Sie ist real und kein Symbol für etwas, das in der Vergangenheit nicht gelöst wurde. Sie wird nicht vergehen, wenn man einfach über sie hinweggeht, sondern andauern. Die wiedergefundene Liebe ist die Fortsetzung einer Liebe, die unter-brochen wurde.«

Man möchte ergänzen: Sie ist die Fortsetzung einer Jugendliebe, die nicht von der Realität gemeinsamer Zeit und dem Hypotheken-stress, Familienwahnsinn und Berufsmarathon der mittleren Jahre kontaminiert wurde, sodass sie jugendlich bleiben durfte – und deshalb noch immer ein Lächeln ins Gesicht malt. »Don't cry, smile on, you'll be back«, rief der Polizist am Flughafen in Sydney mir zu.

 Dass man alt wird, erkennt man daran, dass man aufhört zu hoffen und anfängt, sich zu erinnern.

Ulrikes Lachen riss mich aus den Erinnerungen an John heraus. Auf Bines Frage, ob sie es bereut hat, sich damals so ganz und gar auf Uwe eingelassen zu haben, sagte sie leise: »Eigentlich nicht. Ich habe mal gehört, dass man am Ende nur bereut, was man nicht gemacht hat. Ich habe all die Jahre versucht, nicht zu weinen, weil es vorbei ist, sondern mich zu freuen, dass ich es hatte.«

Und das soll's jetzt gewesen sein?, lässt sich das Ungelebte energisch vernehmen. Diese Frage kann alarmieren, wenn die Einsicht unabweisbar wird, dass sich bestimmte Erwartungen, Träume und Hoffnungen nicht mehr werden erfüllen lassen. Selbst wenn wir verstehen, dass wir immer mit uns selbst und in der Öffentlichkeit zusätzlich mit anderen zusammenleben müssen, haben wir doch auch immer wieder mit jenen Wesen zu leben, zu denen wir hätten werden können.

Wie alles gekommen ist im Leben und wie es auch ganz anders hätte kommen können, das beschäftigt mich immer wieder und neuerdings auch wieder mehr. Vielleicht aus gegebenem Anlass, haha. Vielleicht auch deshalb, weil ich mehr Zeit habe, kontrafaktischen Gedankenspielen nachzuhängen, seit ich aus dem akuten Familienwahnsinn weitgehend entlassen bin: Was wäre gewesen, wenn ich damals den Vater meiner Kinder verlassen hätte und mit John zusammengekommen wäre? Nie nach Berlin, sondern gleich nach New York gezogen wär? Oder von Berlin direkt nach Sydney? Wenn ich, wie meine Kinder, erst mal ausführlich die Welt bereist hätte, bevor ich mich auf ein Studium einlasse? Was hat mich eigentlich dazu gebracht, so oder so zu entscheiden? Was war mein Plan – oder gab es gar keinen, und finde ich jetzt nur im Nachhinein aus Verlegenheit, dass alles so kommen musste, wie es kam, und dass mein Lebensweg mit all den Kurven, Umwegen und Abkürzungen seine innere Logik hat oder gar ein vorgezeichnetes Schicksal war? Was wäre gewesen, wenn ich auf meinen Professor gehört hätte und an der Uni geblieben wäre, um dereinst selbst Professorin zu werden, anstatt zu den Haifischen ins Wasser zu steigen und Freiberuflerin zu werden? Was wäre gewesen, wenn ich auf meine Jubiläums-Allergie gehört hätte und nicht zur Dreißig-Jahr-Feier der Hausbesetzung gegangen wäre? Wenn ich John logischerweise nicht wiedergetroffen hätte? Wenn es wenigstens DHL und das Stundenglück in Hotelbetten heute noch gäbe? Hätte, hätte, Fahrradkette.

»An den Gräbern der meisten Menschen trauert tief verschleiert ihr ungelebtes Leben«, habe ich mal gelesen. Ich weiß nicht so recht – wenn ungelebtes Leben gedanklich an die Tür klopft, ist das ein untrügliches Zeichen dafür, dass eine neue Lebensphase begonnen hat. Vielleicht ist die Botschaft einfach: Nutze den Tag! Trau dich was! Hör auf zu gammeln, jammer nicht, steck dein Handy in die Tasche und leg los – mit was auch immer. Glückskeksweisheiten oder banale Phrasen für die, die mit Werbesprüchen wie »Just do it«, »Don't be a maybe«, »Nichts ist unmöglich« oder »Warte nicht. Hol's dir jetzt« erwachsen geworden sind? Überall Werbung, die den Verstand beleidigt.

Bei jedem bedeutenden Übergang liegt nahe, vor dem Sprung Bilanz zu ziehen, zurückzuschauen und – sei es kritisch, verklärend, bedauernd oder bereuend – auf das bis dahin gelebte Leben zu blicken, um sich einen Reim auf das Ganze zu machen. Vorwärts leben, rückwärts verstehen, so etwa. Und dann in den neuen Lebensabschnitt springen, zu schreiten, zu stolpern – Hauptsache vorwärts bewegen und nicht stehen bleiben. Im fortgeschrittenen Alter soll sich der Drang zum Rückblick verstärken und will mit neuen Regieeinfällen, dramatischen Wendungen und überraschenden Effekten angereichert, ausgeschmückt, verändert und umgeschrieben werden – es hätte ja auch ganz anders kommen können, flüstert eine innere Stimme, und schon geht das Gedankenspiel los. Mit den Jahren umso mehr, als der Rest nicht mehr soooo viel Neues bringen wird. Alle Spatzen gefangen. Glauben wir jedenfalls. Alles nur eine Phase, Hase, haha. Kurz war ich ein Kind, dann ein motziger Teenager, danach eine erwachsene weibliche Person mit furchtbar viel Verantwortung – eine Zeit, die ich viel mehr hätte genießen sollen, denn sie ist kurz, noch kürzer als die Kindheit. Die vielen Kinder ließen nicht lange auf sich warten, und während eins nach dem anderen heranspazierte, wurde ich eine ganz normale Mutter, die versuchte, in dem Chaos aus Familienwahnsinn und Broterwerb nicht unterzugehen und dabei so gut wie möglich einen kühlen Kopf zu bewahren.

Seit einiger Zeit sind die Kinder aus dem Haus, und ich stehe vor der Herausforderung, mich in dieser neuen Lebensphase einmal mehr zu verpuppen. Der strahlend schöne bunte Schmetterling, der bald aus dem Kokon schlüpfen soll, heißt, nicht als Vision, sondern im Sinne einer Arbeitsplatzbeschreibung, »alleinstehende ältere Dame«. Obwohl ich meine Zweifel habe, dass die Metamorphose bruchlos gelingt, wenn ich dauernd beim Üben unterbrochen werde, weil alle naslang wieder einer oder gleich zwei oder alle vier Kinder auf meiner Matte stehen und für ein paar Nächte oder gleich ein paar Wochen wieder bei mir wohnen wollen. Ein schwerer Rückfall bremst dann die Metamorphose aus und verwandelt die werdende alleinstehende ältere Dame wieder in ihr Vorgängermodell – Mama. Der einzige Unterschied zu früher besteht darin, dass jetzt ich es bin, die zuerst ins Bett geht.

Alles kreist um die Frage aller Fragen: Habe ich etwas wirklich Wichtiges versäumt, vermasselt, verpasst, verbockt? Ich bin alt genug, um ganz genau zu wissen, dass man in den allermeisten Fällen eher bereut, etwas Spannendes, Interessantes, Verlockendes nicht getan zu haben, als etwas Falsches gemacht und einen Fehler begangen zu haben. Außerdem läuft in meinem Körper die Platte mit der Menopause, da macht man nicht ungestraft eine Hormondisko draus – und deshalb werde ich mich in kein Liebesabenteuer mehr stürzen, sei es DHL, sei es John, der am Ende vielleicht nur mein spektakulärster Ausbruchsversuch war.

Trotzdem bin ich wohl eher der Je-ne-regrette-rien-Typ, der nichts, aber auch gar nichts zu bereuen bereit ist. Weil ich ahne, dass in jedem Schlechten etwas Gutes steckt, auch wenn ich's noch nicht erkennen kann. Ich bin ganz bestimmt nicht der At-the-age-of-thirtyseven-Typ. Als Marianne Faithful die Ballade von Lucy Jordan sang, war ich gerade dreizehn Jahre alt geworden und lauschte ebenso verständnislos wie gebannt dem verstörenden Song von der Hausfrau, die im Reihenhäuschen ihre Träume betrachtet, nachdem Mann zur Arbeit und die Kinder in die Schule gegangen sind: *At the age of thirty-seven she realized she'd never ride through Paris in a sports car with the warm wind in her hair.* Steinalt kam mir siebenunddreißig damals vor, und wenn mir der Refrain in den Ohren klingt, weiß ich gleich wieder, welchen festen Vorsatz ich aus meinem vierzehnten Jahr bis weit ins Leben mitgenommen habe. Reihenhaus und Ehemann erfolgreich umschifft, Mutter werden ließ sich nicht ganz vermeiden, war dann aber auch okay so weit. Seit meinem fünfzigsten Geburtstag besitze ich ein Cabrio, womit die Sache mit dem warmen Wind im Haar schon mal Wirklichkeit geworden wäre. Und was ist mit dem Rest?, frage ich mich.

Die Möglichkeiten werden überschaubar, die Chancen für die meisten Träume und Ziele werden mit jedem Lebensabschnitt kleiner. Gut so: Beim Versuch, jeden Tag entscheiden zu müssen, ob man ein Kind bekommen möchte oder diesen oder jenen Job annehmen sollte, die Stadt verlassen oder bleiben, diesen Beruf ergreifen oder loslassen, sich an diesen oder jenen Mann binden, würde man ja durchdrehen! Wer wie ich mit zwei Sorten Käse beim Abendessen und drei Fernsehprogrammen aufgewachsen ist, weiß das durchaus zu schätzen: Ein eingeschränktes Angebot von Möglichkeiten kann sehr viel Entlastung in stressige Augenblicke bringen, wie auch jeder Zweijährige gern bezeugen wird, der über die freundliche Aufforderung, sich beim Bäcker ein Stück Kuchen auszusuchen, schier verzweifelt. Muss man dagegen nur zwischen Apfel- und Pflaumenkuchen wählen, kann man das souverän, erhobenen Hauptes und in aller Ruhe tun.

Aber es sind vielleicht weniger die Entscheidungen, die dem Leben eine neue Richtung geben. Schließlich haben wir über die allermeisten Gegebenheiten, die stark bestimmen, wie das Leben aussieht, niemals entschieden – die Augenfarbe, die Körperstatur oder das Geschlecht, mit dem man zur Welt kommt, die Familie, in die man hineingeboren wird, seinen Namen, die Geschwister, das gesellschaftliche Klima und die Zeit, in der man aufwächst, Stadt oder Land und und und. Viel mehr als Entscheidungen können Zufallsbegegnungen das Leben in eine neue Richtung drehen, gerne auch, wenn man das Wirken des himmlischen Strippenziehers mit berücksichtigt – Schicksalswege.

Zufallsbegegnungen. Hmm. Nicht warum, aber wie sehr solche Begegnungen, wenn sie denn stattfinden, den einen mehr, den anderen weniger beeinflussen können, das kann man im Rückblick manchmal ganz gut, manchmal gar nicht genau erkennen. Und wie oft ist nicht mehr als der Wunsch der Vater des Gedankens, dass man es mit einem charismatischen, sehr besonderen Menschen in einer außergewöhnlichen, schicksalhaften Begegnung zu tun hat.

No regrets – das ungelebte Leben ist ja nicht weniger wert als das gelebte Leben, sondern genauso wichtig und gehört zum Ganzen dazu. Träume, Wünsche und Fantasien von anderen, aufregenderen und besseren Varianten des Lebens begleiten einen doch lebenslang und sind ein Ansporn, ein Vorbild, eine Abschreckung vielleicht auch, aber sie sind da! Nicht gelebte Varianten des Lebens gehören zum seelischen Mobiliar: In vielfältigen Ängsten kann man sich niederlassen wie in verlausten Betten und auf harten Pritschen – und wie in einen realen Sessel kann man sich auch in eine Lieblingsfantasie fallen lassen: Mein Haus am Strand, das ich nicht habe, verschiebe ich heute mal an eine etwas südlicher gelegene Küste. Mit meinem Pferd, das ich nicht besitze, reite ich heute früh in die Berge. Und wenn's ganz schlimm kommt: Mit dem Mann, den ich sehr vermisse, fange ich jetzt mal einen Streit darüber an, wer den Müll immer runterbringt und wer nie.

Der Reiz des ungelebten Lebens

Träume und Ziele mögen nicht verwirklicht sein, aber sie wirken doch, wenn auch auf anderen Wegen. Anders als ihre gelebten Pendants müssen die Versatzstücke des ungelebten Lebens ihre Strahlkraft nie einlösen, nie behaupten und ihre Versprechen nie beweisen. Sie sind auch ein smarter Ausweg aus dem Dilemma der Wirklichkeit: das alte Paradox, dass ich, wenn ich etwas will und es mir gelingt, das Fehlende zu besitzen, es qua definitionem nicht mehr will. Kurz, die Freuden der erotischen Liebe liegen im Wollen, nicht im Besitzen – und jede Befriedigung führt rasch und unaufhaltsam zur Gleichgültigkeit. Wer also ewig lieben will, muss auf immer kurz vor der Erfüllung verharren und die Liebe zugleich haben und nicht haben. Vielleicht muss man auch erst das Gefühl für Glück, Lebenssinn oder Ordnung verlieren, weil man sonst unweigerlich nur das findet, was man zu finden erwartet, und nicht das, was tatsächlich da ist.

Unerfülltes ist nicht da, um erfüllt zu werden, sondern prägt die Gedanken, gibt der Fantasie eine Richtung und begleitet uns ein Leben lang. Wenn's mir zum Beispiel vor lauter Stress rot in die Augen läuft, gehe ich in meiner Fantasie in den Wald. Es ist ein bestimmter Weg durch den Wald meiner alten Heimat, den ich früher oft mit meinem Hund zurückgelegt habe. Wann immer ich will oder es brauche, laufe ich dort herum – mal mit Hund, mal ohne, mal im Sommer, mal im Winter, bei Regen und Schnee oder an einem heißen Sommertag, ganz wie's mir passt. Schon nach wenigen Augenblicken lässt die Spannung im Nacken nach, mein Herz beruhigt sich, in den Ohren wird alles still.

Solche Parallelwelten, in die wir uns beamen, können viel bewirken: als Fluchtpunkt – der Welt den Rücken gekehrt. Als Hintergrund, vor dem die Realität erst gewürdigt werden kann – es könnte noch viel schlimmer sein. Eine Erinnerung an das, wofür wir mal gebrannt haben – ich wollte doch ein Haus, ein Äffchen und ein Pferd! Ein Stück Selbsterkenntnis, das uns reifen lässt – am liebsten gehe ich jeder Auseinandersetzung aus dem Weg. Geradezu ein Zeichen von Weisheit und Gelassenheit ist es, erklären die Altersforscher des Berliner Weisheitsprojekts, diese Fantasien so genießen zu können, als wären sie Wirklichkeit geworden. Danke schön!

Kühe und Ziegen revisited. – Danke, Christiane

Tief unten in meiner Tasche fiept mein Handy. Ich ahne: Christiane – mein hohes C. Ihr Drang, mich auch weit weg von unseren Berliner Jagdgründen mit textlichen Fundsachen zu versorgen, ist ein toller Freundschaftsdienst. Ich muss mich unbedingt bedanken, gleich morgen früh, nehme ich mir vor und werde ihre Nachricht später lesen, heute Nacht irgendwann. Auf dem Klo gucke ich dann doch. Eine Überschrift springt mich an: »Alter ey! Gutes Fleisch muss von jungen Rindern stammen? Von wegen, alte Kühe haben viel mehr zu bieten. Über den Generationswechsel beim Steak.« In ihrer Nachricht hatte Christiane geschrieben: »Ich will ja nichts sagen, aber wo wir doch neulich über Kühe und Ziegen gesprochen haben … Das habe ich gerade gelesen!« Ein Herzchengesicht dazu und ein zähnefletschender Smiley daneben.

Und das hat Max Scharnigg in der *Süddeutschen Zeitung* mit nichts als Worten angerichtet: »Es sind die beiden Buchstaben X.O. auf dem Etikett, die Respekt einflößen«, so beginnt sein Artikel. »Man kennt das Kürzel von Cognacflaschen, und genau wie dort stehen sie auch bei diesem Stück Roastbeef für »xtra old«. Das Fleisch kommt von einer etwa 14 Jahre alten Milchkuh, es ist dunkelrot, fein marmoriert und hat einen dicken, gelblichen Fettrand. Man sieht und spürt es, dieses Tier hat gelebt. Und es ist zunächst ungewohnt, diese Erkenntnis als Vorteil zu betrachten. Altes Fleisch, altes Fett – das hat keinen besonders guten Klang in der Küche.« Was dann folgt, ist ein beredtes Beispiel dafür, wie hemmungslos und anspielungsreich sich das Bild der Frau als Kuh durchdeklinieren lässt, um einem Journalisten zu helfen, ganz andere Informationen zu übermitteln. Man könnte jetzt einwerfen, dass es sich bei diesem durchaus amüsanten Text um einen männlichen Autor handelt – wenn nicht klar wäre, dass es auch jederzeit eine Autorin gewesen sein könnte, die enthemmt und hämisch mit dem Bild spielt und es als Steilvorlage nutzt. Nehmen wir die Kuh für die Frau und den Sex für das Essen, und für den Fleischhändler, den Koch, den Food-Manager springt die Übersetzung von ganz allein ins Auge … Wer mehr darüber lesen will, findet den Bericht mühelos im Netz. Scharniggs Fazit jedenfalls lautet: »In der Steakauslage gelten Markennamen wie ›Alte, fette Kuh‹ neuerdings als Gütesiegel. … Jeder Bissen hat eine Intensität, die dem Gaumen zuvor so nicht geläufig war. Ein kleines Stück reicht, um die Fleischeslust zu stillen, so dicht ist das Aroma.«

Kleine Unterschiede und andere Wunder

Chill mal. Mach dich locker. Bleib entspannt. In der Art etwa versuchten Ulrike, Susanne und Sabine mir auf dem Klassentreffen den Wind aus den Segeln zu nehmen, nachdem ich ihnen wutschnaubend aus diesem Artikel vorgelesen hatte. Was für eine Unverschämtheit! Ein idiotischer Vorschlag, der seinesgleichen sucht. Erstens kann ich nicht entspannt bleiben, weil ich nicht entspannt bin. Zweitens will ich gar nicht entspannen und weiß auch gar nicht, wie das gehen soll. Und drittens weiß ich überhaupt nicht, warum ich das tun sollte. Wozu soll Entspannung gut sein? Ich stehe unter Dampf, ich will unter Dampf stehen, ich bin richtig gut, wenn ich unter Dampf stehe, und wenn der Dampf eines Tages raus ist, will ich tot umfallen. Jawohl.

Sie lachten und schüttelten die Köpfe. Ulrike bemerkte leise, dass ich ja wohl ganz die Alte geblieben sei und noch wie damals wie ein Fischweib losschimpfen würde. Ich wusste, gleich würden sie sich anderen Themen widmen, die weniger Aufregungspotenzial trügen. Ich musste mich beruhigen, sonst würde ich den Anschluss verlieren oder einfach aus der Gesprächsrunde fliegen. Also stand ich auf und ging ein paar Schritte über den Minigolfplatz bis zum Ende, wo der Abhang begann. Ich dachte an die vergangenen Stunden zurück und stellte fest, dass ich von Anfang an vor allem mit mir selbst im Clinch lag. Eine alternde Frau, die darum ringt, zu verstehen, womit sie ringt. Interessant an diesem ganzen Nachdenken über das Älterwerden ist auch, dass ich mir selbst gegenüber einfach nicht ehrlich sein, mir aber auch nichts vormachen kann. Auf meiner inneren To-do-Liste notierte ich, dass ich dieses Empfinden so bald wie möglich dem unbarmherzigen Klarblick von Christiane aussetzen wollte.

Wir quatschten Wein trinkend über das Leben und lachten die vergangenen Jahre aus, weil wir uns in der Überzahl wähnten – mehr als vierzig Frauen und Männer in einem Alter, in dem der Blick zurück genauso bittersüß ausfallen kann wie der Blick nach vorn. Mittlerweile hatte ich jedes einzelne Gesicht wiedererkannt, und auch unser Miteinander von damals war mir wieder präsent. Mir fielen die Soziogramme wieder ein, der neueste Schrei in den pädagogischen Moden der Siebzigerjahre. Ein paar übereifrige Lehrer ließen uns ein ums andere Mal am Beginn des neuen Schuljahres Fragebögen ausfüllen, in denen es um die Beziehungen zwischen uns, ihren Schülern, in den einzelnen Kursen ging, und fertigten daraus schnittmusterähnliche Diagramme an, von denen sie sich Aufschluss darüber erhofften, wer wie beliebt war, wer als Meinungsführer, wer als Klassenclown reüssierte, wer als fingerschnippender Streber verschrieen war und wer eher als Außenseiter ein Dasein am Rand der Gruppe fristete. Hätte man die Beziehungsfäden sichtbar machen können, die zwischen den Anwesenden hin und her gingen, hätten Außenstehende nur ein dick gewickeltes Knäuel gesehen. Eingeweihte hingegen hätten ein klares konzentrisches System mit mehreren Ebenen erkannt, strukturiert wie ein Spinnennetz. Freundschaft, Feindschaft, Verliebtheit, Neid, Konkurrenz, Ignoranz. Einsamkeit.

Alles verändert sich – die Familie, die Arbeit, die Liebe, die Körperform. Während es in meiner Gefühlswelt drunter und drüber geht und nichts so bleibt, wie es war, klammere ich mich immer noch wie der Nichtschwimmer an den Beckenrand vom Tiefen und versuche weiterzumachen wie bisher. Zugegeben, das klappt nur so mittelgut. Aber sogar die eindeutigsten Gefühle wie die Liebe zu den Kindern (unverbrüchlich!) und DHL (immer noch, verdammt, so sehnsüchtig wie überflüssig und längst aus der Zeit gefallen), die Treue und Loyalität zu wenigen guten Freunden (unkaputtbar), die Leidenschaft für meinen Beruf – alles muss auf den Prüfstand und aussortiert, runderneuert oder wenigstens der neuen Zeit angepasst werden. Meine trotzige Weigerung, die notwendige Umgestaltung zu akzeptieren, wird zu einer ständig sprudelnden Quelle von Enttäuschung. Die gute Nachricht dabei: Die Intensität lässt nach. Vorbei ist es mit der großen Leidenschaft in der Liebe, mit der erfüllten Mutterliebe, den großen Höhenflügen, mit den Eroberungen, den Freuden der Verführung, den glücklichen Begegnungen und den beruflichen Erfolgen, die das Selbstwertgefühl steigerten.

 Heul nicht rum. Die Dummheit lässt auch nach.

Quatsch. Vorbei sind das große Glück und der gedankenlose Spaß, die Komplizenschaft und der Übermut der Jugend, hoffentlich aber auch die bodenlose Enttäuschung, der beinharte Ehrgeiz, die tiefe Verzweiflung. Meine Chancen, bis auf Weiteres in ein und derselben Gefühlsliga zu spielen, stehen ganz gut, weil ich aus der Achterbahn der Gefühle längst ausgestiegen bin und mich auf die sichere Seite hinüberretten will. Vielleicht wird mein Gehirn auch einfach faul und möchte sich in den glücklichen Nebel zurückziehen. Aber vielleicht lässt sich mit zunehmendem Alter auch leichter erkennen, dass mir weniger Zeit bleibt und es deshalb wichtiger wird, emotional stabil zu bleiben. Ich konzentriere mich auf das Gute, weil ich das will. Es dient meinen Zielen, ich komme besser zurecht, wenn ich Fortschritte in der Kunst mache, zu wissen, was ich übersehen sollte, wann ich den Mund halten oder die Augen verschließen müsste: Ich darf endlich jedem Streit aus dem Weg gehen und so konfliktscheu sein, wie ich schon immer war.

 Wir haben zwei Leben. Und das zweite beginnt, wenn uns klar wird: Wir haben nur eines.

Kinder klein gucken und andere Sehfehler

In der Familie hatte ich mir die Sache mit der Balance etwas leichter vorgestellt. Schließlich wird man da nicht nach seinem Aussehen oder seinen Leistungen beurteilt, sondern vom Band der Liebe gehalten, und das hat bekanntlich zwei Enden. Nun ja. Ring frei für eine nächste Runde der garantierten Enttäuschungen, wenn man verpasst, die Schwerpunkte zu verändern und die Balance neu auszutarieren. Wie alle Mütter tue ich mich schwer damit, die tief verwurzelte Liebe zu den Kindern zu kappen oder wenigstens ein bisschen auszudünnen. Warum eigentlich sehe ich sie noch immer als Fünf-, Sieben- oder Zwölfjährige, wo alle anderen längst erwachsene Frauen und Männer sehen? Für erwachsene Kinder und ihre alten Eltern gibt es ja noch nicht mal eigene Bezeichnungen! Und so greifen wir auf amerikanische Knallervokabeln wie Kidadults, Bestager und Empty-Nester zurück, die allesamt marktstrategisch gemeint sind und über das Herz auf unser Geld zielen. Das zugrunde liegende Gefühl lässt sich so umschreiben: Gerade in Grenzsituationen, wenn sie krank sind, wenn sie traurig und unglücklich sind, wenn sie Angst haben und erst recht, wenn sie sich verabschieden und nach einem Besuch wieder ihrer Wege gehen, springt der Schalter um. Die Perspektive ändert sich, der Augenschein trügt, und der Fürsorge-Impuls setzt ein. Andere mögen eine junge erwachsene Person sehen, weiblich und gelungen oder männlich und aufstrebend stark. Eltern sehen ein Baby mit Reisepass, ein Spielkind am Steuer des Sprinters, einen über alles geliebten kleinen Sonnenschein mit ängstlich aufgerissenen Augen und geröteten Wangen, der uns in diesem Moment wieder so verletzlich erscheint wie kurz nach der Geburt: Der jäh aufschießende Impuls, dieses zarte, schutzbedürftige Wesen vor allen Gefahren zu bewahren und jedes Unbill von ihm fernzuhalten, hat die Jahre unbeschadet überstanden und trübt jetzt die klare Sicht auf das, was ist. Es scheint, als könnten dauerängstliche, überbehütende und ewig helfende Eltern aus ihrer Rolle nie wieder herausfinden und wollten das auch gar nicht. Weil sie sich keine andere Rolle vorstellen können und an dem alten Drehbuch eisern festhalten. Wie die kleinen Esel in Spanien, die ihr Leben lang den Brunnen umrunden, um die Pumpe in Gang zu halten, und die dann, wenn sie alt sind, vom Joch befreit auf der Weide ihr Gnadenbrot verzehren – und immer noch im Kreis laufen.

Der Idee der kommunizierenden Röhren, in der jeder weitere Schritt in die Selbstständigkeit der Kinder einen Hohlraum vergrößert, in den mein eigenes Wollen und Können und Wünschen wieder nachströmt, konnte ich doch so viel abgewinnen! Warum halte ich dann noch immer viel zu oft an der Vergangenheit, dem Gewohnten, Sicherheit versprechenden Modell fest und falle nur ausnahmsweise und unter großer innerer Anstrengung aus der Rolle, die vor drei Jahrzehnten festgeschrieben wurde?

Wollten wir uns nicht schon mit der Vorstellung anfreunden, dass die emotionale Distanzierung der heranwachsenden Kinder ein gutes Zeichen ist, beweist sie doch, dass die Kinder fähig sind, die Welt ihrer Kindheit zu verlassen, um in die Welt der Freunde und Liebschaften einzutreten? Ihr Verhalten wurde so nervig, dass wir erleichtert waren, wenn sie selbstständig wurden und ihre Hände nach Dingen, die so weit wie möglich von uns entfernt waren – auch wenn das nie ohne eine gewisse Sorge um sie vonstatten ging. Als zugelassene Verbindungen blieben das Weihnachtsessen, Unterkunft und Verpflegung, falls gewünscht.

Dummerweise werden viele Kinder wieder richtig sympathisch, wenn sie erwachsen sind. Aus Versehen habe ich eine neuerliche, meine Kinder würden sagen: einnehmende Anhänglichkeit für sie entwickelt. Ein Übermaß an Gefühl führt bedauerlicherweise nicht zu mehr Nähe, sondern zu mehr Belastung. Meinen gelegentlichen emotionalen Überschwang finden meine Kinder eher überflüssig, wenn sie in ihren Beziehungen eine gewisse amouröse Zufriedenheit erreicht und sich eine Ausgeglichenheit erarbeitet haben, die ich ihnen schon lange nicht mehr vermitteln kann. Sie sind bereit, fortan mit mir angenehme, aber unregelmäßige Beziehungen zu pflegen, sie fordern meine Dienste ein. Und damit basta. Solange wir Mütter nicht bereit sind einzusehen, dass es gut so ist, weil ihre Autonomie der eindeutige Beweis einer gelungenen Erziehung ist, laufen wir Gefahr zu leiden. Wenn wir dagegen lernen, unser Verhältnis locker zu gestalten und trotzdem mit diesen erwachsenen Männern und Frauen eine unersetzliche Vertrautheit zu pflegen, dann können wir immer auf sie zählen und viele Gelegenheiten finden, mit einem freundlichen Lächeln bedacht zu werden, wenn wir uns besuchen.

»Als ich eines Tages von meiner Tochter eine böse Abfuhr am Telefon erhielt, weil ich sie zum dritten Mal innerhalb einer Woche gefragt hatte, wie weit sie mit ihrer Masterarbeit sei, wurde mir klar, dass ich mich ihr gegenüber genauso verhielt, wie meine Mutter sich mir gegenüber verhalten hatte. Ich begriff die Gereiztheit meiner Tochter, als ich mich an meinen eigenen Ärger erinnerte, wenn Mama mich mit ihrer Neugier und ihren Bemerkungen voll implizierter Vorwürfe verfolgte: Kommst du diese Woche nicht vorbei? Ich habe dich lange nicht mehr gesehen. Dein Bruder hat mich gestern besucht … Unterschwellig meinte sie: du nicht! Seither passe ich auf, um das mütterliche Modell nicht nachzuahmen. Wir sollten uns alle darum bemühen, uns unsere eigenen Reaktionen vor Augen zu halten, als wir jung waren, um besser zu begreifen, was unsere Kinder von unserer Seite annehmen und was sie uns zu geben bereit sind. Viel weniger, als wir uns wünschen, aber viel mehr, als wir anerkennen wollen, wenn wir uns als alte, zwangsläufig frustrierte Mütter über sie unterhalten. Also: bloß nicht anrufen und mit klagender Stimme fragen, was es Neues gibt.«

Wir haben heute Nachmittag alle synchron genickt, als Sabine in parodistisch übertriebener Traurigkeit mit diesem Rat ihre Erläuterungen zum Stand ihres Familienlebens krönte. »Zehn Monate war sie weg und jetzt ist sie wieder da«, nahm Birgit den Faden auf. »Ein paar Tage vor ihrer Rückkehr habe ich angefangen, die Stunden zu zählen. Ich war verrückt vor Freude aufs Wiedersehen, hatte ihr Lieblingsessen gekocht und zig Vorschläge parat: Wir würden zusammen ins Kino gehen, wieder auf dem Sofa sitzen und stundenlang quatschen, zusammen in die Sauna und zum Sport gehen«, erinnerte sie sich an den Tag, als der Au-pair-Aufenthalt ihrer Tochter mit einem großen Wiedersehen zu Ende ging. Überglücklich konnte sie am Flughafen ihre Tochter in die Arme schließen. Doch sie hatte nicht allein gewartet. »Ihre besten Freunde waren auch alle da.« Im Willkommenstrubel beschlich die Mutter ein mulmiges Gefühl – sie sah ihre Hoffnungen auf gemeinsame, in schöner Harmonie verbrachte Stunden dahinschmelzen. Und richtig: »Mama, wir gehen alle noch ein bisschen feiern. Ist doch okay für dich?« Die Tochter sprach's und verschwand in einem Pulk von jungen Männern und Frauen.

»Klar ist das okay!«, hatte sie beteuert. Und jetzt?

Große Erwartungen sind die Hypothek in der neuen Nähe zwischen den Generationen. Und dann: Eher selten sind die Treffen so schön wie ausgemalt. Schon kleine Bemerkungen können Irritationen auslösen, im Handumdrehen kippt die Situation. Nähe macht verletzlich: Weil uns die Kinder so nahestehen, haben sie auch die Möglichkeit, uns mit kleinen Nadelstichen so wehzutun. Respekt haben wir ja nie eingefordert, Abstand nie gehalten. Stattdessen haben wir unser Innenleben jahrelang auf Nähe und Übereinstimmung gepolt, Konflikte vermieden, Ärger heruntergeschluckt und mehr als einmal gute Miene zum bösen Spiel gemacht. Und jetzt das: Aus Gedankenlosigkeit, fehlendem Fingerspitzengefühl oder Ignoranz, nicht aus böser Absicht, sondern weil sie überwiegend ihre eigenen Belange im Kopf haben, trampeln sie durch den mütterlichen Porzellanladen. Weihnachten? Feiert schön, ich geh noch in eine Bar, mit Freunden. Der Liebeskummer, den man in einer schwachen Stunde der Tochter anvertraut hat, wird zum Geschoss, der Fehler rächt sich: »Bist du immer noch nicht mit der Sache durch?«, fragt sie und schnippt missbilligend mit den Fingern.

 Familie. Die Hölle, die dich wärmt.

Ambivalenz ist das Gebot der Stunde, hier wie da: Wir wollen sie bei uns behalten, obwohl sie uns mit ihrem Egoismus, ihrer Rücksichtslosigkeit und ihrer Kaltschnäuzigkeit verletzen. Und sie würden nie zugeben, dass es ihnen schwerfällt, ohne uns zu leben. Genau wie es uns schwerfällt, sie gehen zu lassen. Denn wir wollen teilhaben an ihrem Leben, ihren Erfolgen, an ihrer Jugend. Bitte braucht mich noch ein bisschen, bettelt das innere Mutterpersönchen ganz leise, während die äußere Mutterperson verkündet, wie sehr sie sich darauf freut, nun weniger Arbeit und mehr Zeit für sich selbst, ihre Freundin, ihre beruflichen Ambitionen, ihre Hobbys zu haben. Daran ist nichts verkehrt: Die Kinder freuen sich ja auch, dass sie nun nicht mehr ständig auf die Befindlichkeiten, Ordnungsvorstellungen und Kommunikationsbedürfnisse ihrer Mütter Rücksicht nehmen müssen.

Der Transit geht einher mit Verunsicherung, Verletzlichkeit und zwiespältigen Gefühlen von Traurigkeit und Erleichterung, Ärger und Freude, Niedergeschlagenheit und Aufbruchsstimmung, manchmal in stündlichem Wechsel. Gerade, wenn man sich aus dem Mutterwahnsinn als geheilt entlassen will, bricht alles wieder auf. Und: Je näher man sich steht, desto größer die gegenseitige Verletzlichkeit. Der Zwiespalt der Übergangszeit kann allerdings auch ein Geschenk sein. Wenn die Dinge so in Bewegung geraten, entsteht Raum für Veränderung. Das hat auch sein Gutes, obwohl wir dazu neigen, uns gegen Veränderung zu sperren. Wir wollen da bleiben, wo wir uns eingerichtet haben. Doch Veränderung ist nicht dasselbe wie das Ende, sondern die Angst, die sie begleitet, taugt zu mehr. Wie die gesunde Portion Prüfungsangst, die einen an den Schreibtisch treibt. Gut so! Veränderungen jenseits der Komfortzone wecken die Lebensgeister, schärfen den Verstand, bereiten den Boden für neue Ideen und ringen uns eine neue Betrachtung ab. Unser Schwachpunkt ist unsere emotionale Bedürftigkeit, die wir allzu oft mit Liebe verwechseln. Soll alles so bleiben, wie es ist? Wir bleiben allzeit bereit, die Kinder lassen sich fallen. Ihr Schwachpunkt sind die Bequemlichkeit und die Neigung, dem Reiz der Privilegien zu erliegen, die das Leben zu Hause nun mal bietet. Dahinter lauert aber auch das Gefühl, den Eltern verpflichtet zu sein, die so viel für einen getan haben.

Ihre Stärke: die Fliehkräfte, der Drang zur Selbstständigkeit. Unsere Stärke: Wir sind erwachsen, und wir wissen immer noch mehr übers Wandern als sie, die den größten Teil des Weges noch vor sich haben. Die Chance: innig verbunden bleiben, aber als zwei unabhängig voneinander bestehende, vernünftig abgegrenzte Individuen.

Die der Vergangenheit zugewandte optische Täuschung, die uns dazu verleitet, in Kindern für immer Kinder zu sehen, könnten wir umgehen, wenn wir sie erkennen als das, was sie ist: ein Bild für unsere Weigerung, die Realität zur Kenntnis zu nehmen, und unsere Neigung, im Blick auf das Vergangene zu erstarren. An Kindern sieht man, wie die Zeit vergeht, so heißt es doch. Wenn ich meine erwachsenen Kinder anschaue und daran denke, dass sie vor zehn Jahren noch türenknallende Teenager waren und noch einmal zehn Jahre vorher rotzfreche, meistens vergnügte und sehr laute kleine Kinder, spüre ich den Fahrtwind der Jahre – und eine große Freude, dass sie sich in der mittlerweile vergangenen Zeit zu jungen Menschen entwickelt haben, die ihren Platz in der Welt bezogen haben. Aber was ist wohl aus der siebzigjährigen Frau geworden, mit der ich noch vor zehn Jahren eng befreundet war – eine Freundschaft, die in einem Fiasko endete, von dem sie sich nie erholte. Wenn ich sie heute wiederträfe, wäre sie um die Achtzig, und der Gedanke, eine gebrechliche, vielleicht verbitterte, vielleicht verwirrte alte Dame vorzufinden, lässt mich zögern, an ihrer Tür zu klingeln. Würde es ihr wehtun, mich wiederzusehen, weil ich sie an eine Zeit in ihrem Leben erinnere, als sie noch fit und voller Pläne für die kommenden Jahre war? Wenn ich sie heute wiedersähe, könnte ich an ihr ablesen, wie die Zeit vergangen ist, und das würde mich ganz anders berühren als die Begegnung mit einem älter gewordenen Kind. Nicht Kinder, die sich entwickeln, sondern die alt gewordenen Frauen erinnern mich an meine begrenzte Lebenszeit.

Lassen wir die großen Kinder ziehen. Sie haben alles, was sie brauchen, innerlich. Sie werden ihren Weg finden. Grätschen wir doch nicht rein, wenn sie Dinge wagen, ohne unsere Unterstützung zu erbitten. Lernen wir doch von den Kindern! Auch davon, dass sie sich nicht mehr so häufig melden und uns immer weniger brauchen, wenn alles gut geht. Tun wir's ihnen nach: Unser Leben, das jahrelang von Kindern bestimmt wurde, jetzt beherzt wieder in die eigene Hand nehmen und endlich wieder Herrin im eigenen Haus zu sein, ist eine schöne Sache. Die Aussicht ist gut: So viel Freiheit war nie! Was wir so viele Jahre lang aus familiären Gründen haben mitmachen müssen, ist jetzt nicht mehr nötig. Endlich frei! Wie wir einst unseren Eltern entwachsen sind, so entwachsen wir heute unseren Kindern. Wenn die Kinder ausgezogen sind, hält als Erstes die Ordnung Einzug oder auch die eigene Unordnung, die man selbst für Ordnung hält. Aber die sehr persönliche Ordnung wirft einen auch mächtig auf sich selbst zurück.

Es ist nur eine Idee, aber vielleicht eine gute: Wäre nicht die Gelegenheit gekommen, sich jetzt endlich selbst erziehen zu können? Wenn wir ein bisschen von der unendlichen Liebe zu den Kindern jetzt auf uns selbst verwenden, könnte etwas Gutes entstehen. Damit noch kommen kann, was da kommen will und kommen soll. Nicht das Fichtennadelduftschaumbad, in das man eintaucht und der Welt verkündet, dass man sich selbst liebt, ist damit gemeint, sondern die echte, tief empfundene und dankbare Liebe zu der Person, die man endlich geworden ist. Dass man sich mit den Jahren selbst immer ähnlicher wird, ist verheißungsvoll. Günstiger war die Gelegenheit nie, sich ein paar Fragen zu stellen. Was gefällt mir an mir und was will ich endlich loswerden? Bin ich schon die, die ich immer sein wollte? Was kann ich ändern und womit muss ich leben lernen?

Die Freiheit von den Elternpflichten bereitet den Boden für die Freiheit, zu sich zu kommen. Und wir könnten jetzt frei sein, die ganze liebende Fürsorge, das sorgfältige Vorausdenken, das Formen liebenswerter Eigenschaften, das Korrigieren von Abwegen und Mängeln, sogar das modische Fordern und Fördern auf uns selbst zu münzen. Jetzt, wo wir wissen, wie's geht: nach den Kindern uns selbst erziehen.

Das tut der eigenen Entwicklung gut, aber es entlastet auch die Kinder aus den Fängen unserer Bedürfnisliebe. Meine Freundin Christiane, deren beide Kinder aus dem Haus sind, auch wenn sie sporadisch zwischen zwei Auslandsaufenthalten oder Ausbildungen ins ehemals gemeinsame Zuhause zurückkehren, erklärte vor Kurzem ihren Empty-Nest-Koller energisch für beendet. Sie schrieb mir: »Vielleicht bedeutet Freiheit auch, sich endlich an den Dingen gebührend hingebungsvoll freuen zu können, die sich sonst zwischen den (selbst auferlegten) Pflichten den nun auch schon erwachsenen Kindern gegenüber einfach nur so ergaben und nun endlich in den gebührenden Mittelpunkt treten und entsprechend goutiert werden dürfen. Weil's nun wieder das eigene Leben ist, in dem gestaltet und gewaltet wird.«

Früher war alles besser. Hä? Echt jetzt?

Es wurde sehr spät an diesem Abend, der kurz vor Schluss noch einmal ordentlich Fahrt aufnahm. Wir waren plötzlich überzeugt davon, am Grund der vielen leeren Gläser kompliziertere Wahrheiten über Sichtbarkeit und Unsichtbarkeit der Frauen erkennen zu können. Wir redeten uns noch einmal die Köpfe heiß. Der Unterschied zu früher lag in den Themen – nicht nur die leidigen Liebesgeschichten oder Schulstress, das Patriarchat und der Kapitalismus, sondern es ging auch um unsere Vergangenheit, das Gewicht des Erlebten und den Abgleich mit der Gegenwart. Immer wieder mal zeigten wir uns Fotos von damals und staunten darüber, wie schön wir doch gewesen sind. Warum konnten wir das damals nicht sehen? Warum war uns mit Anfang, Mitte zwanzig eigentlich völlig wurscht, dass wir die geduldigen, starken, strapazierfähigen Körper hatten, die wir jetzt gern hätten und bei gewissen Gelegenheiten schmerzlich vermissten? Dass man halb so viel isst wie in jungen Jahren, aber doppelt so viel wiegt, ist eine weitere empörende Begleiterscheinung des Älterwerdens. Jeder Versuch abzunehmen, ist zum Scheitern verurteilt. Wenn man das Glück hat, sich an die Disziplin eines preußischen Feldwebels gewöhnt zu haben, schafft man es vielleicht, nicht noch mehr zuzunehmen. Das war doch früher wirklich besser: Egal, was wir aßen, tranken oder rauchten – davon bekamen wir weder Bauchschmerzen noch allzu starkes Kopfweh, noch plagte uns hustende Kurzatmigkeit. Jetzt schaffen wir das alles schon, indem wir an Völlerei nur denken. »Winter is coming«, sagen sie bei Game of Thrones, wenn sie ihre Befestigungsanlagen ausbessern und Vorräte anlegen.

Selbstverständlich wollten wir schön sein. Weil wir gefallen wollten – und auffallen, auch ohne dem Blößenwahn allzu offensichtlich zu frönen. Schon damals glaubten wir nicht, dass Schönheit von innen kommt. Wir glaubten auch nicht, dass alle gleich schön wären. Doch mit den Jahren wurde vieles wichtiger, als der Schönheit hinterherzurennen. Wir lernten unsere Wirkung auf andere einzuschätzen und setzten unsere Stärken in Szene.

Der Spaß am Verwandeln und Verschönern ist uns nicht vergangen, auch wenn wir uns dem Konformitätsdruck immer mehr entzogen haben; wir wollen uns doch mit Ende fünfzig keinem Schönheitsdiktat mehr unterwerfen! Wir fühlen uns, so beteuerten wir uns gegenseitig, vergleichsweise ziemlich gut erhalten. Weit weniger ramponiert als unsere Großmütter in unserem Alter und sehr viel frischer als unsere Mütter vor dreißig Jahren.

Kann eine ältere Frau, die sich schminkt und schmückt, noch eine Augenweide sein? Das Bild der schönen alten Frau ist noch nicht erfunden, und vielleicht ist das auch gar nicht nötig. Man wird im Alter nicht schöner, aber mit etwas Glück schlauer. Ich weiß längst, dass es keine Augenfaltencreme gibt, die wirkt – ich habe sie alle probiert. Gleiches gilt für die Mittelchen gegen Dellen am Oberschenkel. Wenn dagegen ein Kraut gewachsen wäre, hätte keine Frau welche. Und wenn es die perfekte Diät gäbe, wären alle Frauen gertenschlank. Könnten uns Schönheitsoperationen oder Botox-Spritzen glücklicher machen, gäbe es nicht so viele Frauen mit Apfelbäckchen, Rettungsreifenlippen und erstarrtem Lächeln.

Mir ist wichtig, dass ich ein Gesicht gern anschaue. Ich will in keine Fassade, keine Maske blicken. Spuren eines gelebten Lebens haben ihren eigenen Reiz; alte Gesichter haben manchmal eine Ausdrucksfülle, die man in jungen Gesichtern vergeblich sucht. Ich erwarte keine handelsübliche Schönheit in einem alten Gesicht, aber auch nicht von vornherein in einem jungen Gesicht, das nur jung, aber nicht deshalb schon automatisch schön ist. Aber ich wünsche mir die Bestätigung zu sehen, dass es ein schönes Altern gibt.

Der Welt ein freundliches, entspanntes, frisches und von äußeren Eingriffen nicht entstelltes Gesicht zu zeigen, bedeutet nicht nur, sich selbst wohlzufühlen, sondern auch dem, der einen anschaut, zu vermitteln, dass es möglich ist, mit der Vergänglichkeit von Jugend und Schönheit gut zurechtzukommen. Dass das Altern eigene Reize hat, die sich mit denen der Jugend nicht messen lassen, sich aber genauso gut sehen lassen können. Dass das Älterwerden lebens- und erstrebenswert ist. Wir suchen den alten Menschen, der uns mit der Tatsache versöhnt, dass das Leben auf das Ende zusteuert. Jemand, der gern alt ist. Und den man deshalb gern anschaut.

#Whynotmetoo?

Wir hatten uns lange über #meToo ereifert und besonders über die Gemeinheiten echauffiert, die Catherine Deneuve aushalten musste, nur weil sie gewagt hat, öffentlich anzumahnen, dass die ganze Debatte jetzt nicht dazu führen dürfe, dass das bekundete Begehren verteufelt und das Flirten zu strafbewehrter Tätlichkeit degradiert werden dürfe. Susanne empörte sich darüber, wie viel Gratismut unterwegs sei, wo vielen Frauen nach Jahren des Schweigens auf einmal wieder einfalle, wer sie wann und wie angemacht hat, ohne dass sie ausdrücklich darum gebeten hätten. »Hätten diese Frauen mal damals gleich die Klappe aufgekriegt, dann wären viele von diesen Schweinereien danach gar nicht passiert«, rief sie. Sie habe den Verdacht, dass viele Opfer sexueller Belästigung mit ihren Bekenntnissen suggerierten, dass sie halt zu geil für diese Welt seien und sich die Männer einfach nicht beherrschen könnten, wenn sie ihrer ansichtig würden. Da fühle man sich doch im allgemein grassierenden Opferkult irgendwie komisch, wenn man selbst noch nie zum Sex gezwungen worden sei. Das Frauenfeindlichste, was sie selbst je erlebt habe, sei übrigens Kopfsteinpflaster gewesen, weil es die Absätze ruiniere.

Susanne gehörte zu der Sorte Frauen, die mir auf die Dauer zu anstrengend waren und die ich schon zu Schulzeiten nicht besonders mochte. Sie färbten ihre Haare mit Henna, rauchten selbst gedrehte Zigaretten, liefen in selbst gestrickten Socken und Secondhand-Klamotten herum, dekorierten sich mit Bekenntnis-Buttons wie: »Runter mit dem Männlichkeitswahn«, »Solidarität ist die Zärtlichkeit der Völker«, »Atomkraft, nein danke« oder dem Gegenteil: »Mein Auto fährt auch ohne Wald.« Sie nervten, weil sie meinten, alles kritisch hinterfragen und sich dauernd auseinandersetzen zu müssen, und schon deshalb überzeugt davon waren, dass sie auf der guten Seite der Welt standen.

Wir lachten, ohne den Witz wirklich gut gefunden zu haben. Ulrike nickte nachdenklich und verschränkte die Arme vor der Brust. »Also, ich bin auch schon echt lange nicht mehr sexuell belästigt worden«, ließ sie sich feierlich vernehmen und schaute wie zufällig zu Uwe herüber, der mit den anderen am Feuer stand. Da fiel's uns auch auf – verdammt, da war doch mal was! Nicht, dass uns Bestätigung im Gewand der Belästigung jetzt groß gefehlt hätte. Aber nun konnten wir schon seit geraumer Zeit Baustellen unbepfiffen passieren. Nachts alleine in der Stadt spazieren gehen, sogar einsame epische Wanderungen bei Vollmond zur gedanklichen Verkostung urbaner Melancholie unternehmen, das war kein Thema mehr – ging alles, wann immer einer von uns der Sinn danach stand. Als unbemanntes Raumschiff stand uns endlich der ganze Kosmos offen. Wahrscheinlich könnten wir inzwischen auch in völliger Sicherheit vor dreister Anmache und Balzritualen, an die wir uns schwach erinnerten, nach Spanien trampen und uns von Lastwagenfahrern mitnehmen lassen, und zwar alleine und im Minirock, falls wir das wollten.

Wir nickten wie die Wackeldackel auf der Hutablage des Opel Kadett. »Aber es geht doch gar nicht nur um die erotische Wahrnehmung durch Männer«, sagte Susanne, die das Problem nicht auf eine persönliche Kränkung reduziert sehen wollte. »Wenn ich in der Öffentlichkeit nicht mehr wahrgenommen werde, dann hat das nichts damit zu tun, ob ich sexy bin oder nicht, sondern damit, dass ich von der Gesellschaft ausgegrenzt werde!«, rief sie und fuchtelte mit den Armen, um die Aufmerksamkeit des Kellners auf uns zu ziehen, denn wir hätten gerne noch eine Runde bestellt.

»Joah«, machte Eberhard und erklärte uns, dass die Spielregeln zwischen Männern und Frauen heute ziemlich verrutscht seien. Er sei übrigens nicht der einzige Mann, der das so sehe. Aber als höflicher Mann könne man gar nicht anders, als ganz genau hinzuschauen, damit die Frau das Gefühl habe, sichtbar zu sein. »Was aber ist, wenn man sich mit dem Alter der Frau vertut?«, fragte er und schaute uns über den Rand seiner Brille an, was seine Nase wie ein Babynäschen aussehen ließ. Er schob die heruntergerutschte Brille mit dem Mittelfinger wieder hoch und gab die Antwort gleich selbst. »Wenn ein Mann eine Frau mittleren Alters trifft, woher soll er denn wissen, ob sie schon in dem Stadium ist, in dem sie sich freut, wenn ihr Äußeres genau in Augenschein genommen wird und sie so ihrer Sichtbarkeit vergewissert wird, oder noch in dem Stadium, wo sie stinksauer wird und beleidigt ist, weil sie sich auf ihr Äußeres reduziert fühlt und schimpft, dass sie eigentlich angesichts all der glotzenden Deppen lieber unsichtbar wäre? Das richtige Timing ist für uns Männer immer sehr, sehr schwierig zu erkennen.« Er hob den Kopf und nickte dem Kellner zu, der sofort zu unserem Tisch kam.

Wir wurden uns schnell einig, wie wir die Gesellschaft diesbezüglich voranbringen würden. Noch während der Kellner die vollen Gläser der neuen Runde auf den Tisch stellte, beschlossen wir, eine Kampagne zu starten. Wir würden das Schweigen über so viele nicht gemachte Komplimente, nicht betatschte Knie und nicht beklatschte Ärsche, unversenkte Blicke, ungeküsste Küsse und ungeklopfte Sprüche brechen. Das nächste Tabu würden wir im selben Abwasch auch gleich in Angriff nehmen: den jungen männlichen Opfern reicher, reifer und mächtiger Frauen eine Plattform für ihre erlittene Schmach bieten. All die armen, arglosen männlichen Dinger, die auf Besetzungssofas zum Sex gezwungen werden, nur weil sie eine Rolle spielen wollen, oder mithilfe von Cabrios, Karibiktrips und goldenen Uhren willfährig gemacht werden, bevor sie dann in den Kissen alternder Frauen verschwinden. Wir riefen einen neuen Hashtag ins Leben. Er heißt #whynotmetoo.

Ich warf einen verstohlenen Blick auf mein Handy, wo schon wieder ein kurzes Fiepen das Eintreffen einer Whatsapp-Nachricht vermeldet hatte. »Hauptsache, du hast Spaß«, hatte Christiane geschrieben. »Ich recherchiere nämlich Tag und Nacht, während du's dir da unten mit deinen homies gut gehen lässt!!!« Das war im Prinzip richtig; trotzdem fing Christianes Eifer an, mir auf den Geist zu gehen. Ihr Gespür für die Themen dieses Abends war ein bisschen unheimlich. Sie bombardierte mich mit Zeitungsartikeln, Interviews und Links, von denen sie meinte, dass sie meinen Horizont erweitern und mich vom bloßen Gejammer übers Älterwerden zur Einsicht führen würden, dass kein kluger Mensch sich jemals wünschen würde, jünger zu sein. Die Illusion ewiger Jugend würde nämlich echte innere Entwicklung verhindern. Jawohl.

Seit ich ihr neulich nach der fünften Weißweinschorle gestanden hatte, dass mich das Älterwerden jetzt doch eingeholt hatte und tief deprimierte, kannte sie kein Halten mehr. Bitte, das war ziemlich übertrieben von mir und nicht mehr als ein schlechtlauniger Moment! Aber was Christiane einmal aufgegriffen hat, gibt sie so schnell nicht wieder aus der Hand. Die Tirade der Schauspielerin, die sie am Nachmittag geschickt hatte, war ja noch ganz lustig gewesen. Eine Stunde später whatsappte sie den Artikel über die Karriere der alten, fetten Kuh in der Edelgastronomie aus der *Süddeutschen Zeitung,* und ich dachte, während ich »Danke! So süß von dir!« schrieb, dass ich sie dringend mal fragen müsste, ob sie keine Hobbys habe. Jetzt also »ein Protestschreiben«, verfasst von Susanne Schneider im Magazin der *Süddeutschen Zeitung* vom 17.8.2018. Unter der Überschrift »Von der Bildfläche verschwunden« stellte die Autorin fest, dass sie im Alltag oft wie Luft behandelt wird, weil ihr Alter sie unsichtbar mache. Genau unser Thema! »Zeig mal her«, rief Sabine übermütig und grapschte nach meinem Handy. Grinsend begann sie vorzulesen, den Bericht einer Frau, der es nun schon zum x-ten Mal passiert war: Sie wartete in einem Gartenlokal auf eine Freundin, wollte sich schon mal ein Getränk bestellen, schaute, winkte – und wurde von zwei Kellnern geflissentlich übersehen. »Als der Kellner endlich kam, fragte ich: ›Wären Sie an meiner Stelle beleidigt?‹ Kellner: ›Wieso?‹ Ich: ›Ich versuche seit zwanzig Minuten zu bestellen.‹ Kellner: ›Das kann nicht sein.‹« Immerhin war der Service den Rest des Abends dann hervorragend. Ein kleiner Triumph.

Übrigens ist dieses Phänomen des Übersehenwerdens und Verschwindens keine individuelle Beobachtung, sondern wissenschaftlich fundiert. Auch davon berichtet dieser Artikel. Es gibt Forschung zur Altersdiskriminierung, sie ist nach Auskunft von Klaus Rothermund, Professor für Psychologie an der Universität Jena: sogar die häufigste Form von Diskriminierung, kommt häufiger vor als alle anderen Formen. »Wenn alt werden nichts für Feiglinge ist, bin ich einer. Ein großer«, schreibt Susanne Schneider.

Wir sitzen am Tisch, als ich mein Handy wiederbekomme, und nicken voller Verständnis.

Glücklich ist, wer's nimmt, wie's kimmt

Sabine gab mir das Handy zurück und schickte einen wissenden, triumphierenden Blick reihum. Dann machte sie den Rücken gerade und sagte, plötzlich ernst geworden: »So isses nun mal. Wenigstens geht's uns allen so und keine ist damit alleine.« Wir nickten betrübt und schauten der guten Stimmung hinterher, die sich auf der Flucht vor dem Unbehagen, das uns dieses Thema bereitete, in Windeseile davonmachte und gerade um die Ecke bog.

Zum Glück blieb sie nicht lange weg. Das Blitzen in Birgits Augen war mir gerade erst aufgefallen. Sie räusperte sich und legte los – ganz wie früher, als sie sich bei Alice Schwarzers *Der kleine Unterschied* zu munitionieren pflegte, um Lehrern wie Mitschülern eine vor den Latz zu knallen, wie sie gerne betonte: »Männer werden älter, Frauen werden alt gemacht«, stieß sie hervor. »Das hat Bascha Mika in ihrem Buch *Mutprobe* geschrieben. »Die gute Nachricht ist aber, dass alles, was gemacht ist, besser gemacht werden kann.« Das habe sie gerade gelesen.

Nichts Neues: »Schon als wir Abi gemacht haben, hat Susan Sontag diesen double standard of aging analysiert!« Mit zweierlei Maß werde nicht nur bei Löhnen und Gehältern gemessen, sondern auch beim Altern, Sauerei! Wir nickten. Auch für Männer sei das Altern nicht unproblematisch, gab Sabine zu und sackte dafür ein strahlendes Lächeln von Eberhardt ein. Graue Haare, wachsende Geheimratsecken, Bauchansatz. Ist eben so. Wie bei Frauen auch, aber denen kreidet man das irgendwie an. Boah, die hat aber viele Falten gekriegt. Und wenn sie die nicht hat: Die hat bestimmt was machen lassen. Sabine verschränkte die Arme vor der Brust und zog die Brauen hoch. Das sei ja nicht erst seit heute so, sagte sie und erzählte, dass schon ihre Tochter mit siebenundzwanzig Jahren voller Argwohn im Spiegel nach Anzeichen suche und lamentiere, sich jetzt schon alt zu fühlen. Zum Beweis lasse sie dann ihr Bindegewebe an den Oberarmen schlackern oder fahre die Kontur einer Falte zwischen Nase und Mund nach. Gabi schüttelte den Kopf und fragte, ohne eine Antwort zu erwarten: »Waren wir auch so bescheuert?«

Dass sie ein weißes Haar auf ihrem Kopf entdeckt habe, hatte auch Elise mir vor Kurzem geschrieben und die Schreckensbotschaft mit einer ganzen Galerie von Horror-Emojis illustriert. Mit achtundzwanzig Jahren! Ich hatte ihr geraten, es einfach auszureißen und kein Wort mehr über diese Angelegenheit zu verlieren, denn für Alterspanik sei sie echt zu früh dran – wie ihre Freundinnen auch: Sie gehen viel aus, reisen hierhin und dorthin, ziehen lieber noch mal um, krönen das erste Studium mit einem zweiten und schauen sich um – dieser Mann nicht, und der auch nicht, der vielleicht, ach, lieber doch nicht, woher soll man wissen, ob es der Richtige ist? Dann kommt der dreißigste Geburtstag und schon bricht die Panik aus: Jetzt werde ich alt und habe immer noch keine feste Beziehung. Wie lange soll ich warten, wenn ich doch Kinder will? Aber mit wem? Und woher weiß ich, ob er der Richtige ist?

Es ist die verglichen mit unserer Generation noch weiter verlängerte Jugend, die junge Frauen heute mit einer krassen Altersangst konfrontiert. Vielleicht ist das die Kehrseite des Optimierungswahns. Klingt zynisch, ich weiß. Aber ich kann mir nicht helfen – wenn die Dreißigjährigen darüber lamentieren, jetzt auf die Vierzig zuzugehen, und vom Countdown faseln, der jetzt beginnt, weil mit vierzig alles vorbei ist, offenbart das ein schwer erträgliches Maß an Koketterie, Verblendung und Hysterie. Schwachsinn! Dass sich das Leben lebt, wie ein Buch sich liest, und man ein Kapitel abschließen muss, um das nächste zu beginnen, weil man sonst nicht mehr mitkommt, muss man doch nicht nur uns an der Schwelle des Alters sagen!

Wie sehe ich aus? Wie wirke ich? Bin ich noch jung genug? Für wie alt hält man mich wohl? Wer bin ich und wer darf ich sein? Die Fragen schwirren durch den Echoraum eines Frauenlebens, seit es erwachsen geworden ist. Mit den Jahren an Wert zu verlieren, ist eine sehr individuelle, persönliche Erfahrung, die gleichzeitig gesellschaftlich sekundiert, verstärkt, gewünscht und vorgegeben ist. Das Perfide daran ist, dass die Geschichte des Älterwerdens als das bedrohliche Nahen einer unentrinnbaren Gefahr erzählt und als Schreckgespenst geschildert wird, das einen bis ins Mark erschüttern kann. Diese verdammte Defizitorientierung: In manchen anderen Kulturen wird das mittlere Alte nicht durch Rückenschmerzen, falsche Zähne und graue Haare definiert, sondern bedeutet, eine angesehene Stellung zu beziehen, weil die älteren Menschen eine führende Position in der Familie, der Nachbarschaft und der Gesellschaft innehaben und soziale Verantwortung übernehmen! »Das Altern ist nichts, vor dem wir uns fürchten«, schreibt der samoanische Künstler Raymond Sagapolutele im Ausstellungskatalog *Grey Is the New Pink*, der Momentaufnahmen des Alterns in der ganzen Welt versammelt. »Unsere Älteren betrachten wir immer als eine Quelle von Wissen und Brauchtum und als eine lebendige Verbindung zu unseren Vorfahren und Traditionen.« Die Rolle Älterer als Wissensbewahrer ist in schriftlosen Gesellschaften gar nicht hoch genug einzuschätzen, doch auch in unseren globalisierten Welten braucht es Wissensvermittler mit Erfahrung. Es reicht nämlich nicht, Fähigkeiten zu erwerben oder Fakten auswendig zu lernen. Lernende brauchen Erklärer von Zusammenhängen und Vorführer praktischen Wissens – Jüngere brauchen ältere Menschen mit Erfahrung, seien es Großeltern, Eltern, Lehrer oder ältere Geschwister.

Zugegeben, die Geschichte geht nicht gut aus und am Ende hat noch keiner überlebt, aber ist das Älterwerden wirklich nur eine Aufgabe in des Wortes schwärzester Bedeutung? Wenn das Altern so durchgängig als bedrohliche Lebensphase geschildert wird, in der nur der Verlust regiert, kann das ganze Unheilsgequatsche allein schon beträchtlichen emotionalen Schaden anrichten. Sogar Frauen, die sich wenig um das Altern scheren, können von der Angst davor überfallen werden, weil ihr reales und mediales Umfeld sie zwingt, sich mit den Facetten des Themas zu befassen und das meiste davon auf sich zu beziehen. Bilderfluten und Meinungswellen in Medien, Politik und Kultur erobern die Deutungshoheit über das Alter. Wie ein schleichendes Gift gelangt es über das öffentliche Bewusstsein zurück in die Köpfe der einzelnen Frauen, wo das Epizentrum der Panik schon bereitsteht und alarmierende Signale funkt: Und schon sieht man nicht mehr, dass es einem eigentlich ganz gut geht, sondern erlebt sich als Mitglied einer Gruppe, auf die ein schwieriges Schicksal wartet – hinter dem Torbogen, auf dem wie in Dantes Hölle steht: *Die ihr hier eintretet, lasst alles Hoffnung fahren.* Woher soll man jetzt die Kraft nehmen, zu sich selbst zu sagen: Ich bin die Ausnahme. Mir macht das keine Angst.

 Altern ist ein Minenfeld. Wenn man Fußspuren sieht, die ans andere Ende führen, sollte man hineintreten.

Ich hatte Elise auch verschwiegen, dass ich selbst mit neunundzwanzig Jahren entsetzt war, als ich einige weiße Haare auf meinem Kopf entdeckte, und sofort angefangen habe, meine Haare mit Henna zu bearbeiten. Nach der Prozedur höre ich mich noch beim Beseitigen der ganzen Sauerei im Waschbecken, dem Handtuch und dem bekleckerten Badezimmervorleger vergnügt vor mich hinsingen wie im Werbespot: *Keiner sieht's, keiner merkt's.* Wenn ich daran denke, schäme ich mich bis auf die Knochen: Wie ich meinen Kindern jahrelang weisgemacht habe, dass ihre Mutter jemand ganz Besonderes ist und keine grauen Haare bekommt, weil sie einfach nur ausschlafen muss, damit die grauen Haare wieder braun werden.

Das ist doch verrückt: Frauen sehen dem Älterwerden mit Widerwillen und sogar Scham entgegen, die sich noch auf die Beseitigung der Spuren erstreckt. Statt sich gegen die schleichende, allgegenwärtige Abwertung zu wehren, die ihnen entgegenschlägt, sobald sie in die Vierziger, Fünfziger und Sechziger kommen, werden sie zu Komplizinnen und arbeiten an ihrer eigenen Abwertung noch mit.

Schon wieder Spiegelfechtereien

Dabei finden Frauen im mittleren Alter das passende negative Selbstbild nicht zwangsläufig in ihrem Kopf, ihrem Körper oder ihrem Herzen. Sie sehen es im Spiegel, wenn sie sich mit dem Blick der anderen betrachten. Es ist immer noch der männliche Blick, den die Filmkritikerin Laura Mulvey schon 1975 beschrieben hat: Männer schauen, Frauen werden angeschaut, auch von sich selbst. Wenn eine Frau der männlichen Definition von begehrenswert nicht mehr entspricht – das heißt in der Regel: wenn sie das gebärfähige Alter hinter sich hat –, wird sie auch nicht mehr gesehen. Das darf man wörtlich nehmen. Der Unsichtbarkeitsfluch trifft alle Frauen, und nicht wenige haben dies als den natürlichen Lauf der Dinge hingenommen. Noch da, aber irrelevant, oder: zu allem bereit, zu nichts zu gebrauchen, wie eine meiner alten Tanten anzumerken pflegte.

Und dann so was: Brigitte Macron verlängert das Verfallsdatum der Frauen – endlich! Frankreichs neue First Lady ist eine Provokation, und grausam sind die Kommentare, die das belegen. Dabei hat sie nur ein Tabu gebrochen: das Tabu des Alters. So steht es im Tagesspiegel vom 2.6.2017 über einer Kolumne von Pascale Hugues zu lesen, in der die Autorin sich mit dem virulenten Sexismus befasst, aller *gender correctness* zum Trotz. Einmal mehr werden Frauen an den Rand gedrängt, dieses Mal ins Kühlregal, und dabei zu Joghurtbechern mit Mindesthaltbarkeitsaufdruck degradiert. Dank der französischen Präsidentengattin werden sie jetzt endlich pasteurisiert, homogenisiert und ultrahocherhitzt, während Männer sozusagen im Rang einer guten Dauerwurst unter sich bleiben dürfen. Einmal abgesehen davon, dass unser aller Verfallsdatum nur der Tod sein kann, dem auch Brigitte Macron nicht entgehen wird, führt Pascale Hugues aus, wie Männer und Frauen noch immer nicht gleichberechtigt sind. »Die Blicke sind strenger, wenn sie sich auf die Frauen richten, vor allem wenn sie gesellschaftlich exponiert sind. Wie oft mussten wir uns Kritiken über Angela Merkel anhören, über ihre Frisur, über die tiefen Mundfalten, ihr Gewicht, ihren Mangel an Chic.« Sie bewundere die Gelassenheit der Kanzlerin, die, wie sie betont, »fast zwei Jahre jünger ist als Brigitte Macron«. Wenn Frauen sich Mühe geben, können sie genauso gemein sein wie Männer, die Fähigkeit zu unterschwelligem Chauvinismus ist an kein Geschlechtsmerkmal gebunden. »Angela Merkel ist, wie sie ist. Sie lässt sich von dem Gerede nicht aus der Fassung bringen. Blazer, Hose, flache Schuhe … So hat sie das Problem der Garderobe ein für alle Mal gelöst. Und hören Sie nur: Es kommt keine Kritik mehr! Die Kanzlerin hat sich Respekt verschafft!«

Wie dem auch sei. Alter hin oder her: Das passt schon alles. Aber sind die Blicke wirklich nur bei sich exponierenden Frauen strenger? Der aktuell öffentlich am meisten exponierte Mann auf der ganzen Welt zieht Hohn und Spott, sexistische Beleidigungen und Kommentare auf sich, die an Grausamkeit denen, die Brigitte Macron gelten, wenig nachstehen. Mal abgesehen davon, wie viele davon er wirklich verdient hat – die Verunglimpfungen gelten vielleicht seiner Politik, zielen aber in erster Linie auf körperliche Merkmale. Wäre Donald Trump eine Frau, müsste man sich das verbitten: allein die zigfach verbreiteten Zeichnungen von Trump mit fettem Schmerbauch, hängendem Knitterarsch, bescheuerter Fönfrisur, rosettengleichem Mund, widerlich verzerrter Grimasse und winzigem Schniedel. Hallo? Der Altersunterschied zwischen Donald Trump und seiner Frau Melania ist mit vierundzwanzig Jahren der gleiche wie bei Emmanuel Macron und seiner Frau Brigitte. Die Anmaßung, mit der die Akteure bedacht werden, gleicht sich mitunter auch: Brigitte Macron wird Pascale Hugues zufolge angekreidet, dass ihre Kleider zu kurz, ihre Beine zu dünn, ihr Bob zu blond, ihre Haut zu gebräunt sei. Und dann dieser burschikose Gang. Diese High Heels eines jungen Vamps. Diese zerknitterten Hände …

Oh bitte, es reicht! Selbst wenn man bei der Suche nach dem eigenen Verfallsdatum noch unschlüssig ist – so geht's doch auch nicht! Auch solche Anmaßungen untergraben das Recht jeder Frau, sich über dämliche Konventionen und Blickgewohnheiten aus dem vorletzten Jahrhundert hinwegzusetzen und über sich selbst zu bestimmen: Melania Trump habe nur einen Sugardaddy gesucht, heißt es, Trump benutze jüngere Frauen als Statussymbol, diese Ehe sei nur ein Deal zum gegenseitigen Nutzen. Man zeigt auf die Präsidentengattin und fantasiert, dass sie aus den Wurstfingern ihres widerlichen schmerbäuchigen alten Mannes befreit werden wolle.

Die bessere Errungenschaft wäre doch nicht das Aufwiegen von Häme gegen Frauen mit Häme gegen Männer, sondern die, zugegeben, exotische Idee, dass es eines Tages völlig einerlei sein sollte, ob der Mann oder die Frau von jemandem älter oder jünger, fetter oder dünner ist, mit einem kleinen Schwanz gestraft oder von Krampfadern gezeichnet oder nasolabial gekerbt ist – und dass auch ein politisches Amt nicht automatisch bedeutet, dass Amtierende und Angetraute sich über ihre Körper definieren, kategorisieren und diffamieren lassen müssen.

Man kann das als internalisierten Sexismus, sogar als Oberflächenfaschismus sehen. Die dazu passenden und davon abgeleiteten veröffentlichten Maßstäbe geben sich als unveränderlich aus. Aber das sind sie nicht. Sie sind gemacht, und alles, was gemacht ist, kann besser gemacht werden. Aber nicht dadurch, dass man Spott und Häme jetzt gleichermaßen über Männer wie Frauen gießt. Auch wenn ich mir kaum ein halbwegs ansehnliches junges Mädchen vorstellen kann, das sich unsterblich in einen alten verarmten Arbeitslosen verliebt hätte oder das davon träumte, das Leben unbedingt mit einem bejahrten, kahlköpfigen Alten zu teilen, der über eine kleine Rente verfügt. Wollte mich jemand von dem unwiderstehlichen Charme, herzensguten Charakter oder erfrischenden Humor eines Herrn mit toupiertem Resthaar, zerfurchtem Gesicht, grauen Schläfen oder kahl rasiertem Schädel überzeugen, der verbergen soll, dass er den Großteil seiner Haare schon verloren hat, würde ich mich sofort nach Kontostand, gesellschaftlichem Status und Immobilienvermögen dieses heißen Typen erkundigen. Vielleicht verfügt er ja ganz zufällig noch immer über einen Teil einstiger Macht: ein gewisses Ansehen, gern Prominenz oder einfach nur viele Stangen Geld.

 Frauen welken, Männer reifen.

Doch die Versatzstücke aus der patriarchalischen Mottenkiste sind inzwischen ziemlich lächerlich geworden. Denn der männliche Blick ist blind für die Entwicklung der vergangenen Jahre. Zum Beispiel das Foto von Angela Merkel, Annegret Kramp-Karrenbauer und Ursula von der Leyen, wie sie im Sommer 2019 nach AKKs Vereidigung im Schloss Bellevue nebeneinandersaßen. Sie sind nicht unbedingt meine politischen Traumfrauen, aber präsent waren sie, sehr sichtbar und in der Machtfülle, die sie ausstrahlten, erkennbar gut gelaunt – und keine der drei Damen trägt graues Haar, obwohl sie alle um die sechzig Jahre alt sind und auch ihre Pigmente längst den Geist aufgegeben haben dürften. Männern verleiht graues Haar Autorität, bei Frauen sieht das anders aus – auch davon sprechen der blassblonde Schopf der EU-Kommissionspräsidentin, der dunkel gefärbte Pixie der Verteidigungsministerin und die hellen, lebensfrohen Kanzlerinnensträhnchen. Frauen waren niemals in der Geschichte qualifizierter, entscheidende Posten zu besetzen und Einfluss auf unsere Gesellschaft auszuüben. Doch allen emanzipatorischen Erfolgen zum Trotz stehen Frauen immer noch unter dem gesellschaftlichen Druck, ihre grauen Haare zu färben, um jünger auszusehen, als sie sind. Über Generationen hinweg hat man Frauen beigebracht, gegen jedes Alterungszeichen zu kämpfen. Sehen Männer wirklich besser aus, wenn sie altern? Altern Frauen etwa nicht schön? Gegen ein derartiges Denken muss man zweifellos etwas unternehmen, aber warum soll ausgerechnet ich damit anfangen?

Über allem bleibt die Frage: Haare färben oder nicht?

Ich färbe meine Haare seit beinahe zwanzig Jahren. Lange braune Haare sehe ich, seit ich in den Spiegel gucken kann. Die eine einzige Ausnahme habe ich bitter bereut. Zu Hausbesetzerzeiten und im Zuge der feministischen Selbstversuche meiner Zwanzigerjahre habe ich mich der herrschenden – pardon, frauschenden – Meinung gefügt, wonach lange Haare nur trägt, wer sich als Sexobjekt für Männerfantasien bereithält. Kurz geschnittene Haare waren damals ein Statement wie der Irokese der Punks oder der Hipster-Vollbart von heute.

Also ließ ich meine langen Haare abschneiden, um auch optisch dazuzugehören. Und war tagsüber kreuzunglücklich mit dem Ergebnis; nachts plagten mich Albträume, in denen immer wieder Scheren, Messer, lange und kurze Haare vorkamen. Erst als mein Haar wieder auf Schulterlänge angekommen war, hörte das auf. Aus lauter Dankbarkeit schwor ich – nie wieder. Außer den Spitzen wird nichts mehr geschnitten. Mit den Jahren habe ich mich ganz gut an mich und meine langen Haare gewöhnt, auch wenn das nicht immer nur einfach war. Aber als es mit Mitte, Ende dreißig auf meinem Kopf immer stärker zu glitzern begann und einzelne Haare wie Silberdraht in alle Richtungen abstanden, habe ich beschlossen, an mir festzuhalten und meine Haare weder in der Farbe noch in der Form dem gefräßigen Alter preiszugeben. Der Griff zur Schere jenseits der Vierzig oder spätestens mit fünfzig Jahren, als kollektives Abschiedsritual von der Fruchtbarkeit, für die langes Haar ein kulturübergreifendes Symbol ist, kann gerne ohne mich stattfinden: Ich steige als Hippie in die Kiste.

Früher hatten wir alle lange Haare, und wenn ich jetzt meine Altersgenossinnen betrachte, sehe ich fast nur noch Kurzhaarschnitte. So gerne wir früher Objekte der Begierde sein wollten (was wir nie zugegeben hätten) und so gerne wir das heute offenbar nicht mehr sein wollen (was wir ebenfalls nicht zugeben würden): Welche Art Statement soll der Kurzhaarschnitt zum Ausdruck bringen? Praktisch, pflegeleicht und unkompliziert wie der Moment, wenn wir uns nach der ersten Entbindung von Spitzendessous aufatmend in kochfeste Baumwolle und Flanellnachthemden zurückziehen? Hippie-Flair hin oder her: Ich habe eben lange, glatte, braune Haare, und die behalte ich auch. Ich will so bleiben, wie ich bin, und darf das auch. Basta.

Ich habe eine freundliche und kundige Friseurin, sie weiß alles über Haare und kann Geschichten erzählen, Donnerwetter! Sie legt Wert auf die Berufsbezeichnung Stylistin, weil sie sich auch mit den anderen Baustellen unterhalb des Haaransatzes bestens auskennt. Früher sahen wir uns nicht so oft, vielleicht zweimal im Jahr zum Schneiden der Spitzen. Nun sitze ich spätestens alle vier Wochen bei ihr im vielfach verspiegelten Salon der Schönheit. Es gibt Kaffee zu trinken, Gespräche zu führen und Gala zu lesen. Die nötigen zwei Stunden könnte man schlimmer verbringen. Den Termin zur optischen Verjüngung würde ich nie freiwillig versäumen, so genau nehme ich's mit keiner gynäkologischen Krebsvorsorge und auch keiner allfälligen prophylaktischen Dentalhygiene.

Dabei gibt es viele gute Argumente gegen das Färben. Es kostet viel Zeit und einen Haufen Geld. Es ist vielleicht auch nicht ganz gesund, die Haare mit Chemikalien zu traktieren (obwohl die Stylistin meines Vertrauens schwört, dass ich alles, was sie dankenswerterweise auf meinem grauen Haaransatz verstreicht, auch essen könnte, so bio wie das sei). Aber es macht abhängig. Wiederholungsdrang und der Zwang zur Dosissteigerung, sich immer weiter verkürzende Abstände von einem zum nächsten Mal, ein Hauch von Peinlichkeit beim Beseitigen eines vermeintlichen, als anrüchig empfundenen Makels – die ganz normalen Begleiterscheinungen eines Drogenkonsums rücken auch das Haarefärben in die Nähe der Sucht und lassen selbst kreuzbrave Styling-Experten wie die Dealer am Kotti wirken.

Es nervt mich, dass Männer mit grauen Schläfen punkten, während Frauen nach vier Wochen zum Friseur flitzen oder sich mit Mascara mehr schlecht als recht behelfen, bevor sie sich dann mit Sprühfarben namens »Magic Retouch« einen kleinen Aufschub erkaufen. Aber mein grauer Haaransatz und das Lametta dazwischen nerven mich noch viel mehr. Grau ist keine Farbe, sondern ein Zustand, und zwar ein trüber, trauriger, trister – salonfähig im wörtlichen Sinn. Also, ab mit mir zur Stylistin.

Steh doch mal dazu, sagt meine Schwester, die das Färben doof findet. *Wenn schon sonst niemand drauf steht …*, ergänze ich in Gedanken und winke trotzig ab. Und dann lese ich ungläubig in der Gala der Stylistin, dass graue Haare voll angesagt sind. Man spürt förmlich, dass die Autoren die Formulierung »der letzte Schrei« angestrengt vermieden haben. Ich atmete tief durch und las weiter: Naturbelassene graue Haare gelten jetzt als trés trés trendy. Silver Hair, Granny Style und Going Grey sind die Schlagworte, unter denen man im Internet, auf Instagram und in sozialen Netzwerken eine Bilderflut von prominenten Frauenköpfen in deutlich mehr als fünfzig Schattierungen Grau findet. Judi Dench, Christine Lagarde, Meryl Streep und Annie Lennox oder Helen Mirren – die Frauen sind wunderschön, ihre Frisuren sitzen perfekt. Der Bob ist frisch gefönt, der Pixie akkurat verwuschelt und die langen weißen Locken sorgsam gelegt. »Grey Hair ist angesagt!«, jubeln Modezeitschriften. »The hottest Color of the Moment is gray«, behauptete sogar das *Wall Street Journal*. Aktuelle Buchtitel heißen *Grau ist great!* oder *Glückssträhnen*. Der Trend ist da und sogar schon bei den Simpsons angekommen: 2011 beschloss Marge, ihren blauen Bienenkorb nicht länger blau zu färben und sich künftig im grauen Haarturm zu gefallen. Damit bin ich modisch betrachtet schon wieder im Mega-Out gelandet. Ist mir aber egal. Angeblich zeugt der Mut zu grauem Haar von einer starken Persönlichkeit, die Selbstsicherheit, Intelligenz und Lebenserfahrung ausstrahlt. Geht das nicht auch mit gefärbten Haaren?

Natürlich zwingt mich weder die Gesellschaft noch das 21. Jahrhundert zu diesem monatlichen Täuschungsmanöver. Ich muss mich auch nicht hübsch machen, um mir selbst zu gefallen, und schon gar nicht, um anderen zu gefallen. Aber sich selbst treu bleiben zu wollen, heißt doch nicht, dass man sich die Haare nicht färben darf! Obwohl ich schon hin und wieder neugierig darauf wäre, wie ich eigentlich unter der Farbe aussehe – aber das sind nur Momente, mehr nicht. Davor und danach bin ich wieder sicher, dass ich weiterhin färben werde. Emanzipation heißt schließlich auch, dass ich mein Geld ausgeben kann, wie ich will, wie oft ich will und für was ich will. Trend hin oder her. Im vielfach verspiegelten Salon der Schönheit werde ich weiterhin monatlich auf der Matte stehen, wie die anderen alten Frauen dort auch. Und wie die Greisinnen in Breughels Jungbrunnen auf der anderen Seite jünger, frischer und gestärkt herauskommen. Das wollen wir doch mal sehen!

Die Greisin in mir wird über kurz oder lang auf sich aufmerksam machen, sie bittet ja heute schon ums Wort. Wir werden uns aneinander gewöhnen müssen. Aber noch nicht jetzt.

Oft fühle ich mich wie eine Wanderin zwischen Lebensaltern. Das Problem beim Älterwerden scheint mir gar nicht zu sein, dass man alt wird, sondern dass man jung bleibt. Der Graben zwischen innerer und äußerer Wirklichkeit ist oft unfassbar groß und tief; er wird noch wachsen, fürchte ich. Als Problem empfinde ich das nicht, eher als verblüffende Erkenntnis. Ich kann wandern zwischen den Zeiten! Dabei will ich die Grenzen gar nicht verwischen, nur hin und wieder passieren.

 Oscar Wilde featured by Unke: Die Seele kommt alt zur Welt und wird jung. Das ist die Komödie des Lebens. Der Leib kommt jung zur Welt und wird alt. Das ist die Tragödie des Lebens.

Aber es passiert mir immer öfter im kleinen Grenzverkehr, wenn ich mit meinen Kindern zusammen bin, sei es am Küchentisch, beim Spaziergang, im Auto: Sie hören einfach auf, mir zuzuhören, und galoppieren zu anderen Themen als dem, bei dem wir gerade angefangen haben. Wenn ich dazu etwas sage, ist es, als hätte ich nichts gesagt. Zu Weltrettung, Veganismus, Klimabilanzen und der Notwendigkeit, neue Radwege zu bauen und überhaupt alle Großstädte des Planeten in die Klimaneutralität zu zwingen, hätte ich auch etwas beisteuern können. Nach ein paar kurzatmigen Versuchen ließ ich es einfach sein und beschränkte mich aufs – zuerst verletzte, zunehmend beleidigte – Zuhören. Mittlerweile tat ich mir ein bisschen leid, weil der Verschwindefluch der drohenden Unsichtbarkeit offenbar auch vor eigentlich ganz netten Familienmitgliedern nicht Haltmachte. Wo ich bislang dachte, als Gesprächspartnerin durchaus geschätzt zu sein! Als ich den Kloß im Hals nach einer halben Stunde am Küchentisch kaum noch wegschlucken konnte, zog ich mich leise in mein Zimmer zurück. Ich wette, die beiden haben immer noch nicht gemerkt, dass ich weggegangen bin.

Einmal mehr wandern meine Gedanken durch die Jahre zurück. Meine Schwester und ich schoben zwei Kinderwagen durch den Wald; unsere Mutter hatte sich aufgemacht, uns zu begleiten. Wir redeten über dies und jenes, die Sonne schien durch die Bäume, die Babys schliefen. Die Situation hätte alle Bestandteile gehabt, um zu einer schönen Erinnerung zu reifen, wenn unsere Mutter nicht plötzlich explodiert wäre, weil sie sich, wie sie sagte, ignoriert und ausgeschlossen fühlte. Sie verstünde uns schlecht, weil wir leise redeten, und im Übrigen hätten wir sie jetzt seit einer knappen Stunde nicht mehr in die Unterhaltung einbezogen, was sie uns nun wirklich übel nehme. Meine Schwester und ich wechselten einen augenrollenden Blick, senkten schuldbewusst die Köpfe und versuchten etwas hölzern, ein Gesprächsthema mit Mama zu finden. Doch alles, was wir an Bemerkungen, Fragen, Beobachtungen aufboten, zerschellte an ihrer versteinerten Miene. Sie war total beleidigt. So beleidigt, wie ich jetzt in etwa, weil meine Töchter mich ignoriert haben. Sind das nicht die wirklich wichtigen Augenblicke? Das Vergehen der Zeit macht uns zu unseren eigenen Müttern und Vätern. Warum sonst legt man als Mutter so oft ausgerechnet jene Marotten an den Tag, die einen an der eigenen Mutter am meisten genervt haben? Und ewig grüßt das Muttertier, so buchstabieren sich Fluch und Segen der Wiederholung.

Eine Art wiederkehrender Riss in der Kette dumpfer Mutterschaft, wenn wir uns selbst als unsere Mutter sehen müssen und das dank des Alters nunmehr klar und deutlich erkennen können? Ganz kurz. Zuerst kommt die aggressive Gegenwehr. »Ich habe doch alles ganz anders gemacht als sie.« Meine Mutter ist so anders als ich gewesen, sagte ich mir. Das wäre alles sowieso nicht vergleichbar. Und dann aber doch. Siedend heiß die Erkenntnis: »Das ist genauso wie bei meiner Mutter. Ich mache es gar nicht anders. Ich ertrage es auch nicht, keine Aufmerksamkeit zu erfahren. Ignoriert zu werden. Mich ausgeschlossen zu fühlen.« Die Scham. Das Sich-Eingestehen-Müssen, das Ideal auch nicht erreicht zu haben. Und schon ist es um meine souveräne Gelassenheit geschehen. Ideale sind, was man mit dem Muttersein aus der Kultur mitgeliefert bekommt. Ideale, die in alle Richtungen gedreht werden können und nie etwas richtig sein lassen. Alles überschattend ist das. Aufgetragene Entwertung. Aber dann. Erst dieser Blick auf mich selbst als Mutter in der Nachfolge wiederum meiner eigenen Mutter ermöglicht diesen Schritt weg. Ermöglicht, sich von der eigenen Mutter zu befreien. Ermöglicht, die vorgegebenen und vorgeschriebenen Wege zu sehen. Und zu verlassen. Die eigene Mutter könnte verstanden werden. Irgendwie. Aber das alles geht eben immer nur irgendwie, und gut genug ist da das Beste.

Sich mit jungen Menschen zu umgeben, soll angeblich hilfreich sein, vor allem im Beruf. Wenn man sich der Gedankenwelt der Jüngeren öffnet, behält man den Anschluss und bleibt geistig fit, so heißt es. Als Nachteil gilt, dass man permanent vor Augen geführt bekommt, dass man älter sei. Eine Zeitlang würden einen noch Komplimente tragen wie: »Du bist über fünfzig? Hätte ich ja nie gedacht! Du siehst viel jünger aus!« Aber ehrlich, das will man doch irgendwann auch nicht mehr hören.

Dass ein deutlich jüngerer Liebhaber angeblich sichtbar verjüngt – geschenkt. Kann sein. Mirdochegal. Auch die segensreiche Verjüngung von Großeltern durch Enkelkinder ist legendär und viel besungen. Mag sein, ist aber möglicherweise ein Gerücht, das junge Eltern in die Welt gesetzt haben, die mal einen freien Abend brauchen. Aber wie kann man dem unbehaglichen Gefühl, von jungen Menschen entweder übersehen oder überhört zu werden, eigentlich ausweichen? Was an der Gesellschaft zu junger Menschen, soll heißen, zu sehr mit sich selbst beschäftigten Menschen, ist eigentlich erstrebenswert? Jung sein alleine kann's doch nicht sein, und das Beste ist immer noch, Freunde unterschiedlichen Alters zu haben.

Um das unangenehme Gefühl zu vermeiden, von Jugendlichen fallen gelassen zu werden, ist es am besten, dem zuvorzukommen. Es reicht schon, zu erkennen, dass wir nicht den gleichen Planeten bewohnen. Es genügt, sich einzugestehen, dass die Zwanziger oft langweilige Dinge erzählen, mit denen man selbst längst durch ist. Ihre und unsere Interessen driften immer weiter auseinander, und das auch nicht erst seit gestern, sondern schon seit vorgestern. Früher konnte ich noch überzeugend Spaß am An- und Ausziehen von Barbiepuppen mimen oder mit ausgestreckten Armen brummend ein Flugzeug im Landeanflug geben, wenn das von den mit mir spielen wollenden Kindern ausdrücklich gewünscht wurde. Wenig später musste ich mich bei der notwendigen Begleitung zu Kindertheater, Kinderkino und Kinderkonzerten schon arg zusammennehmen, um angemessen Freude zu signalisieren. Dabei habe ich immer gern Zeiten mit meinen Kindern und ihren Freunden geteilt, Bücher vorgelesen, Ausflüge unternommen, lange Sommertage im Schwimmbad verbracht. Aber für Internetsurfen, Spielkonsole oder Seriensucht fehlt mir dauerhaft das Interesse und deshalb auch die Kompetenz. Heute geht's mir mit vielen Themen so wie mit der ganzen Leier um Bologna-Reform, Bachelor, Master, Erasmus und Credit Points. Beim Hin- und Hergerede über digitale Angelegenheiten, Verfahrensweisen und Aufenthaltsorte werde ich schnell müde. Beim Reden über gesundes Essen, Vegetariertum und Veganismus verliere ich umgehend die Geduld mit den frömmelnden

Missionaren. Und zur Frage »Kinder oder keine« habe ich, als ich in ihrem Alter war, all mein mentales-verbales Pulver verschossen.

Wozu also sollte ich forciert den Umgang mit jungen Leuten anstreben, die sich gegenseitig permanent ins Gesicht »genauen«, praktisch jede Äußerung mit »Alles gut« quittieren oder auf jede Frage »Keine Ahnung« antworten?

Nein, nichts ist gut: Diese Sprachmarotten gehen mir auf die Nerven: übergeil, oberkrass, megamega, übelst, max und so weiter – wenn ich das in Endlosschleife hören muss, möchte ich beißen. Meine Töchter und ihre Freundinnen behaupten gern, dass ihnen etwas tierisch auf den Sack geht, und ich habe es aufgegeben, ihnen zu erklären, dass ihnen dazu die biologische Ausstattung fehlt. Auch bei anderen Themen stelle ich in letzter Zeit einen gewissen sprachlichen Überdruss fest, der sich bei mir einstellt, wenn mal wieder ein Sturm eine Schneise der Verwüstung geschlagen hat, eine Frage im Raum steht oder ein Artikel mit dem Satz beginnt: Das sieht harmlos aus, aber ist es das auch?

Umso größer ist meine Freude, wenn ich über Formulierungen falle wie die einer Pressemeldung, dass bei der Jahrestagung der Mikrobiologen das Virus in aller Munde ist, man andernorts über den Bau einer Achterbahn rauf und runter diskutiert oder dem traurigen Fall eines Anwalts, der auf die Frage nach seinem Befinden meint, nicht klagen zu können. Kurz gesagt: Ein Durchbruch bei Sicherungssystemen, für den eine Anzeige wirbt – ist das wirklich eine gute Nachricht?

Je jünger, je dümmer

Okay, wenn ich milder gestimmt bin, sehe ich natürlich auch die guten Seiten des Gesprächs mit Jüngeren – und es fällt leichter, unter uns gesagt, wenn es sich nicht um Familienmitglieder handelt. Sofern man ernsthaftes Interesse daran hat, was sie denken, wofür sie sich interessieren, wovor sie Angst haben und welche Musik sie gerne hören, entspinnen sich manchmal ganz bemerkenswerte Dialoge. Man muss es nur hinkriegen, nicht zu bewerten, was sie sagen, und nicht zu antworten, bevor sie was fragen.

Verliert man sich nämlich – mit Stichwort oder ohne – in langatmigen Ausführungen zur vergleichenden Generationenbefindlichkeit, würzt das Ganze mit ein paar bedauernden Bemerkungen über das, was heute alles praktisch vergessen sei, und nötigt die jungen Menschen zur Zustimmung dahingehend, dass früher alles besser, schöner, echter und lebendiger war, schießt man sich endgültig ins Abseits und wird nicht wieder als Gesprächspartner in Betracht gezogen. Für den ersten Eindruck gibt's keine zweite Chance. Das haben wir früher ja auch so gehalten, wenn uns einer von den alten Säcken mit Stalingrad die Welt erklären wollte.

Doch, doch, es kann ganz schön sein, mit jungen Leuten zu sprechen. Auch wenn man dafür eine seiner ältesten Überzeugungen über Bord werfen muss. Das Prinzip des Jünger-ist-dümmer ist uns von Kindesbeinen an vertraut. Dass wir uns von einem jüngeren Bruder oder einer jüngeren Schwester weder Bruchrechnung noch Rechtschreibung, weder Fußballregeln noch Schminktricks erklären lassen, haben wir als Glaubenssatz inhaliert: Die intellektuelle Hackordnung ist glasklar. Doch erste subtile Demütigungen schleichen sich im Arbeitsleben ein. Spätestens wenn man für bestimmte Operationen im Textverarbeitungsprogramm den sachverständigen Rat eines zwanzig Jahre Jüngeren einholen muss, schmerzt das Prinzip aus Kindertagen. Und erst recht, wenn die eigenen Kinder sich darin gefallen, nichts, das aber grundsätzlich besser zu wissen. Sie leiten ihre Sätze ein mit: »Ich weiß, das kennst du nicht!« Oder: »Das war bei euch damals noch einfacher.« Oder: »Ich habe nicht die Geduld, dir das zu erklären.« Und schon will man auf die Barrikaden springen. Ist man alt, wenn man der Besserwisserei der Jungen wenig abgewinnen kann? Vermutlich ja. Oder wie es Marie von Ebner-Eschenbach sah: »Man bleibt jung, solange man noch lernen, neue Gewohnheiten annehmen und Widerspruch ertragen kann.«

Je oller, je doller

Gleichaltrige oder Ältere sind da oft viel netter, meistens interessanter und manchmal auch lustiger. Man muss ihnen nicht erklären, was ein Telegramm, ein Faxgerät, eine CD, eine Telefonzelle oder die *Rocky Horror Picture Show* war und dass man früher Filme zum Entwickeln brachte, mal im Winter einen Schneemann gebaut hat oder Wissenslücken mithilfe des Brockhaus geschlossen hat. Sie wissen, dass Greta nicht die einzige weltberühmte Schwedin ist, die diesen Vornamen trägt, und sie wissen auch, wie man eine analoge, zweidimensionale App ohne Strom namens Landkarte benutzt, um den Weg bis zum Meer zu finden. Gleichaltrige sind was Wunderbares. Sie lachen voller Mitgefühl und machen tröstliche Geräusche, wenn man ihnen beschreibt, wie mies das bittere Gefühl unter der Dusche im Hotelzimmer ist, wenn man zuerst den Thermostat nicht versteht und dann ohne Brille raten muss, in welcher Flasche das Shampoo und in welcher das Duschgel ist – mit den ständigen Erinnerungen daran, dass im Alter alles schlechter und nichts besser wird, sind sie vertraut. Und sie haben sich auch schon mal bockig mit Handcreme die Zähne geputzt, um sich ihre nachlassende Sehschärfe nicht eingestehen zu müssen. Menschen jenseits der fünfzig wissen um das peinigende Gefühl hinter dem Ausdruck, dass einem etwas auf der Zunge liegt. Sie wissen, was es bedeutet: dass man etwas weiß, es aber gerade im Gehirn nicht findet und dass dies eine Empfindung hervorruft, die man mit der quälenden Spannung kurz vorm Niesen vergleichen kann. Und wir sind uns einig darüber, warum wir das Internet feiern – es ist ein anderer Grund als der, den die Digital Natives bemühen. Wir haben als erste Generation der Vergesslichen neurologischen Beistand im World Wide Web via Smartphone, wenn wir's brauchen. Google öffnen, Stichworte eintippen und – bähm, da isses. Wir sind nicht von schlechten Eltern: Unsere Mütter und Väter haben das Wirtschaftswunder geschaffen, das Handy erfunden und sind zum Mond geflogen.

Wir teilen darüber hinaus ganz eigene Erinnerungen, die keiner Erklärung bedürfen, sofern wir *entre nous* bleiben: Wer heute um die sechzig ist, weiß, dass man mit vierzehn der King war, wenn man ein Bonanza-Rad mit Dreigang-Schaltung besaß. Oder dass 1966 eine Cola mit Vanilleeis-Kugel in der Eisdiele am Marktplatz oder in der Milchbar im Schwimmbad das coolste Getränk war und Klick-Klack-Kugeln auf den Schulhöfen der Siebziger ein *must have* waren. Wir wundern uns auch nicht darüber, dass wir alle Sabine, Thomas, Ulrike, Gabi oder Uwe heißen, denn das waren 1959, 1960 und 1961 die beliebtesten Vornamen.

Gleichaltrige sind auch eher bereit, über Vergesslichkeit, Zipperlein und Stimmungstiefs hinwegzusehen und Trost mit der Bemerkung zu versprühen, dass es uns alle gleichermaßen erwischt, früher oder später. Die Lage ist hoffnungslos, aber nicht ernst, der Glaube daran eint uns. Und er trägt Früchte: Um-die-Sechzigjährige wissen, dass nicht ganz zielgerichtete Aufmerksamkeit zu Kunstwerken führen kann. Ein Gehirn, das weniger Gedanken blockiert, hat mehr kreative Ideen: Wenn Kreativität zum Teil darin besteht, normalerweise zusammenhanglose Gedanken zu verknüpfen, ist ein älteres Gehirn fast von Natur aus besser in der Lage, etwas Skurriles, Neues und auch Schönes zu erfinden, schreibt die amerikanische Autorin Barbara Strauch in ihrem Buch *Da geht noch was. Über die überraschenden Fähigkeiten des erwachsenen Gehirns.*

Gleichaltrige Freunde können wir auch mit jenen Anfällen von Weltschmerz nicht schockieren, die uns als Angehörige des gleichen Geburtsjahrgangs manchmal als Kollateralschaden des Älterwerdens befallen. Sie können uns anders und meistens besser als jüngere Freunde auffangen, ablenken oder zurechtschubsen. Bestenfalls entwickeln sie eine subtile Ironie, die uns vom Zu-Tode-betrübt-Sein direkt ins Himmelhochjauchzende katapultiert. Wie Hildegard, die Lesepatin in einer befreundeten Grundschule: Sie konterte im Gespräch mit der Deutschlehrerin deren Beschwerden über die Zumutungen der Wechseljahre mit der weisen, augenzwinkernden Empfehlung: Älter werden ohne Humor ist tödlich.

 Mit leider auch.

Mit Menschen aus der eigenen Generation kann man sich auch viel besser amüsieren als mit Menschen, deren Mutter oder Vater man sein könnte und die sich verstohlen abschätzige Blicke zuwerfen, wenn man im Treppenhaus schnauft, ein Brotbröckchen im Haar hängen oder etwas Zahnpasta im Mundwinkel vergessen hat und sich die hundertzwanzigste PIN nicht mehr merken kann. Jüngere fragen stirnrunzelnd, ob man etwa *schon wieder* vergessen habe, wo man das Auto geparkt habe. Oder schon wieder krank sei, weil man immer noch kein Dinkel und Quinoa esse. Gleichaltrige helfen suchen und erzählen einem tröstliche Geschichten von ihren Fahrrädern, die sie schon mal irgendwo stehen gelassen und vergessen haben und dann mit der U-Bahn nach Hause gefahren seien. Erst abends fiel ihnen wieder ein, dass sie mit dem Fahrrad hingefahren und mit der U-Bahn wieder zurückgefahren seien und da irgendetwas nicht stimmen könne. Finde den Fehler, rufen sie fröhlich, während sie einen durch die Straßen des Viertels begleiten und nach dem Auto fahnden. Welche Farbe hat es noch mal? Tja, welche?

Kein Zweifel, das Vergessen von diesem und jenem hat eine andere Temperatur bekommen, eine bedrohliche Unterströmung offenbart, besonders wenn es vor den argwöhnischen Augen und Ohren jüngerer Menschen stattfindet, deren Mutter oder Vater man sein könnte. Oder wie es ein junger Mensch, der mein Sohn oder meine Tochter sein könnte, vor ein paar Tagen ausdrückte: Lass die erst mal dement sein, das wird noch spannend.

Vergiss das Ende

Ich schiebe den Einkaufswagen durch den Supermarkt und frage mich, was ich dort eigentlich will. Längst habe ich mir angewöhnt, Einkaufszettel zu schreiben und sie auf dem Küchentisch liegen zu lassen. Mit voller Absicht, nicht aus Versehen! Zu Hause notieren, was man braucht, reicht aus. Das geschriebene Wort prägt sich ein. Man kennt das vom Spickzettelschreiben der frühen Jahre.

Nur der visuelle Einkaufszettel ist nötig. Sinnend wandere ich durch die Regalreihen. Was von dem ganzen Kram könnte ich brauchen? In meinem Inneren suche ich den Einkaufszettel. Könnte ich ihn visuell verschlampt haben? Nächstes Mal mache ich die andere Übung und stelle mir die Dinge bildlich am Körper vor: Senf zwischen den Fingern, Kartoffeln in der ausgestreckten Hand, Nudeln auf dem Kopf, Käse in den Schuhen. Mit dem Training gegen Vergesslichkeit kann man ja schon mal anfangen. Listen von Wörtern bleiben besser hängen, wenn man sie zu einer Geschichte verbastelt. Die chronologische Reihenfolge der Dinge einzuhalten, ist hilfreich: Butter, Käse, Vollkornbrot, Apfelsaft, Klopapier und WC-Reiniger. So verwandelt man Einkaufszettel in Literatur. Merksätze halfen schon früher bei Aufgaben wie der, sich die Himmelsrichtungen zu merken: Norden, Osten, Süden, Westen = Nie Ohne Seife Waschen. Auch Zahlen kann man sich besser merken, wenn man sie mit Bedeutung auflädt. 387546 ist ein Kinderspiel: Schuhgröße, Gewicht und die Hausnummer des Elternhauses. Wenn ich partout nicht auf einen Namen komme, gehe ich das Alphabet durch und hoffe, dass es in meinem Kopf klingelt, sobald ich beim Anfangsbuchstaben angekommen bin. Bei B fällt mir der Name wieder ein.

In meinen schlimmsten Träumen stehe ich vor einer Wand, die mit eng beschriebenen Klebezetteln gespickt ist, deren Botschaften sich mir nicht erschließen. Um mich herum höre ich Stimmen, die ich nicht verstehe, und meine Umgebung ist mir fremd. Wo bin ich? Seit ich den Fehler gemacht habe, Charlotte davon zu erzählen, wie ich mich selbst damit erschrecke, mir meine ganz persönliche Demenz auszumalen, lässt sie nicht mehr locker. Erst recht nicht, nachdem sie ein Pflegepraktikum in einer Wohngemeinschaft demenziell erkrankter Menschen gemacht hat. Zuerst hat sie versucht, mir auszureden, dass Alzheimer und Konsorten mit dem Alter kommen, und zwar so sicher wie das Amen in der Kirche. Erstens kämen Demenzerkrankungen auch in jüngeren Jahren vor, und zweitens seien die meisten zu Hause lebenden alten Menschen nicht dement. Betroffen seien bis zu zehn Prozent im Alter über fünfundsechzig und bis zu 30 Prozent im Alter über fünfundachtzig, dozierte Charlotte mit der ganzen Überlegenheit ihrer fünfundzwanzig Jahre und fuhr ungerührt fort: Das Vergessen von Namen und selten genutzten Fakten sei eine normale Alterserscheinung, ebenso das Gefühl, dass einem etwas auf der Zunge läge und nicht einfallen wolle. Alarmzeichen seien, wenn man Fertigkeiten verliere, etwa die Regeln eines geliebten Spiels nicht mehr kenne oder den Heimweg nicht mehr finde. Komm doch einfach mal mit, hat sie dann vorgeschlagen und gelacht: Wo die Angst ist, geht der Weg lang. Du musst dich mit deiner Angst konfrontieren, dann geht sie weg.

So kam es, dass ich an einem der nächsten Tage ein Date mit meiner Angst hatte und an der Wohnungstür der Seniorenwohngemeinschaft klingelte. Pflegerin Michaela öffnete die Tür und bat mich herein, es war alles mit Charlotte abgesprochen. Meine Expedition in die Zukunft konnte beginnen. Ich versuchte, den durchdringenden Pipi-Geruch in der großen, hellen, ordentlichen Wohnung zu ignorieren, und folgte Michaela in die turnhallengroße

Küche, das warme Herz der weitläufigen Etage im vierten Stock eines Gründerzeitbaus in Berlin-Wilmersdorf. Mein Herz raste, als ich mich auf einen der freien Stühle am ebenfalls riesigen Küchentisch setzte und keine Ahnung hatte, wie ich mit Menschen reden sollte, die mich nicht verstanden. Oder doch?

»Wunderbar! Wunderbar! Wunderbar!«, rief Marina ein ums andere Mal und schickte ein breites Lachen an ihre Umgebung. Es war ein strahlender Blick aus lachenden braunen Augen, der nichts mehr hielt. Als ob sie alles wüsste und nichts mehr verstünde. Oder umgekehrt? Marinas volle, warme Stimme füllte für einen Augenblick den Raum mit sattem Klang. Durch die weit geöffneten Fenster des Wintergartens tasteten ein paar Sonnenstrahlen über die sattgrünen Blätter der Topfpflanzen hin zum riesigen Wohngemeinschaftstisch, an dem leicht zwölf Personen Platz fanden, mitsamt Rollstuhl, wenn's sein musste. Edith, Rosemarie, Jutta, Barbara, Ina und Saga saßen schon am Tisch. Inka, die Rastlose, drehte ihre Runden durch die langen Flure der riesigen Altbauwohnung. Unablässig vor sich hin summend trug sie zwei, drei Bücher behutsam hierhin und dorthin, arrangierte sie ansprechend auf Tischen, Fensterbänken oder Kommoden in den Zimmern ihrer Mitbewohner und räumte sie, wenn sie das nächste Mal vorbeikam, wieder an einen anderen Ort. »Die anderen Bewohner stört das nicht«, sagte Pflegerin Michaela. »In diesem Stadium wird der Rückzugsraum und das *Meins* so unwichtig.«

In ihrem früheren Leben war Inka Buchhändlerin, und jetzt ging die Fünfundsiebzigjährige in ihr gelebtes Leben zurück, Tag für Tag, Runde um Runde. Fremdartig, heiter, entrückt und zart wie ein Engel, dem der Schalk im Nacken sitzt, zog sie ihre Kreise auf 360 Quadratmetern Berliner Altbau. Elsbeth wiederum lag noch im Bett, sie sollte aber später auch noch dazugeholt werden. Die achtzigjährige Brigitte stand gar nicht mehr gerne auf und bekam Kaffee und Kuchen deshalb ans Bett gebracht. Herr R., der neunzigjährige Hahn im Korb, thronte am Kopfende der Tafel und betrachtete hingebungsvoll ein Bilderbuch. Eine junge Frau las ihm daraus vor.

Am Ende der Mittagsruhe, gegen halb drei am Nachmittag, war Kaffeezeit in der Wilmersdorfer Senioren-WG, und Kuchen gab es auch. »Wunderbar!«, rief Marina einmal mehr ins schweigende Kuchenmümmeln ihrer Mitbewohner. Vielleicht meinte sie die anheimelnde Atmosphäre in der mittlerweile sonnendurchfluteten Wohnküche? Den Frühling, die Sonne, das Leben an sich? Vielleicht aber auch die dampfende Kaffeetasse vor sich auf dem Tisch? Oder doch den Schoko-Donut auf dem Teller, den die Pflegerin gerade in mundgerechte Stückchen teilte? Marina fand alle Sachen auf Tellern und Tassen ihrer Mitbewohner wunderbar und griff immer wieder beherzt zu. Pflegerin Michaela strich Marina zärtlich über die Wange, nannte sie lächelnd »meine Süße« und fasste ihre eigene Kaffeetasse fester. Marina setzte ein verschmitztes Grinsen auf. Dann nahm sie einen großen Schluck von ihrem Kaffee. So viel war sicher: Sobald Michaela ein bisschen abgelenkt war, würde sie ihr die Tasse stibitzen.

Michaela tätschelte Marinas Hand – auch um zu verhindern, dass Marina ihren starken Zeigefinger in den Henkel der Tasse schob. »Was wir hier machen, ist, was auch die Palliativmedizin macht«, sagte sie und ergänzte lächelnd: »Wir legen einen Mantel um die Krankheit.« Von der Diagnose bis zum Tod verstrichen ungefähr zehn bis fünfzehn Jahre. Doch die Krankheit verlaufe individuell sehr verschieden. »Die eine Demenz gibt es gar nicht, nur den einzelnen Menschen mit einer demenziellen Erkrankung«, erklärte Michaela. Dazu gehöre der gestörte Tag-Nacht-Rhythmus, der überbordende Bewegungsdrang und andere chronische Erkrankungen wie beispielsweise Wahrnehmungsstörungen oder Herz-Kreislauf-Probleme, die sich schon aus Altersgründen einstellen könnten.

Die meisten Demenzerkrankungen sind Mischformen. Alzheimer ist nur die häufigste Form von Demenz. Bei Marina hatten die Ärzte eine frontotemporale Demenz diagnostiziert. Diese mit drei Prozent der Erkrankungen relativ seltene Form verursacht Persönlichkeitsveränderungen und kann sich in aggressivem Verhalten äußern, oder auch in Distanzlosigkeit und Übergriffigkeit, wie Marinas Tochter Anna erzählt. »Meine Mutter war immer schick und top gepflegt«, beschrieb sie erste Veränderungen im Oktober 2009, die ihr bei einem Besuch ihrer Mutter in der Türkei auffielen, wo Marina seit dem Vorruhestand lebte. »Auch beruflich als Maskenbildnerin beim SFB war gutes Aussehen ihr Ding.« Doch auf einmal habe sich ihr Äußeres verändert. »Sie lief plötzlich in Jogginghosen herum, und immer häufiger fiel ihr das richtige Wort nicht ein.« Damals dachte Anna noch, das läge daran, dass ihre Mutter zu selten Deutsch sprach und fern von zu Hause lebte. Mutter und Tochter entschieden gemeinsam, dass die Mutter wieder nach Berlin zurückkam. Die erhoffte Besserung nach ihrer Rückkehr trat aber nicht ein. Ihr Zustand verschlechterte sich, sie nutzte nur noch einen kleinen Wortschatz und fühlte sich sehr einsam. Auch in ihrem Umfeld fand sie sich schlechter zurecht.

Erste kognitive Ausfälle, Vergesslichkeit sowie (zunehmend vergebliche) Versuche, dies zu vertuschen, stehen am Beginn. Die Jahre gehen dahin. Irgendwann kommt der Punkt ohne Wiederkehr, die Demenz im letzten Stadium. Quasi ohne Gedächtnis, komplett ohne Orientierung, auf Rundumversorgung angewiesen und annähernd sprachlos, was auch bedeuten kann, in einer ganz eigenen Sprache zu reden, die niemand sonst versteht. Wie Barbara. Mit ihren neunundsechzig Jahren war sie die Jüngste in der WG. Wenn sie sprach, und das tat sie gerne, laut und lange, ahmte sie in Lauten und Modulation der Stimme ihre verlorene Sprache nach. Das klang fröhlich und aufgeräumt, und auch wenn kein verständliches Wort darunter war, konnte man beim Zuhören die Sprechpausen gut erkennen, die für die Äußerungen des Gegenübers gedacht sind. Wenn sie liebevoll auf ihre Wärmflasche einredete wie auf ein trauriges Kind, konnte man ahnen, dass in der Demenz eben nicht der ganze Mensch verschwindet: »Jeder Mensch, auch wenn er desorientiert ist, behält seine Weisheit. Das haben mich die alten Menschen gelehrt«, sagt Naomi Feil, Psychologin, Gerontologin und Erfinderin der Validations-Methode. Dann erzählt sie verschmitzt vom hohen Besuch im Montefiori-Altenheim. George W. Bush kam im Wahlkampf einmal vorbei und fragte eine Bewohnerin: »Wissen Sie, wer ich bin?« Sie sagte: »Fragen Sie an der Rezeption, die sagen Ihnen, wer Sie sind.«

Es waren nicht zuletzt Kapriolen wie diese, die Angehörige und Pfleger auch in der Berliner Einrichtung so oft zwischen Weinen und Lachen schwanken ließen. Geblieben war der ehemaligen Kindergärtnerin außer ihrer guten Laune auch der Hang zum Textil. »Barbara mag Wäsche. Sie läuft herum und inspiziert die Schränke, ordnet Handtücher neu oder legt T-Shirts zusammen«, erklärte Michaela die Hohe Schule des Respekts, der die Menschen nimmt, wie sie sind. Wertschätzen, annehmen, akzeptieren – das bedeutet, ein Stück Weg zusammen zu gehen, indem man die innere Erlebniswelt des Erkrankten gelten lässt. Respekt und Zuneigung befähigt pflegende Menschen, sich an der persönlichen Sicht- und Erlebniswelt demenziell erkrankter Menschen zu beteiligen.

Die Methode der Validation hat die Gerontologin Naomi Feil in den Sechzigerjahren des letzten Jahrhunderts entwickelt. Sie wurde 1932 in Deutschland geboren, die Familie floh 1936 vor den Nazis in die USA, wo der Vater die Leitung des Montefiori-Altenheims in Cleveland übernahm und seine Tochter mit alten Menschen aufwuchs. Der Begriff *Demenz* kommt in ihrem Wortschatz nicht vor, erklärte sie im Interview mit dem österreichischen STANDARD: »Weil es *ohne Geist* bedeutet. Die alten Menschen haben dann vielleicht den Sinn für die Zeit verloren, aber sie haben ihre Erinnerungen, in denen sie leben. Ihr intuitives Gehirn ist intakt, auch ihre innere Weisheit, sie haben ein Bild von sich. Es geht darum, in die Welt dieser alten Menschen einsteigen zu wollen, sie dort abzuholen, wo sie gerade sind. In unserer Gesellschaft verlangen wir immer, dass sich alte Menschen an die allgemein herrschenden Regeln anpassen, aber das schaffen sie nicht mehr. Deshalb ziehen sie sich in sich selbst zurück. Desorientiertheit ist ein Problem der anderen.« Als Grundhaltung und Kommunikationsform reduziert die Validation Stress und Angst. Sie hat einen heilenden Effekt, weil sie hilft, unterdrückte Gefühle zu äußern. Das tut jedem gut. »Es ist ja nicht so, dass einen Menschen nur sein Gehirn ausmacht, auch wie jemand gelebt hat, entscheidet darüber, wie er sich in der letzten Lebensphase fühlt«, sagt Naomi Feil. »Meine Hypothese ist: Je offensiver ein Mensch mit den Schicksalsschlägen seines Lebens umgeht, umso geringer die Wahrscheinlichkeit, eines Tages in einen Zustand der Desorientierung zu geraten.« Warum? »Weil unterdrückte Gefühle viel Energie kosten.«

»Es gibt für jedes Verhalten einen Grund, und den gilt es herauszufinden«, beschrieb Michaela ihr pflegerisches Credo, das auf dem Fundament der Validationsmethode beruht. Es gehe oft um Balance: Wenn die Sehstärke nachlässt, beginnen Menschen mit Demenz, mit dem inneren Auge zu sehen. Wenn das Gehör schwächer wird, hören sie Klänge aus der eigenen Vergangenheit. Wenn das Kurzzeitgedächtnis nachlässt, versuchen ältere Menschen, ihr Leben wieder ins Gleichgewicht zu bringen, indem sie auf weiter zurückliegende Erinnerungen zurückgreifen. Ihr Verhalten ist nicht nur eine Folge physiologischer Veränderungen, sondern hängt auch mit den körperlichen, sozialen und physischen Veränderungen zusammen, die ein Mensch in seinem Leben erfahren hat.

Schwer zu sagen, was von der Außenwelt bei der dem Anschein nach so grundlos vergnügten Barbara ankam. Doch was von ihrer Innenwelt nach außen durchschien, wirkte … sympathisch, offen, frohgemut. Ob sie ihren Ehemann erkannte, der sie zu einem Spaziergang abholte? Michaela schüttelte den Kopf. »Die gnädige Schwelle nennen wir das«, sagte sie. »Unsere Bewohner hier haben die alle überschritten. Sie haben vergessen, wie sie vorher waren, wo sie jetzt sind und wer sie überhaupt sind.«

Angst ist ein großes Thema bei dieser Krankheit, die den Menschen die Möglichkeit raubt, sich geborgen und sicher zu fühlen: Demenzkranke sind unbehaust. Typisch für die Krankheit ist der häufig bekundete Wunsch, jetzt nach Hause gehen zu wollen. Er spricht Bände von der Sehnsucht, wieder daheim zu sein und einem erschreckenden, nicht mehr zu enträtselnden Leben, umgeben von fremden Menschen an unbekannten Orten, zu entkommen: Wo man zu Hause ist, leben Menschen, die einem vertraut sind, denen man selbst vertraut und die in einer vertrauten Sprache sprechen. Dass Heimat dort ist, wo man deine Sprache versteht, schrieb auch schon der römische Dichter Ovid in der Verbannung am Schwarzen Meer. Wenn die Versuche, Gesprächen zu folgen oder sich an ihnen zu beteiligen, immer häufiger scheitern, Gesichter zu erkennen misslingt, jahrelange Routinen in alltäglichen Dingen plötzlich nicht mehr allein zu bewerkstelligen sind, wird das Leben un-heimlich im wörtlichen Sinn. Vielleicht muss man sich die Welt der Alzheimerkranken als Verbannung vorstellen.

Das ist Demenz. Oder das Leben in seiner ganzen Bandbreite. Wie die Alzheimer-Krankheit über das einzelne Schicksal hinausweist, beschreibt Arno Geiger in seinem autobiografischen Roman über die Erkrankung seines Vaters. »Menschliche Eigenschaften und gesellschaftliche Befindlichkeiten spiegeln sich in dieser Krankheit wie in einem Vergrößerungsglas. Für uns alle ist die Welt verwirrend, und wenn man es nüchtern betrachtet, besteht der Unterschied zwischen einem Gesunden und einem Kranken vor allem im Ausmaß der Fähigkeit, das Verwirrende an der Oberfläche zu kaschieren.« Ja, er hat recht: Unter dieser Oberfläche tobt das Chaos. Und wer mit Alzheimer konfrontiert wird, spürt vielleicht zum ersten Mal, welche komplexen Fähigkeiten wir brauchen, um mit unserem ganz alltäglichen Leben zurechtzukommen. Was übrigens nicht nur für einzelne Menschen gilt, sondern auch für unsere unüberschaubare Gesellschaft. »Von Alzheimer reden heißt, von der Krankheit des Jahrhunderts zu reden«, schreibt Geiger.

1,4 Millionen Menschen in Deutschland leiden an einer Demenzerkrankung. Bis zum Jahr 2050 prognostiziert das Bundesministerium für Familie, Senioren und Frauen einen Anstieg auf 2,6 Millionen. Siebenhunderttausend der aktuell Erkrankten leiden unter der Alzheimer-Krankheit. Jedes Jahr werden etwa eine Viertelmillion neue Demenzerkrankungen in Deutschland diagnostiziert, davon gehören etwa hundertzwanzigtausend zum Alzheimer-Typus. Die »Krankheit des Vergessens« stellt Wissenschaftler und Ärzte bis heute vor Rätsel, ein Gegenmittel ist nicht in Sicht. Der deutsche Psychiater Alois Alzheimer, nach dem die häufigste Form der Demenz benannt ist, stellte im Jahr 1906 bei seiner Patientin Auguste Deter eine schwere Form der Wesensveränderung, zunehmenden Gedächtnisverlust und eine ausgeprägte Verwirrtheit fest. Nach ihrem Tod untersuchte Alzheimer ihr Gehirn und fand Plaque-artige Ablagerungen an den Nervenzellen. Auch innerhalb der Zellen hatten sich dicke Bündel an den Nervenfasern gebildet. Annähernd ein Drittel der Nervenzellen waren verkümmert, die Synapsen unterbrochen. Dass es sich bei den Ablagerungen um das kleine Protein Beta-Amyloid handelt, wissen Forscher heute. Nur Heilung gibt es nicht. Die eiweißhaltigen Ablagerungen zerstören die Zelle von außen, indem sie schnell zu Haufen verklumpen. Von innen sind es die Tau-Proteine, die den Zelltod einleiten. Im gesunden Körper sorgen diese Proteine dafür, dass die Transportbahnen der Nervenzelle, die Mikrotubuli, ihre Form behalten. Beim Alzheimer-Kranken sind diese Proteine verformt. Das Gerüst der Transportbahnen zerfällt, und wichtige Informationen werden nicht mehr zwischen den Nervenzellen weitergeleitet, die Zelle stirbt. Dieser Prozess beginnt schon fünfzehn bis zwanzig Jahre vor den ersten Symptomen der Krankheit, heißt es aus der Klinischen Forschung am Deutschen Zentrum für Neurodegenerative Erkrankungen (DZNE) in Bonn. Die meisten Diagnosen kommen zwanzig Jahre zu spät, deshalb ist ein Ziel der Forschung, die Demenz zu erkennen – und zu behandeln –, lange bevor sie ausbricht. Mit was eigentlich? Die Pille gegen Demenz? Es wäre eine der größten Errungenschaften der modernen Medizin.

In Sicht ist sie nicht. Im Gegenteil: Ärzte und Wissenschaftler wissen bis heute nicht genau, was die Ursache der Alzheimer-Krankheit ist. Alles Experimentieren mit Medikamenten und Impfungen blieb bisher erfolglos. Zusätzliche Verwirrung stiften Studien wie die sogenannte Nonnen-Studie aus dem Jahr 1986. Wissenschaftler erforschten mehrere Jahre lang die Lebensweise von rund sechshundert Nonnen, die in Klöstern lebten. Nach deren Tod sezierten sie die Gehirne. Das Ergebnis verblüffte: In den Gehirnen der Nonnen fanden die Wissenschaftler zunächst die gleichen Ablagerungen wie in den Gehirnen von Alzheimer-Patienten, und das in großer Zahl. Allerdings war keine der Nonnen zu Lebzeiten dement gewesen. Im Gegenteil: Bis ins hohe Alter waren sie geistig fit und hatten keinerlei Anzeichen von Vergesslichkeit, Stimmungsschwankungen oder Orientierungsschwierigkeiten. Die Schwere der Krankheit müsse also stark vom Lebensstil der Betroffenen abhängen, folgerten die Wissenschaftler. Die Nonnen aßen gesund, tranken keinen Alkohol, rauchten nicht und arbeiteten viel im Freien. Je gesünder das Gehirn, desto weniger scheint es von den Eiweißablagerungen beeinträchtigt? Sport, eine gute geistige Fitness und ein niedriger Blutdruck senken das Risiko für Demenzerkrankungen, so weit ist sich die Wissenschaft einig. Eine gewisse genetische Disposition allerdings lässt sich auch nicht ganz von der Hand weisen.

»Kein Zucker, kein Gluten«, sagte Anna. »Wenn ich präventiv etwas tun kann, dann tu ich's.« Das Wichtigste: »Keine Angst haben!«, lachte Anna. Als sie die ersten Wesensveränderung bei ihrer Mutter bemerkte, waren schon viele Nervenzellen im Gehirn abgestorben, und die übrigen konnten die Schäden immer weniger ausgleichen. Zwischendurch schien ihr Zustand zwar stabil und sie wirkte klarer. »Dennoch musste ich den nächsten Schritt gehen, als sie, um mich zu schützen, einen Hundehaufen mit blanken Händen aufhob und zur Seite legte«, sagte Anna. Ihre Mutter habe nicht verstanden, »dass das nicht geht«. Dann kamen Halluzinationen dazu. Sie sah Fliegen, die nicht da waren, und hatte Angst vor herunterfallenden Blättern, »die Menschen erschlagen.«

Im Versuch, ihre Mutter dazu zu bewegen, das Autofahren aufzugeben, verfiel Anna auf eine List. Ein befreundeter Automechaniker sollte eine TÜV-Untersuchung vortäuschen, ein Kabel ziehen und Marina verdeutlichen, dass das Auto kaputt war. Doch es kam nicht so weit. »Leider konnten wir die Geisterfahrt nicht verhindern«, sagte Anna. Wenige Tage vor dem Termin in der Autowerkstatt brach Marina nach Hennigsdorf auf – bildlich wie wörtlich gesprochen wollte sie sich am Ort ihrer Kindheit umsehen und fand den Rückweg nach Berlin nicht mehr. »Sie erzählte mir, dass sie aus Angst, nicht zurückzufinden, falsch auf die Autobahn aufgefahren ist«, sagte Anna. »Sie hoffte, wieder in Richtung Berlin zu fahren, was nach Auskunft der Polizei auch stimmte. Nur eben leider auf der falschen Seite. Dabei war sie sich bewusst, dass etwas nicht stimmte. Sie fuhr sehr langsam, mit eingeschalteten Scheinwerfern und ganz rechts an der Leitplanke auf dem Standstreifen. Der Schreck, den sie dann durch das Eingreifen der Polizei bekommen hat, muss enorm gewesen sein.« Anna seufzte. »Sie durfte nicht rauchen, der Hund wurde weggeführt und ihr geliebtes Auto weggenommen. Sie wurde festgebunden, weil sie mehrfach versuchte, aus dem Rettungswagen auszusteigen.« Wieder in Berlin brachten die Polizisten Marina in die Klinik St. Johann. »Von dort kam der Anruf«, sagte Anna und die Erinnerung an diesen einschneidenden Moment, der auch ihr Leben in ein Vorher und Nachher teilte, tat ihr sichtlich weh. »Wegsperren« hieß die Entscheidung des Chefarztes. Erst nach drei Wochen gelang es Anna, ihre Mutter dort herauszuholen. Sie wollte sie am liebsten zu sich nach Hause nehmen, doch ihr Mann habe das kategorisch abgelehnt. Sie habe lernen müssen, loszulassen und zu akzeptieren, dass es das Leben ihrer Mutter sei, nicht ihres.

Die Belastung für die Angehörigen ist immens und vielleicht sogar noch größer als für die Betroffenen. »Den Angehörigen verzeihe ich so manches«, sagte Michaela, »auch wenn es manchmal schwierig ist.«

»Der Umzug war abenteuerlich«, erinnerte sich Anna. Sie habe so unauffällig wie möglich gepackt. Ihre Mutter sei in Begleitung ihrer Nachbarin zu Fuß vom Stuttgarter Platz in die Sächsische Straße spaziert. Lange Routen sei sie schon früher gerne gelaufen. Anna wollte diese Wohngemeinschaft, auch damit ihre Mutter in ihrer angestammten Gegend bleiben konnte. Während der zwei Stunden, die dieser Spaziergang dauerte, gelang es Anna, das Zimmer der Mutter eins zu eins und originalgetreu in der Wohngemeinschaft wiederaufzubauen. »Es mag sein, dass meine Mutter nichts erkennt und nichts erinnert. Aber ich will, dass sie so viel Vertrautes wie möglich um sich hat.« Marina lebte nun inmitten ihrer eigenen Möbel, ihre Familienfotos hingen an den Wänden neben den selbst gemalten Bildern. »Das tut ihr gut und beruhigt sie«, davon war Anna überzeugt.

Anna hatte sich für ihre Mutter Marina alle möglichen Heime angeschaut und dann per Zufall diese Wohngemeinschaft gefunden, wo Marina nun seit zwei Jahren lebte. »Eine tolle WG, in der auch mit dem Drama noch positiv umgegangen wird. Auch als Angehörige fühle ich mich gut gehalten«, sagte sie. In Pflegerin Michaela sah sie die Seele des Ganzen. Warum? Pflegepraktikantin Charlotte, meine Tochter, beschrieb es so: »Man merkt, wenn Michaela da ist, auch wenn man sie nicht sieht. Sie ist eine Präsenz, die allen guttut.«

Der Verlust kognitiver Fähigkeiten legt ein feines Sensorium für Stimmungen frei, auf das wiederum mit Stimmungen reagiert wird. »Unsere Bewohner merken sofort, wenn jemand nicht aufrichtig ist«, meinte Pflegerin Michaela. Das Personal müsse Geduld haben und Ruhe bewahren. Da könne man viel kaputt machen und Vertrauen verspielen. »Von wegen grob werden und dann sagen, das hat die morgen vergessen«, sagte Michaela, »so läuft das nicht. Unsere Bewohner mögen einen Vorfall vergessen, aber sie erinnern sich sehr klar an den emotionalen Gehalt einer Situation.« Wie man das wissen kann, wenn die Menschen nicht mehr sprechen können? »Eine sehr gute Beobachtungsgabe ist nötig, man muss sich einfühlen können«, beschrieb Michaela. »Das Emotionale hinter dem Gesagten verstehen.« Sie drückten über körperliche Zeichen aus, was mit Worten nicht mehr ginge, beispielsweise durch rhythmisches

Klopfen, das ständige Auf-und-ab-Gehen, die dauernde Wiederholung eines Wortes. Für manche Menschen sei die Demenz auch eine zweite Chance, ergänzte Michaela. Es klang wie eine Provokation, gerade so, als wollte sie jedem wohlfeilen Mitleid einen Riegel vorschieben. Durch die Zerstörung des Gehirns fielen auch die Kontrollmechanismen weg. Da komme all das raus, was bis dahin unterdrückt wurde. Meist gehe es um Trauer, Kränkungen, Missbrauch, Sexualität. Um solche Konflikte zu lösen, gingen Menschen zeitlich dorthin zurück, wo sie passiert seien, durchlebten sie immer wieder, weil ihnen das Erleichterung verschaffe. Michaela erzählt von Annemarie, einer mittlerweile verstorbenen Bewohnerin aus einer anderen WG, und deren wundersamer Wandlung. »Sie war sehr verbittert und depressiv seit dem Suizid ihres Sohnes und hatte sich komplett zurückgezogen. Dann kam die Demenz und mit ihr das Vergessen. Ihr Charakter veränderte sich, gerade als ob sie jetzt ihre verborgenen Seiten ausleben könnte, die sie bislang verdrängt hatte. Sie war plötzlich vergnügt, schlagfertig, liebevoll und sehr beliebt beim Pflegepersonal und den Mitbewohnern. Einmal sagte ich ihr, was sie für schöne Beine habe, und sie erwiderte lachend, die könne ich haben, wenn sie tot sei.«

Komplimente und Koseworte mochten die Bewohner gerne, auch redeten sich alle mit Du und beim Vornamen an. Michaela zwinkerte vergnügt und drehte die blauen Augen himmelwärts: »Ein gewisses Sensorium fürs Verrücktsein kann nicht schaden«, räumte sie ein. »Aber wir müssen natürlich auf dem Boden bleiben und Orientierung geben.« Eine freundliche, feinfühlige Festigkeit vermittelte Sicherheit, schuf Geborgenheit und brachte Ruhe ins Zusammenleben. »Angehörige monieren manchmal, dass hier nicht dauernd gebastelt, gesungen oder sonstwie entertaint wird«, lächelte Michaela. »Aber Ruhe, Harmonie und Gelassenheit brauchen unsere Bewohner viel nötiger.« Und dann waren da die Sternstunden: »Musik ist Magie«, sagte Michaela und zählte auf, wie Tageszeiten und Musikrichtungen zusammenpassen. »Morgens der Wellness-Klangteppich, danach deutsche Schlager zum Mitsingen und abends Klassikradio.« Auch das gehöre zur Validation, deren Grundlage die Empathie sei: Das soziale Ich sei lange intakt. Nachfragen, Berühren, Singen – das schaffe Vertrauen, und dann könne die Arbeit viel Spaß machen.

Zeitdruck sollte hier in der Wohngemeinschaft keine Rolle spielen, das ist auch Anliegen des Betreibers Montessori&Friends, der neben der Wilmersdorfer zwei weitere Seniorenwohngemeinschaften in Berlin unterhält. Um die elf Bewohner in der WG kümmern sich im Drei-Schicht-Dienst drei Pflegekräfte, dazu kommen eine Putzfrau und eine Köchin. Das Pflegekonzept dieser Wohngemeinschaft ist dem zentralen Montessori-Gedanken verpflichtet, der auf der anderen Seite des Spektrums, am Beginn des Lebens, in Kindergärten und Schulen mitunter so schöne Erfolge beschert: »Tu es nicht für mich, sondern hilf mir, es selbst zu tun.« Aktivierende Pflege bedeutet, dass der Bewohner alles, was er noch selbst tun kann, auch selbst tun soll. »Wenn man zu früh eingreift und ihnen schon aus Zeitdruck alles Schwierige abnimmt, schwinden die wenigen Fähigkeiten, die den Menschen noch geblieben sind«, erläuterte Michaela. Edith zum Beispiel könne als einzige der Bewohner trotz fortgeschrittener Parkinson-Erkrankung noch Kartoffeln schälen. Und weil das ein bisschen länger dauere, fange sie halt früher an. Köchin Claudia freue sich über jede helfende Hand, und wenn sie noch so zittere.

Haare kämmen, Gesicht waschen, all die Verrichtungen zur Körperpflege waren gute Beispiele für die Idee der aktivierenden Pflege: Es dauerte länger, aber es musste geübt werden, sonst verschwand die Fähigkeit dazu. Doch sich selbst zu waschen, rettet Menschen mit Demenz viel Würde. »Das ist wichtig fürs Selbstwertgefühl!«, sagte Michaela und spielte damit auch an die vielerorts in Pflegeheimen normal gewordenen Umstände des Umgangs mit demenziell Erkrankten an. So viel Freiraum wie möglich – Wecken und Waschen zu nachtschlafender Zeit, Füttern im Akkord oder was alles mehr in zu vielen Heimen an der Tagesordnung sein mag, blieb den Bewohnern dieser Senioren-WG erspart. »Hier kann jeder aufstehen, wann er will«, sagte Michaela. »Möglichst sollten vor Mittag alle aus den Betten sein.« Zum Waschen gezwungen werde auch keiner, der nicht wolle. »Der Tag hat vierundzwanzig Stunden, da kann man es in einem besseren Moment noch mal versuchen. Unsere Bewohner haben genug zu tun mit ihrem Rückzug in die innere Welt, da müssen wir sie nicht auch noch nerven«, betonte Michaela.

Dann steuerte sie auf das Zimmer von Elsbeth zu, die an der Kaffeetafel in der Küche noch fehlte. »Elsbeth, muss ich mir Sorgen machen?«, rief sie fröhlich, als sie das Zimmer betrat. »Ich muss jetzt nach Hause gehen, weil mein Papa auf mich wartet«, erwiderte die Sechsundachtzigjährige mit großem Ernst, aber mit der Stimme eines kleinen Mädchens. Elsbeth war sehr weit weg, und Michaela versuchte erst gar nicht, sie mit irgendwelchen Belehrungen aus der Vergangenheit in die Gegenwart oder aus der Kindheit an den Kaffeetisch zu locken. Sie hielt Elsbeth kurz im Arm, bevor sie ihr beim Aufstehen half und sie dann behutsam im Rollstuhl Platz nehmen ließ. Dann fuhr sie ihr vorsichtig mit einem Kamm durch die verwuschelten Haare, die wie Federn von Elsbeths Kopf abstanden. Während der ganzen Zeit, die das dauerte, redete Michaela in liebevollem Ton mit Elsbeth – etwa in der Art, wie Mütter mit ihren Babys sprechen. Doch die Parallele zwischen Kindern und dementen Menschen ließ Michaela nicht uneingeschränkt gelten: »Wir haben es hier mit erwachsenen Menschen zu tun, die auf ein gelebtes Leben zurückblicken. Es geht darum, sie als die Menschen, die sie einmal waren, zu respektieren«, mahnte sie. »Auch wenn die Sprache verschwindet, bleibt die Seele doch«, sagte sie und nannte die Würde den Mantel der Seele, den zu schützen sie als die Aufgabe der Pflege sieht. »Für uns ist das Arbeit, für die Bewohner ist das Leben.«

Dann drehte sie den Kopf und lächelte Elsbeth zu, die sich mit ungläubig runden Kinderaugen nach der Herkunft des Kuchens auf dem Tisch erkundigte. Dass der Bäcker den Kuchen gebacken habe, wie Michaela freundlich erklärte, mochte sie offenbar nicht glauben. Und da war der Moment gekommen. Marina hat die Gunst des Augenblicks erkannt und Michaelas Kaffeetasse ergattert. Sie strahlte. Wunderbar!

Der Tagesausflug ins Land des Vergessens hat mich berührt und noch lange nachgewirkt. Immer wieder habe ich versucht, mir vorzustellen, wie es wäre, wenn ich nichts mehr wüsste, niemanden mehr erkennen würde, alles gesagt wäre und ich nicht mehr sprechen könnte. Unglücklich wirkten die Bewohner der Seniorenwohngemeinschaft nicht, schon gar nicht verzweifelt oder traurig. Ich dachte mich millimeterweise an die gnädige Schwelle heran, hinter der das Reich der Fakten endgültig im Nebel versinkt. Wir altern nicht mehr. Im Gegenteil: Kindisch zu werden oder wunderlich, närrisch, sonderbar und verstiegen, ist doch eine Form des Jungbleibens. In uns, die wir vielleicht noch um Kontrolle bemüht sind und das Gegensteuern mit heiligem Ehrgeiz betreiben, steckt die Furcht davor, den Verwirrten ähnlich zu werden. Doch wer endlich so geworden ist, dessen Furcht hat sich aufgelöst. Das Selbstbild, das einst so kostbar schien, muss nicht mehr verteidigt werden. Es war ein Konstrukt, aus kopierten Einzelteilen zusammengesetzt. Mit der Zeit ist es zerbröselt. Trotzdem ist etwas geblieben, und zwar das, was von Anfang an da war – eine Gewissheit jenseits der Selbstbilder.

Wie würde es sein, das Korsett der vermeintlichen Gewissheiten genauso abzulegen wie die Last der Erinnerungen, die zwar mitunter schön und wunderbar waren, doch die unheimliche Kraft hatten, jede Realität neben sich verblassen zu lassen?

Senile Bettflucht ... ins Vergessen

Mitten in der Nacht war es immer am schlimmsten. Tagsüber sammelte ich Gegengifte für die mitternächtlichen Momente anlassloser Sehnsuchtsgefühle, weil der Platz neben mir leer blieb, mein Handy schwieg und ich immer an den blöden Spruch denken musste – immer, wenn es nicht klingelt, bist du das. DHL könnte einen guten Anlass dafür abgeben, den Gedächtnisverlust weniger zu fürchten. Ich freu mich schon auf die Demenz, wenn ich ihn endlich vergessen haben werde – wie man sich auf das Ende der Kopfschmerzen freut, nachdem man eine Tablette genommen hat. Vielleicht wird auch der Abschied von den Kindern oder den liebsten Freunden leichter, wenn ich sie gar nicht mehr erkennen werde? Es ist erbärmlich, in welche Tiefen man sinken kann, wenn man sich verlassen fühlt.

Bis dahin hilft ganz gut, mir DHL ein bisschen schlecht zu denken. Mit dem Alter verstärken sich Charakterzüge, die vorher schon da, aber in den mittleren Jahren noch gebändigt waren. War das jetzt Klaus oder Micha, der vorhin davon erzählt hat? Sensationell, was mir alles erspart bleibt, habe ich gedacht – und was ich anderen erspare. Mit zunehmendem Alter werden unsere klassischen Schwächen keineswegs geringer, sondern treten in den Vordergrund. Der peinlich Genaue wird manisch, der Freigebige, Großzügige wird verschwendungssüchtig, der Sparsame geizig, der Kränkliche zum Hypochonder, der Faule wird träge, der Schweigsame verstummt, der Unordentliche entwickelt sich zum Chaoten, der er unter der sorgsam geglätteten Oberfläche eigentlich immer gewesen ist. Der Schlagfertige wird zum Zyniker, der Gefühlvolle zum Weichei. Es spiegelt sich manchmal in den Gesichtern wieder, denen die Jahre eine Karikatur ihrer selbst auf die Züge gezeichnet haben. Manfreds strahlendes Lachen, das früher einen ganzen Schulhof erhellen konnte, ließ sich nicht mehr abstellen. Burkhards Oberkiefer stand so weit vor, dass es aussah, als wollten seine Zähne den Mund verlassen. Sabines übelnehmerische Missbilligung hatte ihre Mundwinkel nach unten gezogen. Wir werden alle nicht besser, wenn wir älter werden, hatte Klaus gesagt und mit unerschütterlichem Selbstbewusstsein von sich selbst behauptet, ganz der Alte geblieben und immer noch der Coole zu sein. Wir haben uns feixend gegruselt und versucht, uns im Ausmalen schlimmer Aussichten gegenseitig zu übertreffen. Die junge Nervensäge verwandelt sich später oft in eine Xanthippe, die Schüchterne in eine Menschenscheue, die Gleichmütige in eine Ignorantin, die wenig Liebenswürdige wird zur Kratzbürste, die Sentimentale verwandelt sich in eine Heulsuse, die Romantische entwickelt sich zur Kitscheule, und die, die schon immer ein Schussel oder, politisch korrekt: anderskonzentriert war, kriegt Alzheimer wie die, die vergessen will, aber nicht kann. Und dann geht ihr Wunsch so was von in Erfüllung, und alles, was da war, ist auf einmal weg.

DHL hat eine Fähigkeit, die mir magisch vorkommt. Er ist immer in der Lage, sich schnell eine Meinung zu bilden und ohne den Umweg des Einerseits, Andererseits eine präzise Ansicht zu fast allem hervorzubringen, was er hört oder sieht. Weil er aus rätselhafter Quelle eine Vorstellung von richtig und falsch bezieht, hat er es nicht nötig, an der Mehrdeutigkeit der Dinge zu verzweifeln oder unter der augenscheinlichen Bedeutung nach einer weiteren Bedeutung im Tiefgeschoss darunter zu suchen. Nichts machte ihn sprachlos, nichts schüchterte ihn ein, nichts verunsicherte ihn. Er musterte die Lage, verurteilte begangene Fehler, benannte die Schuldigen und kannte die bestmögliche Lösung. Und ich stand, äh, lag staunend daneben – verloren im Ungefähren, gefangen in der Unschlüssigkeit, im Einerseits-Andererseits, unterwegs im ewigen Aber, gründelnd auf der Suche nach dem tieferen zusammenhängenden Sinn von allem, wo doch vielleicht nur versprengte Zufallsfakten herumdümpeln. Während er sprach, verwandelte ich mich in eine Person, und die Welt wurde zu einem begehbaren Ort. Wenn wir zusammen waren, spürte ich festen Boden unter den Füßen und eine starke sinnliche Verbindung mit der Welt. Die zu riechen, klingen, schmecken begann, sich anfühlte und aussah, wenn wir zusammen waren.

Das würde mir bestimmt fehlen, wenn ich ihn erst ganz und vergessen haben würde. Oder ihn mir nur noch vorstellen würde. Wenn ich wollte, konnte ich mir sein Gesicht, seine Hände, seinen Körper so deutlich vor Augen rufen, als wäre er nur kurz aus dem Raum gegangen, um ein Glas Wasser aus dem Badezimmer zu holen. Ob ich mir jemals wieder einen anderen an seiner Stelle würde vorstellen können, wusste ich immer noch nicht. Das meiste, was man begehrt, kann man nun mal nicht haben, und wenn man es sich doch nimmt, gibt's meistens Ärger. Also ist edler Verzicht angesagt: das letzte Croissant beim Frühstück liegen lassen. Den Freund meiner Freundin ordnungsgemäß an der Haustür verabschieden, anstatt ihn nach Strich und Faden zu verführen. Einen der süßen Jungs von heute Abend im Hotelflur mit verlegenem bis neutralem Oberarmrubbeln zu verabschieden, anstatt ihn elegant, souverän und ladylike ins Hotelzimmer zu winken.

Es ist eine Anstrengung, die nur ganz selten eine Verschnaufpause gewährt, ein beständig ziehender Schmerz, eine Übung in der Entsagung aus wirklichkeitsakzeptierenden Gründen, ein Freudenfasten zum Zwecke der erotischen Entschlackung. Du würdest auch aus Angst vorm Tod Selbstmord begehen, hatte Christiane gesagt, als ich ihr davon erzählte, und in tiefer Missbilligung den Kopf geschüttelt. Aber so fühlt sich das Hineinwachsen in eine neue Lebensphase an, mit Abschiedsschmerz, Traurigkeit und dem festen Vorsatz, das Unmögliche zu schaffen: in Würde von der begehrenden Liebe Abschied zu nehmen.

 Mehr als das, was du hast, gibt es nicht. Damit musst du leben.

Glücklicherweise ebbt der Drang, bestimmte Vorstellungen zu verwirklichen, ganz natürlich und langsam ab und überlässt die Bühne den Vorteilen des reinen Spiels der Fantasie. Ich lehne mich zurück und genieße die Show. Ich muss mich jetzt nämlich nicht mehr mit Seitensprüngen und Heimlichtuereien seelisch, moralisch und terminlich überanstrengen, ich kann mir einfach vorstellen, wie es wäre, *wenn* da etwas wäre. Das Oberarmrubbeln von eben lässt sich mühelos zu textilfreien Berührungen hochrechnen, ein Hauch vom Duft eines neuen Mannes gesellt sich ganz von selbst dazu, das

Kopfkino geht los. Ich lasse mich in den Sessel fallen, werfe den Beamer an und freue mich von ganzem Herzen an dem, was nicht ist und nie sein soll. Sogar der vorgestellte, ausgemalte Sex verspricht schon mehr Genuss als diesbezügliche erotische Tätlichkeiten in Echtzeit und beschert weniger Ärger mit düpierten Dritten, komplizierten Gefühlen und schlechten Gerüchen. Dem Gehirn ist es letztlich egal, ob es sich etwas vorstellt oder erlebt, und zum Dank für den Genuss ohne Reue malt das Gehirn, einmal von der Leine gelassen, die ausschweifendsten Vorstellungen und köstlichsten Vergnügungen, die die Realität längst abgehängt haben. Schon spüre ich, wie die Synapsen sich verstrapsen und feuern. So gelassen wie heute war ich früher nicht: Ich muss mir nicht mehr viel zu viele Gedanken darüber machen, ob die Wimperntusche verschmiert ist oder wie mein Busen in dieser Position wirkt und ob mein Hintern zu dick ist.

Jetzt bin ich endlich da angekommen, wo John schon länger war – in der Vorstellung eines Zustands kompletter Gelassenheit. Bei seinem letzten Besuch in Berlin lagen wir an einem sonnigen Nachmittag nackt auf meinem Bett und näherten uns einem sehr besonderen Moment. Plötzlich sah ich auf dem gegenüberliegenden Dach vier Männer in Handwerkerhosen stehen, die durchs Fenster in mein Zimmer starrten und auf das, was da im Bett vor sich ging. Stocksteif vor Schreck wagte ich nicht, aus dem Bett zu springen und die Gardinen zu schließen, sondern zog mir einfach die Decke über den Kopf und wollte nie wieder hervorkommen. John lachte mich aus und zuckte mit den Schultern. Dass wir beide zusammen über hundert Jahre alt seien und uns freuen sollten, wenn uns dann noch jemand beim Sex zuschauen wollte, sagte er und ignorierte die Spanner von gegenüber einfach. Damals blieb mir die Spucke weg vor so viel zur Schau gestelltem Selbstbewusstsein, heute habe ich eine

Ahnung davon, wie sich Unbeeindruckbarkeit von äußeren Dingen anfühlt. Kein bisschen denke ich darüber nach, ob ich begehrenswert genug für den tollen Typen bin, mit dem ich das Kissen teile. Ich merke es ja an seinem aufrichtigen und aufgerichteten Interesse. Außerdem: Kleine Fehler hat doch wohl jeder. Und die tollen Typen sind auch älter geworden.

Tore fallen in der Nachspielzeit

Dass die gemeinsamen Stunden wie im Flug vergangen waren, darüber waren wir alle uns spätnachts sehr einig. Weil's so schön war, soll es noch nicht vorbei sein, ein bisschen länger dauern. Dass es jammerschade wäre, jetzt aufzuhören, wo wir uns doch alle nach so langer Zeit wiedergesehen hätten, war Konsens – so einmütig, wie man nur sein kann mit mehr als genug Wein und Bier im Bauch, angeschickert von der sentimentalen, staunenden Freude, dass es die anderen noch gibt. Denn das ist ja auch eine machtvolle Bestätigung, dass es einen selbst noch gibt, weil es uns alle hier in dieser kleinen Stadt als Schüler des Abiturjahrgangs '79 gegeben hat.

Wenn man eine Vergangenheit hat, und Zeugen dafür, dass es einen selbst vor vielen Jahren einmal ohne Falten, ohne Schulterschmerzen und ohne die geringste Ahnung davon gab, dass das Schicksal in der Lage ist, einem achselzuckend alles zu nehmen, verbindet das horizontal wie vertikal. Am Ende des Abends machten die üblichen Schwüre die Runde, dass man sich jetzt, wo man sich wiedergetroffen habe, nicht wieder aus den Augen verlieren wolle. Handynummern wurden ausgetauscht, Visitenkarten überreicht und in Empfang genommen, Versprechen ausgesprochen und Termine anvisiert.

Nichts davon würde eintreten, denn diese Art Versprechen gehört zu dieser Art Veranstaltung wie heiße Liebesschwüre auf der Bühne und offenbart keine Absicht für die Zukunft, sondern bemäntelt eine Bekräftigung der Vergangenheit, die sich bis in die Gegenwart erstreckt. Der Plan war, sich im nächsten Jahr gleich wieder zu treffen und so immer weiter; mal sehen, wer als Erster mit dem Rollator aufschlage, riefen die Galgenhumorigen dazwischen, und wer als Letzter übrig bleibe, konterten die Optimisten.

Wir haben uns dann zum gemeinsamen Frühstück am nächsten Morgen im Hotel verabredet, bevor jeder von uns wieder in seine Richtung des Himmels aufbrechen würde. Es war ein kurzes Innehalten und Genauer-Hinschauen, das Abschiednehmen war aufgeschoben, nicht aufgehoben. Und der Zauber der Zeitreise war am nächsten Morgen noch nicht verblasst. Als ich im Frühstücksraum in die Klassenfahrtsatmosphäre eintauchte und in die Gesichter meiner Mitschüler sah, konnte ich den deutlichen Abdruck des früheren Teenagers sofort sehen. Ein verblüffendes Vexierspiel: Wenn ich das Gesicht der erwachsenen Frau genau anschaute, kam dahinter das pausbäckige Mädchengesicht von Petra zum Vorschein, in dem wie wild die Pickel blühten, umrahmt von immer fettigen dunklen Locken. Wie ein dünner Vorhang hing an diesem Morgen bei manchen das ältere Gesicht vor den Zügen des Teenagers. Ich musste nur den Schalter im Kopf umlegen, dann sah ich in Eberhards kantiger Statur mit schlohweißem Haar den großgewachsenen dürren Jungen von früher, mit viel zu langen Armen, die er primatenhaft schlenkern ließ, wenn er mit vornüberkippenden Schultern und gesenktem Blick, den Scheitel auf dem blonden Kopf schnurgerade gezogen, durch die Gänge im Schulgebäude trabte – ein verschüchtertes Einzelkind und der verzärtelte Augenstern seiner Mama, die ihm mehr als einmal das vergessene Pausenbrot in die Schule brachte. Die beiden lebten allein, seit der Vater gestorben war.

»Willst du schon gehen?«, rief Uwe, und die Köpfe drehten sich in Eberhards Richtung. »Sorry, ich muss doch schon los«, rief Eberhard vom Flur aus zum Frühstücksbuffet und knöpfte sein Jackett zu. Dann kam er doch noch mal näher, den Koffer hinter sich herziehend. Wir anderen genossen die Verlängerung, die es uns ermöglichte, die Rückfahrt noch ein paar Stunden hinauszuzögern. Vielleicht um der guten alten Zeiten willen, die in Wirklichkeit weder gut noch alt, sondern einfach nur vorbei waren.

Wir gönnten uns eine Freistunde, wie wir es früher so oft getan hatten. Das bisschen Englisch, Mathe oder Latein ließ sich irgendwie nachholen oder irgendwo abschreiben, die Unterschriften von Müttern auf Entschuldigungen konnten wir besser als unsere eigenen. Der neue Zeitwohlstand an diesem Sonntag war unübersehbar. Keine familiären Verpflichtungen, keine beruflichen Termine, genug Raum für ein spontanes Abschiedsfrühstück mit den wiederholten Versprechungen, sich bald wiederzusehen – und eine kurze Variation der Frage: Wie leben wir mit der Vergänglichkeit von Dingen, Orten, Ereignissen und Verbindungen zu anderen Menschen, letztlich mit dem Wissen, dass unser ganzes Leben unvermeidlich zu Ende gehen wird? Häuser werden irgendwann abgerissen, Überzeugungen aufgegeben, Moden überleben sich selbst, politische Systeme brechen zusammen, Ehen werden geschieden, Freundschaften beendet, Wälder gerodet und an ihrer Stelle Autobahnen gebaut. Wir selbst und all das, was uns bedeutsam erscheint, all die, die wir lieben, werden irgendwann der Vergangenheit angehören und dahin gehen, wo die vielen schon sind. Manches verschwindet für immer, manches wandelt sich und taucht wieder auf, manches überdauert. So banal das erscheint, so sehr trifft diese Endlichkeit manchmal, und es ist bei aller Banalität nicht einfach, damit zu leben. Wo sehen wir uns bei diesem Spiel aus Kommen und Gehen, Anfang und Ende, Auftauchen und Verschwinden? Was soll bleiben und kann es doch nicht? Wir wollen, um die Vergänglichkeit wissend, das Ende so wenig wie möglich mitdenken, das Leben festhalten und Abschiede so lange wie möglich hinauszögern, erst recht den letzten: Das drohende Ende auszuhalten fällt schwer wie in die Sonne zu schauen (was man ja auch nicht tun sollte). Der Tod geht uns nichts an; denn solange wir existieren, ist der Tod nicht da, und wenn der Tod da ist, existieren wir nicht mehr – das hat Lukrez zum Trost gesagt.

Was mit dem Tod der anderen ist, hat er nicht gesagt. Wenn ich an meine Liebsten denke und daran, dass auch sie eines hoffentlich fernen Tages nicht mehr sein werden, wird mir ganz flau. Grabe ich noch tiefer, stelle ich fest, dass es mir nicht nur um meine Liebsten geht, sondern um mich: Was ich liebe, ist auch die angenehme Empfindung, die diese Liebe in mir selbst weckt.

Vielleicht muss man sich mit der Vergänglichkeit abfinden, um dem Wesen des Lebens auf den Grund zu gehen. Vergänglichkeit umgibt uns, wo immer wir hinsehen, und sie ist keine Option, für oder gegen die man sich entscheiden könnte. Sie ist da und bleibt, auch wenn wir die Augen davor verschließen wollen. Das muss man lernen und üben dürfen. Wenn wir die Konfrontation mit der Endlichkeit nicht vermeiden, könnten wir den Blick auf das Kommen und Gehen um uns herum richten, einen Umgang mit den kleinen Endlichkeiten finden, den Verlusten, Veränderungen und Abschieden, die wir unvermeidlich annehmen und gestalten müssen. Denn der Umgang mit Vergänglichkeit beschränkt sich nicht auf die letzte und große Endgültigkeit des Todes, sondern begegnet uns ständig. Eine meiner frühesten Erinnerungen fördert eine verzweifelte Traurigkeit hervor, hervorgerufen durch den Umstand, dass Weihnachten vorbei war und der Weihnachtsbaum entschmückt und aus dem Fenster in den Hof geworfen wurde. Ich war untröstlich und wehrte mich mit aller Herzenskraft dagegen, dass das Weihnachtsfest zu Ende war.

Vorbei – ein dummes Wort

Später beziehen wir Vergänglichkeit routiniert in unsere Entscheidungen zum Hausbau, Medizincheck oder zur Altersvorsorge ein. Oder wir erleben sie, wenn wir einen Job kündigen, einen Garten anlegen oder eine Freundschaft zu Ende geht, die Kinder groß und die Eltern alt werden, oder auch nur, wenn ein gutes Buch zu Ende oder das Lieblingsglas auf dem Küchenboden zu Bruch geht.

Kleine, nicht besonders schmerzhafte, aber trotzdem von einem Hauch von sentimentaler Wehmut überlagerte Abschiede wie der an diesem Sonntagmorgen können eine Übung sein, eben weil sie nicht so wehtun. Verabschieden wir uns wirklich voneinander oder winken wir nur kurz und rufen »Tschüs!« in die Runde? Nehmen wir von dem zerbrochenen Glas auf dem Fußboden Abschied oder werfen wir es einfach nur weg und besorgen Ersatz? Wie verabschieden wir uns von Denkmustern oder Gewissheiten, wie stellen wir uns zu technischen Errungenschaften oder politischen Strömungen, die uns damit konfrontieren, dass wir von alten Gewohnheiten Abschied nehmen müssen? Und haben all diese Momente von Abschied etwas gemeinsam oder überhaupt etwas damit zu tun, wie wir unserer eigenen Endlichkeit oder der von geliebten Menschen begegnen?

Der Akt des Abschieds ist derselbe, wir bewerten ihn nur verschieden. Ein Abschied stößt uns nicht zu oder passiert einfach so; er ist etwas, was wir aktiv *nehmen* müssen – ein bewusster Entschluss, der dem, was vergeht oder endet, Raum gibt und in dessen Endlichkeit wir im Moment des Abschieds einwilligen. Es geht nicht darum, wen oder was wir verabschieden müssen. Ein zerbrochenes Glas, wiedergetroffene Mitschüler, sogar das Buch oder der Film, der zu Ende geht, werfen immer dieselbe Frage auf: Was tun wir, wenn wir die Entscheidung treffen, uns wahrhaftig zu verabschieden, in kleinen banalen Momenten wie in den großen schicksalhaften Augenblicken, in denen wir uns von einer Idee, einem Bild oder einem Menschen oder auch nur einem Zahn verabschieden müssen, der am nächsten Morgen gezogen werden soll?

Das hat mir den Abschied erleichtert: Einen Backenzahn, der nicht mehr zu retten war, sollte ich zum Abschuss freigeben, hatte der Zahnarzt verlangt. Einen ganzen Abend habe ich den Zahn betrauert, noch einen ausführlichen Blick auf die gemeinsame Zeit geworfen und ihm zu guter Letzt einen Brief geschrieben, indem ich ihm für seine unverbrüchliche Treue, seine Stärke und seinen Halt gedankt und die Schmerzen, die er mir bereitet hat, verziehen habe. Aus dem schmerzhaften wurde ein schöner Abschied, und seine letzte Ruhe fand der Zahn in einer Streichholzschachtel, die ich in der Kommodenschublade aufbewahrte.

In den Momenten, in denen wir uns der Gewissheit stellen, dass etwas zu Ende ist, entsteht Veränderung. Veränderung, mit der wir weiterleben können, wollen oder müssen, in sehr vielen Spielarten und Schwierigkeitsgraden: von zersprungenen Gläsern über geplatzte Träume oder von einer Wohnung, aus der man auszieht, bis hin zur Diagnose einer schweren Krankheit oder der Erkenntnis, dass ein großer Teil des Lebens endgültig vorbei ist. Wir verabschieden uns von einer Lebensphase, indem wir älter werden oder selbst den Beschluss fassen, unser Leben anders zu gestalten und ab heute der Welt als Nichtraucher, Kinderloser, Vegetarier, Fahrradfahrer oder Single entgegenzutreten. Immerzu gilt es Abschied zu nehmen – oder eben auch nicht. Verweigern wir uns der Fähigkeit, Abschied nehmen zu können, dann verneinen wir gleichzeitig die innere Möglichkeit eines Entwicklungsprozesses, der ohne Veränderungen und damit auch ohne Verluste zum Stillstand verdammt wäre.

Aber es gibt auch Abschiede, die leichtfallen, weil sie eine Last von uns nehmen und sogar Abenteuerlust auslösen können. So ein Abschied war die Abiturfeier vor vierzig Jahren, aber auch der letzte Tag in der Grundschule Jahre davor und viele andere, die danach kamen: der Umzug von der kleinen in die große Stadt, die Abschlussprüfung nach dem Studium, die Trennung von einem nicht mehr geliebten Partner, der Abschied von den Eltern und der Abschied von den Kindern. Es gibt notwendige Abschiede, freiwillige, leichtherzige, überfällige, heroische und romantische; Abschiede voller Hoffnung auf ein Wiedersehen, voller gemischter Gefühle, und finale Abschiede, die ein Ende besiegeln. Doch jeder Abschied, sei er banal, sei er dramatisch oder irgendwo dazwischen, bringt die Entscheidung zum Ausdruck, etwas gehen zu lassen, was wir nicht aufhalten können. Wir trennen uns bewusst von etwas oder jemandem, von einem Bild, einer Vorstellung oder einem Gedanken, von Weltbildern und Überzeugungen, indem wir den Kopf wenden, die Perspektive verändern und die Begrenztheit unserer zeitlichen Möglichkeiten akzeptieren. Erst das Ende des Erlebens macht aus diesem Erleben eine Erinnerung – der kurze Augenblick, in dem die Gegenwart zur Vergangenheit wird, in dem wir sozusagen selbst historisch werden, ist magisch und gibt sich manchmal auch erst im Nachhinein zu erkennen: Der verpasste Abschied verlangt nach nachträglicher Würdigung. »Jetzt konnte ich mich gar nicht verabschieden«, sagte die kleine Charlotte traurig, als sie morgens vor die Tür trat und ihr Fahrrad nicht mehr da war – geklaut, weg, verschwunden. Die vielen letzten Male, von denen man nicht wusste, dass es die letzten Male sein würden – der letzte Kuss, die letzte Monatsblutung, das letzte Treffen, der letzte Sex –, gehen Hand in Hand mit dem vollendeten Konjunktiv. Wenn ich gewusst hätte, dass wir uns nie wiedersehen würden, hätte ich … ja, was eigentlich?

»Hey, bleib doch noch!«, rief Klaus feixend. »Oder hast du noch'n Date?« Eberhard räusperte sich unbehaglich. »Ich kann meine Mutter nicht so lange allein lassen«, rechtfertigte er sich. »Sie ist dement, und ich bin vor zwei Monaten in Frührente gegangen, damit ich mich um sie kümmern kann. Wir wohnen jetzt wieder zusammen.« Verlegen zuckte er mit den Schultern. »War keine Frage, nach allem, was sie für mich getan hat. Ich kann sie doch nicht hängen lassen.«

Ulrike tauchte hinter ihm auf, ebenfalls mit Rollkoffer, ebenfalls mit Verpflichtungen. Aufhalten ließ sie sich nicht. »Ich muss meinen Hund abholen, der war heute Nacht in der Hundepension, damit ich hierherkommen konnte.« Sie zwinkerte. »Ihr wisst ja, das letzte Kind hat ein Fell.«

Aufbruch

Nach dem Frühstück und den erneuten Beteuerungen, sich auf jeden Fall bald wiederzusehen, machte ich mich auf den Rückweg nach Berlin. Ich warf den Koffer ins Auto … Und da erst sah ich die Rose, die unter dem Scheibenwischer steckte. Ihre Herkunft liegt im Dunkel und bleibt da wohl auch, aber sie beschäftigte mich noch Monate später. Wer sie dort hingeklemmt hatte, würde auf ewig ein Geheimnis bleiben, und während ich mich darüber freute, dachte ich ein großes, schönes Fragezeichen an die Stelle, wo die Antwort hingehörte.

Ich drehte den Schlüssel um, setzte zurück und wieder vor, bog rechts ab und folgte der Landstraße bis zur Autobahn nach Berlin. So viel Ende und Anfang war lange nicht. Mir blieben sechs Stunden, um meine Gedanken zu sortieren, und ich freute mich auf die lange Fahrt. Es gab so vieles, über das ich nachdenken wollte nach diesem Wochenende mit den wiedervertrauten Menschen meiner Jugend. Der Vergangenheit konnte ich auf einmal doch etwas Gutes abgewinnen. Erinnerungen brauchen sich nicht an die Ordnung der Zeit zu halten. Sie gehen nie der Reihe nach, sondern steigen langsam auf wie Luftblasen oder brechen aus heiterem Himmel über einen herein wie ein Gewitter in den Bergen. Manchmal strömen sie breit und ruhig dahin, manchmal lassen sie sich durch Rituale konservieren. Erstaunlicherweise geben Erinnerungen auch Halt, denn sich erinnern zu können, bedeutet auch, sich nicht aufzugeben. Wie in einem verwunschenen Garten kann man in Erinnerungen spazieren gehen und das Leben, so weit es einen bisher geführt hat, immer wieder einer neuerlichen Musterung unterziehen.

Neben dem unsinnigen Gedanken, was alles hätte passieren oder mindestens schiefgehen können, muss ich mich natürlich auch fragen, was nun wirklich geklappt hat und was denn noch zu tun bleibt. Gibt es eigentlich etwas in meinem Leben, das ich anders machen würde, wenn ich die Chance bekäme, noch einmal von vorn anzufangen? Eigentlich nicht.

Würde ich wirklich ins Jahr 1986 zurückwollen, ein Jahr, das sich im Nachhinein als entscheidendes Jahr zu erkennen gab, aus dem wie bei einer Losbude auf dem Rummel, wo man für einen Euro an einer Schnur ziehen kann, und wenn man Glück hat, hängt ein Gewinn dran – ein pinkfarbenes Plüscheinhorn, ein Traumpony mit Lurexmähne, eine grinsende Mickey Mouse oder eine grellbunte Pumpgun auf mich zukommen konnte. Es war das Jahr, in dem ich DHL kennenlernte, John zum ersten Mal traf und mich gegen beide und für den Vater meiner Kinder entschied. Und genau genommen mit dieser Entscheidung vier Hauptgewinne abräumte, als die ich meine Kinder bis heute sehe. Jetzt, wo die meisten Entscheidungen längst gefallen sind, denke ich – nee, bitte nicht noch mal von vorne.

Aber doch vielleicht zurück ins Jahr 1971, als ich mit elf Jahren meine Eltern anflehte, die Klavierstunden aufgeben zu dürfen, weil die Lehrerin eine sadistische Hexe war, die mich bei jedem falschen Ton in den Ellbogen kniff. Die Eltern gaben irgendwann widerwillig nach und orakelten: »Das wird dir noch leidtun. Das wirst du bereuen.«

Yep, bingo, Mama und Papa. Das tut's jetzt, mehr als vierzig Jahre später. Ich fuhr mit dem Rad den Kudamm entlang, die Noten im Korb auf dem Rücksitz, und bereute aus tiefstem Herzen, dass ich das Klavierspielen damals nicht durchgezogen hatte. Ein halbes Jahr zuvor hatte ich mit dem Unterricht begonnen, es lief eigentlich ganz gut so weit und bescherte mir die versunkenen Glücksmomente, auf die ich es abgesehen hatte. Kleine Fluchten, wenn mir das Leben gerade zu viel wurde und ich kurz mal aussteigen musste.

Weil das Klavierspielen so wahnsinnig schwierig war, dass es alle Kapazitäten forderte, und ich in der Zeit, in der ich übte, alle Sorgen, alle Ängste und alle Verzweiflung einfach vergaß und in einem anderen Raum war, in Sicherheit, hinter der Tür mit der Aufschrift *Wegen emotionaler Überfüllung geschlossen.* Das alternde Gehirn, habe ich mal gelesen, spendet viel mehr Belohnungsgefühle fürs Lernen als das jüngere Gehirn. Kein Wunder, der Trotz ist weg! Lernwillig zu sein, macht im Alter deutlich mehr Freude als in jungen Jahren. Altersmilde macht sich breit und bremst übertriebenen Ehrgeiz. Das Verlangen nach Harmonie und emotionaler Stabilität wächst ebenso wie die Fähigkeit zu vermitteln. Es geht auch beim Lernen um das Hinauszögern von Abbauprozessen, nicht um ihre Umkehr. Dabei hilft, sich immer wieder auch außerhalb seiner Komfortzonen zu bewegen, neugierig zu sein und öfter mal Dinge zu tun, bei denen man nicht weiß, was am Ende herauskommt. Das Gehirn belohnt diese mit neu sprießenden Verbindungen und einem besseren Erinnerungsvermögen.

»Wir haben viel Zeit verloren, meine Liebe«, trieb mich meine Lehrerin an und schlug damit die richtigen Saiten bei mir an. Ich übte jeden Tag stundenlang, und ich hatte Ziele. Wann ich mit dem ersten Mephisto-Walzer beginnen könne, hatte ich sie gefragt, und ihr Lachanfall schepperte noch auf dem Heimweg in meinen Ohren. Dass es Klavierstücke gibt, die man nur bewältigen kann, wenn man sie ein Leben lang übt, war mir vorher nicht klar gewesen. Mittlerweile habe ich die Enttäuschung überwunden und spiele andere Stücke, die auch schön sind. Was soll's – die Welt braucht nicht nur Pianisten, sondern auch Konzertbesucher. Mit meinen Möglichkeiten habe ich erreicht, was ich erreichen konnte, und die Luft nach oben, die es da vielleicht noch gibt, bleibt mein Ansporn.

Wenn ich mir was wünschen dürfte

Vielleicht würde ich mir, wenn eine gute Fee mir drei Wünsche erfüllen wollte, eine etwas andere Grundverfassung zum Neustart wünschen. Mir fehlt so einiges an Tugenden, aber den fehlenden Mut zum Widerspruch und zur Selbstbehauptung vermisse ich am meisten. Ich habe viel zu oft Ja gesagt und zu oft geschwiegen, wenn ich hätte widersprechen müssen. Oft habe ich nicht das gesagt, was ich gedacht habe und hätte sagen sollen. Etwas einzufordern, was mir zustand, kam mir durchaus in den Sinn – aber von da aus ging's nicht weiter. Auseinandersetzungen habe ich gemieden, wo ich sie hätte suchen sollen. Streit bin ich meistens ausgewichen. Konfrontationen habe ich oft gescheut und viel zu lange an mich gehalten, um dann zu explodieren und keinen zwischenmenschlichen Stein mehr auf dem anderen zu lassen. Meine Angst, die Stimmung zu verderben und andere gegen mich aufzubringen, stand mir oft im Weg – genauso wie meine Weigerung, manche Menschen und ihr Verhalten nüchterner und von allen Seiten zu betrachten, bevor ich sie verkläre oder verteufele. Über manches bin ich hinweggeschlittert, habe nicht sehen wollen, was ich gesehen habe, und deshalb auch nicht angesprochen, was dringend angesprochen gehört hätte. Viel blieb unausgesprochen, was ich hätte sagen sollen, und vieles, was ich gesagt habe, wäre besser unausgesprochen geblieben. Wer würde das nicht von sich zugeben? Aber bestimmt hätte ich mir öfter ein Herz fassen und meinem Gegenüber sagen sollen, was ich wirklich denke, ob es ihm gefällt oder nicht – egal, ob er oder sie mich danach noch mag oder nicht. Mehr noch: Ich habe nie richtig gelernt, meine Grenzen zu ziehen und mich gegen illegitime Übertritte zu wappnen – bis hierher und nicht weiter. Andererseits – an Grenzen entsteht Kontakt. Aber warum habe ich immer wieder zugelassen, dass Leute durch meinen Garten trampeln? Gemerkt habe ich es ja schon, aber selten Konsequenzen daraus gezogen.

Da ist sie doch, die Chance für die Jahre, die jetzt noch vor mir liegen! Da gibt's doch noch richtig was zu tun: aufrichtig zu sein. Nicht mehr gute Miene zu allerlei blöden Spielen zu machen, sondern zu sagen, was ich wirklich denke, und nicht, was andere hören wollen. Ich lerne jetzt, Nein zu sagen. Klar, und weiterhin Klavier zu spielen.

Aber das Beste ist: Ab heute, verspreche ich mir, wird mir völlig egal sein, was andere von mir denken.

Das Treffen mit meinen einstigen Mitschülern hatte bei mir eine neue Innenbeleuchtung angeschaltet. Ich hatte nichts mehr zu verlieren und musste niemandem mehr etwas beweisen. Hatte ich mir nicht ein Leben lang angehört, dass ich so oder so aussehen, dies und jenes tragen müsste und diverse Erwartungen zu erfüllen hätte und dabei immer zu lächeln hätte, jedenfalls, wenn ich geliebt, anerkannt oder auch nur gemocht werden wollte. Einen Scheiß muss ich. Mit sechzig kann ich tun und lassen, worauf ich Lust habe und was mein Schultergelenk mitmacht. Das war sowieso schon immer älter als ich selbst. Ich könnte doch noch Tauchen lernen oder mit Tindern anfangen oder einen neuen sportlichen Wettkampf ins Leben rufen: Alter trainiert für Olympia.

 Man ist so alt, wie man sich (an-)fühlt.

Nach welcher Pfeife tanz ich jetzt? Nach meiner!

Ob ich heute Abend wieder zu Hause sei, fragte eine SMS von Elise, als ich nach dem Tanken mein Portemonnaie in die Tasche und einen Blick aufs Handy werfe. Sie würde gerne mit mir über ihr Referat sprechen, und es wäre ganz süß von mir, wenn ich die Fehler korrigieren könnte. Ohne nachzudenken schrieb ich zurück, dass ich mich beeilen würde und gegen acht ankommen wollte, um mich dann ihrer Arbeit zu widmen – supergerne, Lachgesicht mit Herzchen. Einen gereckten Daumen schickte sie zurück, und ich gab Gas, um pünktlich anzukommen. Erst viel später fiel mir ein, dass ich schon mit Christiane verabredet war und wie so oft alles vergessen hatte, sobald eines meiner Kinder etwas von mir wollte. Warum eigentlich?

Vielleicht, weil man wie in allen Familien auch in meiner bisweilen Dinge tut, ohne die Gründe zu kennen oder überhaupt kennen zu wollen. Die beste Erklärung bestand wohl darin, dass sich zwischen Menschen niemals etwas ändert.

Ich steuerte den nächsten Parkplatz an, um mich bei Christiane mit einer Whatsapp zu entschuldigen und eine irgendwie stichhaltige Erklärung zu tippen, warum ich jetzt mit Elise und nicht mit ihr den Abend verbringen würde. Selbstredend würde sie es genauso handhaben, wenn ihre Tochter sie sehen wollte. Und das würde ich wohlwollend verstehen!

Aber wohl war mir nicht dabei; Elise den Vorzug zu geben und meine Freundin zu versetzen, schien mir irgendwie aus der Zeit gefallen. Christianes Antwort kam postwendend. Sie whatsappte einen Artikel, den ich vor Jahren geschrieben hatte und über den wir damals lange gesprochen hatten – ohne Kommentar. Schon bei den ersten Sätzen fühlte ich mich peinlich berührt. Reingefallen! Ich wusste doch längst um die Freundschaftsfalle und hatte es einfach mit den Jahren wieder vergessen. Schuld war der andere Fehler, den nicht nur ich, sondern auch alle meine Freundinnen immer wieder machten und der uns so seltsam anfällig für die Wünsche der Kinder durch die späten Jahre stolpern ließ. Höchstens im Traum fiel uns mal ein, unsere Kinder mit einem Nein zu erschrecken. Wach und in Wirklichkeit beeilten wir uns, so gut es eben ging, alle Wünsche zu erfüllen – Fahrdienste, Geldspritzen oder kleine Botengänge erledigten wir gerne und ohne viel Aufhebens. Offenbar fielen wir immer wieder in die erste Phase der Ablösung zurück: Diese erste Stufe ist dadurch gekennzeichnet, dass Kinder, die erwachsen werden, immer besser ohne ihre Mütter leben können, während ihre Mütter immer schwerer ohne sie klarkommen.

Kinder sind keine Freunde

Die Wahrheit ist: Selbst wenn sie nicht meine Mutter wäre, würde ich alles drum geben, um mit ihr befreundet zu sein – so steht's in fröhlichem Pink auf dem bunten Gläschen, das meine erwachsene Tochter mir mit einem strahlenden Lächeln überreicht. Sofort wird mein Herz ganz weich, schickt eine warme Welle zum Kopf und runter bis zu den Zehenspitzen. Was für eine Liebeserklärung! Ich freu mich und weiß doch: Das ist viel zu schön, um wahr zu sein.

Lichte Momente wie diese sind verführerisch, und das beginnt schon früh. Wenn es gelingt, ein willensstarkes Kind zum Einlenken zu bewegen – mit nichts als der Überzeugungskraft eines Arguments, einem sorgsam dosierten Gegenvorschlag, einem Appell an die vier-, fünf- oder sechsjährige Vernunft: In dieser Sternstunde blitzt der schöne Elterntraum von einer liebevollen Beziehung auf, die wie eine gute Ehe, eine Partnerschaft oder gar echte Freundschaft funktioniert. Wir wollen doch immer nur ihr Bestes.

Aber wir kriegen es nicht. Kleine Kinder sind nämlich keine Partner und große keine Freunde. Von einem guten Partner darf man erwarten, dass er abends, nachdem er sich verabschiedet hat, auch tatsächlich ins Bett geht und nicht noch zehnmal wiederauftaucht, um ein Glas Wasser, eine Geschichte, einen Kuss und noch ein Gutenachtlied zu verlangen. Einem Partner darf man übelnehmen, wenn er einen mitten in der Nacht wachrüttelt, weil er aufs Klo muss und sich vor den Silberfischchen fürchtet, oder weil ihm plötzlich eingefallen ist, dass er noch ein Gedicht auswendig lernen muss. Gute Partner sind im gleichen Interesse vereint – das von Eltern und Kindern geht bisweilen auseinander, und genau genommen passiert das viel öfter und dauert länger, als man wahrhaben möchte. »Eltern wollen die gute Beziehung erhalten und sind nur bedingt bereit, mehr Autonomie zuzugestehen. Kinder wollen bestehende Beziehungsformen mit Eltern verändern, um mehr Autonomie zu erlangen«, fasst Christiane Wempe, Privatdozentin an der Uni Mannheim und Psychotherapeutin in eigener Praxis in Ludwigshafen, das prekäre Gleichgewicht zwischen Eltern und ihren erwachsenen Kindern zusammen.

Erwachsene Kinder und ihre Eltern können sich gut verstehen, aber das basiert trotzdem nicht auf Augenhöhe. Ein Freundschaftsverhältnis zwischen Eltern und Kindern wird es nie geben, und das ist ja auch nicht Sinn der Sache. »Eltern bieten Halt, und das soll aus Sicht der Kinder auch so bleiben. Ein einseitiger Investitionsfluss, der nicht umkehrbar ist«, sagt Christiane Wempe. Die Ambivalenz zwischen Autonomie und Abhängigkeit prägt die Wegstrecke, die Kinder und Eltern gemeinsam gehen. Wir reisen zusammen und entfernen uns voneinander.

Ganz egal, wie das Leben läuft, ob Eltern und Kinder sich gut verstehen oder anhaltend zoffen und sogar, wenn sie kein Wort mehr miteinander sprechen, bleiben sie noch im gemeinsamen Schweigen verbunden. Man gehört zueinander wie die Haut, in der man steckt. Freunde dagegen suchen wir uns aus. Weil wir uns mögen, verstanden fühlen, den gleichen Humor teilen, unsere Gedanken austauschen und gegenseitige Kritik gut aushalten. Freundschaften kommen freiwillig zustande, Eltern kann man sich genauso wenig aussuchen wie Kinder. Freundschaften kann man beenden, das Verhältnis zwischen Eltern und Kindern ist unkündbar. Die Rollenverteilung kann nie ganz aufgehoben werden, auch wenn das Verhältnis zwischen Müttern und Kindern mit der Zeit relativ symmetrisch werden kann, während das Verhältnis zwischen Vätern und Kindern asymmetrisch bleibt. »Väter bestimmen eher, sehen sich in der Ratgeberrolle, und die Kinder haben das gern«, weiß Heike Buhl, Professorin für Pädagogische Psychologie an der Uni Paderborn, aus ihrer Forschung zu den Beziehungen zwischen jungen Erwachsenen und ihren Eltern. Sie und ihr Team haben fünfhundert Kinder und Eltern befragt. »Freunde habe ich genug, Eltern nur einmal«, beschreibt sie das Credo der jungen Generation. »Eltern sollen Eltern bleiben!« Von ihren Eltern wünschen sich die Befragten: mehr Nähe, mehr Wertschätzung, mehr Interesse – vom Vater. Weniger Einmischung, weniger Bevormundung, weniger Fürsorge – von der Mutter.

Eltern bleiben Versorger, Kinder kämpfen um Unabhängigkeit. Eltern betonen die Gemeinsamkeiten, Kinder die Unterschiede zu ihren Eltern. Emotional, sozial und finanziell investieren Eltern viel mehr in die Beziehung zu ihren Kindern als umgekehrt. Um das auszuhalten, nehmen Eltern die Beziehung als besser wahr, neigen zu Beschönigungen und spielen Konflikte herunter. Themen wie frühere Erziehungsmiseren, Tod, aber auch alles, was Sex und Partnerschaft betrifft, werden gern ausgeklammert – auch das unterscheidet Freundschaften von Eltern-Kind-Beziehungen. Das wirtschaftssoziologische Prinzip des geringsten Interesses wirkt auch hier: In jeder gefühlsmäßigen Beziehung kann derjenige, der sich weniger eingelassen hat, demjenigen, der sich mehr eingelassen hat, die Bedingungen diktieren. »Das könnte evolutionsbiologische Gründe haben«, vermutet Heike Buhl, denn »meine Gene haben nichts davon, wenn ich meinen Eltern etwas gebe, sondern mehr, wenn ich meinen Kindern etwas gebe«. Geben und Nehmen in schöner Balance, das wäre ein Grundbaustein gelingender Freundschaften unter Gleichen. Bei Eltern und Kindern passiert das bestenfalls nacheinander: »Eltern geben, solange sie können, Kinder erst, wenn Eltern mehr brauchen.« Und das ist viel besser, als es klingt: »Eltern können nicht erwarten, dass Kinder wiedergutmachen, was sie an Gutem erfahren haben. Kinder werden das nämlich an ihre eigenen Kinder weitergeben«, deutet Christiane Wempe den Generationenvertrag ins Tröstliche, der heute viel länger halten muss. Noch nie in der Geschichte war Eltern und Kindern eine so lange Phase gemeinsamen Erwachsenseins vergönnt. Wir teilen ähnliche Lebenssituationen: Wir sind berufstätig, wir verlieben uns, wir haben Kinder und Pflichten. Und wir kommunizieren viel mehr: die tägliche E-Mail, die SMS zwischendurch und selbst das wöchentliche Telefonat war früheren Generationen nicht gegeben. Was liegt für zwei einander innig verbundene Erwachsene näher, als in Freundschaft auszuweichen, wo altgediente Modelle aus Respekt, Gehorsam und Tradition nicht mehr reichen, um das Vakuum auszufüllen? »Wir haben da viel zu lernen«, sagt Heike Buhl.

Das werden wir. Doch die grundsätzliche Asymmetrie bleibt. Den Mutterinstinkt gibt es, doch keinen Tochterinstinkt. Mütter fürchten, ihre Söhne zu verlieren. Söhne sorgen sich selten, jedenfalls nicht ausdrücklich, ihre Mütter zu verlieren. Väter danken zugunsten ihrer Schwiegersöhne spontan ab. Eltern stellen die nutzlose Vergangenheit dar – und das tut manchmal weh: »Die Idee, in Kindern Freunde sehen zu wollen, hat auch mit dem aberwitzigen Jugendwahn unserer Gesellschaft zu tun«, meint Christiane Wempe und denkt an Kumpelpapas mit Baseballkappe. Oder an Mutter und Tochter beim gemeinsamen Shoppen. Sie wirken wie beste Freundinnen, aber in Wahrheit braucht die Tochter das Geld der Mutter und die Mutter die Gesellschaft der Tochter. »Wäre das so schlimm?«, fragt Heike Buhl. Eigentlich nicht. Auf dem Gläschen, das meine Tochter mir geschenkt hat, sieht man zwei weibliche Wesen. Die eine hält ein Herz in der Hand, die andere eine shopping bag, aber sie halten sich an den freien Händen.

Wie man Kinder aufzieht und festhält, nicht, wie man einander entkommt und neu begegnet, sind die beherrschenden Familienthemen unserer Kultur. Dabei neigen auch wir Älteren dazu, die

Warte der Jüngeren einzunehmen. Alles Recht, aber auch alle Not scheint auf ihrer Seite zu liegen. Selbst Dichter werden zu Parteigängern: Ob ihre Helden nun Holden Caulfield, Werther oder Törless heißen, die Leiden der Heranwachsenden scheinen uns näher zu sein als die ihrer Eltern – als dürften Eltern nicht zugeben, dass es schwerfällt, die Kinder loszulassen. Eltern leben mit der gesellschaftlichen Erwartung, das alles ganz großartig und reibungslos zu absolvieren. Sie neigen dazu, ihr eigenes Verständnis für die Ansichten, Lebensweisen und Entscheidungen ihrer Kinder zu überschätzen, und sind enttäuscht, wenn Kinder es ihrerseits an Verständnis für die Gefühle ihrer Eltern missen lassen. Wer hat noch nie einen Vater schmollen sehen, weil sein Sohn nicht mit ihm spielen wollte? Oder eine Mutter, die ihre Tochter um die unbeschwerten Nächte auf dummen Teenagerpartys beneidet? Hat man je ein Kind sagen hören: »Oh, es war mein schönstes Weihnachtsgeschenk, als Mama zur Marketing-Direktorin befördert wurde. Ihre Karriere ist mir so wichtig!« Oder: »Ich bin ja so froh, dass Papa endlich eine Frau gefunden hat, die ihn so liebt, wie er ist, und nicht versucht, ihn umzuerziehen.«?

Kindern ist die emotionale Erfüllung der Eltern ziemlich egal, ebenso wie die berufliche. Sie trennen sich auch nur mühsam vom Bild der starken Eltern. »Ich habe fürchterlich geheult. Das hat sie sehr negativ berührt, sagte sie später, mich zum ersten Mal schwach erlebt zu haben«, berichtet eine Mutter über die herbe Enttäuschung ihrer Tochter, als sie einmal aus der üblichen Rolle fiel. Auch eine frisch verliebte Mutter erwachsener Kinder wird eher auf blankes Unverständnis stoßen, wenn sie Anstalten macht, laut über den neuen Mann in ihrem Leben nachzudenken.

Filiale Reife, parentale Reife, so umreißt die Wissenschaft die Aufgabe. »Ein mühsamer Prozess, der über die Lebensspanne andauern kann«, sagt Heike Buhl, »aber auch Kinder müssen lernen,

Eltern nicht nur als Figuren, sondern als eigenständige Personen zu sehen.«

Mehr als angewidertes Abwenden wird man deshalb auch bei Teenagern nicht ernten, wenn man durchblicken lässt, durchaus ein Privatleben jenseits der Mutterrolle zu haben. »Keine weiteren Informationen!!!«, schreit mein Sohn, als ich nebenher eine Verabredung mit einem Liebhaber erwähne und keineswegs vorhabe, mit Einzelheiten aufzuwarten. Meinen zaghaften Einwand, wonach auch ich ein Recht auf Glück und Erfüllung habe, den Hinweis, nicht nur Mutter, sondern auch Frau zu sein, lässt auch meine große Tochter nicht gelten. »Du brauchst keinen Mann. Du bist glücklich mit uns.«

Gleiche verstehen alles, fragen nicht und vergeben alles. Kinder sind konservativ. Die Beziehung ist nie symmetrisch und hat strikte Tabus. Reden über Sex wie mit guten Freunden? Ausgeschlossen. »Gerade weil das Verhältnis so eng ist, muss es Grenzen geben«, sagt Christiane Wempe und rät, die berechtigten Distanzierungsbemühungen aufseiten der Söhne und Töchter zu beachten.

Wir geben und sie nehmen, ein für alle Mal? Es ist deshalb noch lange keine Einbahnstraße, auf der Eltern und Kinder miteinander unterwegs sind. Eher eine Wippe, auf der wir uns gegenüber sitzen. Die lichten Momente gleicher Augenhöhe, es gibt sie durchaus. Doch sie sind winzig, flüchtig, köstlich und kippelig. Das ganze Ding bleibt immer in Bewegung, und genau das macht ja den Heidenspaß aus – beim Wippen und im Leben.

Uff. Mein Verhältnis zu meinen Kindern hat sich verändert. Die alten Gewissheiten sind längst verschwunden, die Hierarchien von gestern fast eingeebnet, das Morgen offen. Manchmal nähert es sich schon dem Verständnis zwischen Erwachsenen an – und das sind sie ja auch. Nicht, dass die gegenseitigen Lebensphasen nachvollziehbarer wären, weil sie sich angleichen. Das tun sie nicht, denn das, was ich als Dreißigjährige war, ist nicht das, was die Kinder heute mit knapp dreißig sind. Ich hatte ein Kind, schon etliche Berufsjahre hinter mir und nahm den großen Anlauf für die letzte Prüfung an der Uni, während ich gleichzeitig versuchte, meinen Platz im Job zu sichern und auszubauen, und das nächste Kind erwartete. Sie sind immer noch mit dem Studieren beschäftigt und mit der Aufgabe, sich nur um sich selbst zu kümmern, total ausgelastet. Sie sind nicht in der Lage, sich morgens auf einen Termin am Abend festzulegen, und schon der Besitz eines Hundes erscheint ihnen als unerträgliche Bürde von Verantwortung. Sie wollen sich eben auf nichts festlegen und klagen gleichzeitig über die Orientierung, die ihnen fehlt.

 Wer immer ganz offen ist, ist auch nicht ganz dicht.

Aber wir kommen uns in kleinen Schritten näher im Verständnis füreinander, und ich schätze, dass es einen qualitativen Sprung geben wird, wenn das erste Kind der allerneuesten Generation geboren wird und eines meiner Kinder zum Vater oder zur Mutter, die Geschwister zu Onkeln und Tanten und mich zur Oma machen wird. Eine neue Dimension der Familienbande wirft ihre Schatten voraus und zeichnet sich in den Gesprächsthemen schon ab, die uns neuerdings beschäftigen: wie, wann und mit wem man eine Familie gründet, den Berufseinstieg angeht, mit Freundschaften, Krediten, Ortswechseln, Ernährung, krankem Klima und dem Weltfrieden verfährt. Auf dem besten Weg, meiner Rolle als Mutter zu entwachsen, werfe ich einen Blick nach vorn.

Schon heute fühle ich mich ihnen gegenüber manchmal eher wie ein nahes Familienmitglied, das einfach schon länger gelebt hat, mehr Erfahrung hat, mehr Lebens-Know-how gesammelt hat und zu einem Miteinander mehr beizutragen hat. Ich kenne sie vom ersten Augenblick ihres Lebens an. Für die Kinder, die nun erwachsen sind, gibt es keine Erinnerung an ein Leben ohne mich. Ich bin immer dabei – so gruselig und missverständlich dieser Satz auch klingt, richtig ist er schon. Für mich stellt sich das anders dar, denn es gab mein Leben ohne sie, bevor sie zur Welt kamen. Daran haben sie nie teilnehmen können, und das vergesse ich manchmal, seit sie erwachsen sind. Wenn ich zum Beispiel von Erlebnissen aus meiner Berliner Zeit Anfang der Achtzigerjahre erzähle, gehe ich manchmal unwillkürlich davon aus, dass sie wissen, wovon ich spreche. Ihre fragenden Gesichter bringen mich dann ins richtige Zeitverständnis zurück, und wir geben uns Spekulationen darüber hin, ob wir wohl Freunde geworden wären, wenn wir uns alle in unseren Zwanzigern irgendwo auf diesem Planeten getroffen hätten. Im Berlin der Achtziger, im besetzten Haus beispielsweise.

Dieses Haus steht noch wie damals. Ich habe ihnen gezeigt, wo ich damals gelebt habe, und die Geschichten erzählt. Genau wie in meiner Heimatstadt. Verrückte Idee: Kann man den Ort, an dem man eine Zeit verbracht hat, als seinen eigenen reklamieren und erwarten, dass alles so bleibt, wie es war, als man diesen Ort verlassen hat? Um irgendwann dorthin zurückzukehren und sich selbst, aber auch die Kinder der eigenen Herkunft, der eigenen Geschichte und des Erlebten in Straßen, Stadtvierteln und Gegenden zu vergewissern? Es ist ein Geschenk, die eigene Vergangenheit in der Gegenwart wiederfinden zu können, wenn man das will. Ich möchte das manchmal.

Meine Kinder wissen dann nicht, wovon ich rede. Das, was ich früher gesehen und erlebt habe, woran ich mich jetzt erinnere, ist für sie ein Museumsbesuch. Ich hingegen gehöre seit Beginn ihres Lebens untrennbar zu ihrer Erlebniswelt.

Jetzt sind sie erwachsen und Menschen, die mir so vertraut und nahe sind wie niemand sonst: die einzigartige und manchmal hoch explosive Mischung aus Kind, das sich geliebt, auf Verlangen versorgt und immer willkommen geheißen fühlen soll, Fastfreundin und Fastfreund, die (nebenbei) Rat suchen und (auch ungebeten) Rat geben können. Und sie, die Kinder wissen: Alles, was für sie wichtig war, geschah auch inmitten meiner Lebenszeit.

Ich weiß nicht, ob ich in meine Rolle als Mutter zurückfalle, wenn die Kinder bei mir zu Besuch sind. Ich kann sie verwöhnen, solange sie da sind, feinsinnig meine Antennen richten und die seismografischen Beben vorweg spüren, bevor die Verwöhnung in grenzverletzende Belästigung umschlägt und unsere Kontinentalplatten mit Getöse aufeinanderkrachen. Auf dem Vulkan, der dann ausbricht, will keiner mehr tanzen, denn dann sind wir alle böse aufeinander. Jede innerfamiliäre diplomatische Intervention macht alles nur noch schlimmer; nur die Zeit beruhigt die Wogen. Ich sehe das gelassen: Es wird sich zurechtruckeln.

In ihren eigenen vier Wänden, im Zuhause der Kinder, bin ich nicht in der Rolle der Mutter, auch nicht in der Rolle der Gastgeberin. Ich genieße es, zu Besuch sein zu dürfen, zu wissen, dass ich für den Zustand der Wohnung, für die Gestaltung des Tages und den Inhalt des Kühlschranks nicht verantwortlich bin. Sich wohlfühlen zu dürfen und eine Person zu sein, um die sich gekümmert wird – das ist eine neue und interessante Erfahrung, eine umgekehrte Mutter-Kind-Situation. Sie fragen mich, was ich essen und anschauen möchte, ob ich einen Spaziergang machen oder einen Mittagsschlaf halten möchte, holen mich am Flughafen ab und bringen mich wieder hin. Ich fühle mich wohl bei meinen Töchtern und Söhnen, die ich im vergangenen Jahr zum ersten Mal in ihren neuen Städten besucht habe. Sie haben mich verwöhnt wie eine Tochter, obwohl ich die Mutter bin. Ich dachte: Familie können wir sein, solange wir es wollen und wie wir es wollen – sogar in der Zone wohlwollender Distanz, wo Kinder doppelt Freude machen. Wenn sie kommen *und* wenn sie gehen.

Ich merkte, wie ich müde wurde. Und das schon nach drei Stunden Autofahrt. In meinem Kopf breiteten sich Wellen aus, Wärme explodierte hinter meinen Augen, im Nacken, in den Ohren; mein ganzer Körper wurde schwer. Schon rückten die Geräusche meines Autos und die der anderen Autos weiter weg. In wenigen Momenten würde ich eingeschlafen sein, wenn ich nichts dagegen unternähme. Ich ließ frische Luft durch die Fenster strömen, knetete einhändig meinen Nacken, während ich mit der anderen Hand das Auto in der Spur hielt, und sperrte die Augen auf, kniff sie wieder zusammen und riss die Lider wieder auseinander. Dann gab ich auf und steuerte den nächsten Parkplatz an. Kann das denn sein? Ja, es kann sein. Eine Autofahrt von sechs, sieben Stunden habe ich früher ohne das kleinste Gähnen erledigt, konnte schnell, aufmerksam und sicher von einem Ort zum anderen düsen – und zwar während es im Auto zuging, als hätte ich eine Horde Schimpansen geladen. Meine Konzentration war aus Stahl und hielt genauso lange, im Dunkeln wie im Hellen, wir sind immer heil angekommen.

Und jetzt? Ich kann mit Stress nicht mehr so gut umgehen und fühle mich schneller als früher überfordert. Sollte ich das irgendwie trainieren und aus Prinzip kein Ziel auf demselben Weg ansteuern, um mir ständig neue Aufgaben zu stellen? Ich stelle fest, dass ich oft müde werde, ohne zu wissen, warum. Der Mittagsschlaf, die kurze Pause auf dem Parkplatz oder das frühe Schlafengehen sind längst wichtiger geworden als ein spannendes Buch zu Ende zu lesen, ein spätes Telefonat zu führen oder eine Autofahrt in einem Schwung zu schaffen.

Ich weiß nicht genau, was mich daran hindert, bei meinem früheren Tempo zu bleiben. Oder mein geringes Schlafbedürfnis, meine flexiblen Rhythmen zu behalten. Aber ich merke, dass ich nicht dagegen ankomme. Und ich hoffe, das sind keine Vorboten von Stumpfheit und Lethargie. Veränderungen müssen nicht automatisch Verminderungen sein: Noch lange sehe ich mich nicht als gebrechliche Person. Und doch – ich werde wütend über die plötzliche Unzuverlässigkeit meines Körpers. Wie schnell dadurch mein emotionales Gleichgewicht ins Wanken gerät. Es passiert plötzlich, und ich muss damit klarkommen, dass meine Kräfte nachlassen. Statt Power Workout im Fitnessstudio lieber Wirbelsäule und Pilates, geschenkt. Ich könnte – aber ich habe keine Lust mehr, mich auszutoben. Es geht mir auch nicht um die üblichen Verschönerungsmaßnahmen wie das Antrainieren eines Knackarsches. Dass es im Leben auf mehr als flache Bäuche, straffe Arme oder knackige Ärsche ankommt, habe ich längst kapiert. Meine Motivation, den faulen Leib aufs Laufband, auf die Matte oder ins Wasser zu schleppen, ist ebenso schlicht wie einfach: Ich will, dass mir nichts wehtut. Heute nicht und morgen auch nicht.

Wie der Körper neue Tugenden erzwingt

Im Versuch, den körperlichen Verfall zu akzeptieren und ihn gleichzeitig aktiv zu verzögern, liegt die große Verlockung meiner Jahre. Zu bemerken, dass sich die Mühe lohnt und den Körper zum Positiven verändert, ist großartig und eine verlässliche Motivation.

Und ich spüre die Herausforderung, auf Veränderungen zu reagieren. Flexibel und anpassungsfähig zu antworten, wenn der Körper die gelbe Karte zeigt, Extreme zu vermeiden. »Das ist die wiederkehrende Geschichte deines Lebens«, schreibt Paul Auster in seinem Buch *Winterjournal.* »Wann immer du an eine Weggabelung kommst, bricht dein Körper zusammen, denn dein Körper hat schon immer gewusst, was dein Kopf nicht weiß, und wie er auch zusammenbrechen mag, ob in Form von Drüsenfieber, Gastritis oder Panikattacken, hat er immer die Hauptlast deiner Ängste und inneren Kämpfe getragen und die Schläge eingesteckt, die dein Kopf nicht auszuhalten bereit oder imstande ist.«

Es hilft ja nichts: Je älter ich werde, desto langsamer werde ich. Auf Biegen und Brechen an alten Zielen festzuhalten hieße, gegen die Zeit zu leben. Sich neue, angepasste Ziele zu setzen, heißt, mit der Zeit zu gehen, und das ist weniger anstrengend. Schweres hochzuheben schmerzt in den Handgelenken, die Knie sind steif, und morgens brauche ich eine Weile, ehe ich in Bewegung komme. Beim Socken- und Schuhanziehen muss ich mich hinsetzen, beim Treppensteigen halte ich mich am Geländer fest, solche Dinge, nichts Dramatisches – aber trotzdem, es nervt, und wenn ich nichts unternehme, nervt es noch mehr.

Vielleicht ist das der Sinn der Übung, geht mir durch den Kopf, wenn ich den Ärger über meine nachlassenden Kräfte vergessen habe und meine neuen Fähigkeiten, mir mehr Zeit zu nehmen, in mildem Licht sehen kann. Für bestimmte Einsichten muss man erst ein bestimmtes Alter erreichen, weil man vorher, voll im Saft womöglich, ungestraft davonkommt. Wenn man mit achtzig noch die Nächte durchmachen könnte, würde man die Gelassenheit nicht lernen können, die man früher nicht brauchte: Der Körper steckt's weg, der Kopf hat keinen Grund, sich damit auseinanderzusetzen – und würde es wohl auch jetzt nicht tun, wenn alles am Schnürchen wie früher liefe.

Früher war mein Körper einfach da. Er diente meinen Ideen, meinen Taten und meinen Niederlagen wie ein ergebener Knappe seinem Ritter, der treue Begleiter in Lust und Schmerz und allem, was sonst noch so vorkam. Jetzt gibt er Zeichen, morst: Hallo, mach mal langsam. Ist mir zu viel, zu laut, zu voll. Übernimm dich nicht. Bisschen Rücksicht auf mich, okay? Sonst kannst du sehen, wo du bleibst … Es ist zuallererst der Körper, der uns in die Schranken der Jahre weist. Seine Macken, seine Pannen, sein Nachlassen, sein Erlahmen erzwingt – Gelassenheit.

Ich lerne jetzt und mache Fortschritte dabei, zu verstehen, dass ich nicht mehr jung bin, und vergesse doch immer wieder, dass ich älter werde. Und dann holt mich die Erkenntnis ein, dass ich nicht nur Zähne verloren und Falten bekommen habe. Sondern auch aus alten Knochen, einem alten Magen, einer alten Lunge, alten Venen und einem alten Herzen bestehe. Schock lass nach, die Kraft wird wirklich weniger. Meine Beweglichkeit lässt nach, meine betonte Sorglosigkeit in Bezug auf die Gesundheit klingt nach Pfeifen im Keller; Arbeitstage, Autofahrten und Ausflüge ermüden mich mehr als früher.

DHL, jetzt ist es soweit: Auf nächtliche Vergnügungen würde ich, wenn sie sich böten, zugunsten meines gestiegenen Schlafbedürfnisses verzichten wollen. Aber das kann schon morgen wieder ganz anders aussehen, oder jetzt gleich schon: Nach einem kurzen Schläfchen fühle ich mich im Allgemeinen wie neugeboren.

Mit meinen neuen Schwächen werde ich mich anfreunden und nicht gegen sie kämpfen. Wen man nicht besiegen kann, muss man umarmen. Wenn mein Körper dem Kopf die Botschaft überbringt: Hey, du bist nicht unsterblich, also lös dich allmählich vom irdischen Dasein. Verschleißerscheinungen, lästige Zipperlein, die zu echten Gebrechen werden können, der äußerliche Verfall sind die neuen Stimmen im Konzert der Begleitmusik in einen neuen Lebensabschnitt, mein sechstes Jahrzehnt. Sie helfen dir auf die nächste Stufe. Ist ja gut, ich hab's kapiert!

Inzwischen habe ich gelernt, nicht mehr möglichst viel auf einmal zu tun, sondern eins nach dem anderen. Nicht ganz freiwillig, zugegeben, aber zähneknirschend habe ich mich daran gewöhnt, dass ich in vielen Dingen langsamer werde. Treppensteigen dauert länger, und zwar hoch wie runter, weil ich treppauf nicht mehr zwei Stufen auf einmal nehme und treppab die Stufen schwanken. Badputzen, staubsaugen, die Küche aufräumen strengt mich mehr an. Ich mag nicht mehr aufräumen, telefonieren und gleichzeitig kochen. Meine To-do-Listen werden kürzer: Ich erledige nicht mehr zwanzig, sondern manchmal nur noch zehn Sachen an einem Tag. Oft ist es mir zu laut, noch öfter zu voll, viel zu oft zu viel. Nach und nach ändere ich meine Gewohnheiten: Ich geh nicht mehr am Samstag im Supermarkt einkaufen, nicht mehr am Wochenende ins Kino und verreise, wenn's möglich ist, nur außerhalb der Saison.

Weißhaarige Menschen, die in Werbeclips kenntnisreich mit Hörgeräten hantieren, auf Treppenliften herabschweben oder Medikamente verputzen, haben etwas aufreizend Abstoßendes. Klischees über sechzigjährige Frauen können einen ganz schön durcheinanderbringen. Sechzig ist das neue vierzig? Nach dieser Rechnung bin ich eine späte Dreißigerin und habe den besten Teil des Lebens noch vor mir. Genau genommen ist die Spanne von sechzig bis neunzig – wohin die steigende Lebenserwartung zeigt – genauso lang wie die von dreißig bis sechzig: Was man damit alles anfangen kann! Und zwar ohne den Stress der frühen und mittleren Jahre. Und deshalb muss ich mich noch lange nicht zu der Gruppe derer gesellen, die ihre Vergangenheit zurückhaben wollen, weil sie ihnen übersichtlicher, analoger und unkomplizierter vorkam. Das Recht, mir in Bezug aufs Altern in die Tasche zu lügen, steht mir zu, und ich werde es weidlich ausnutzen, wann immer es mir angemessen erscheint.

Ein Gedankenexperiment: Ich stelle mir vor, ich könnte die Uhr zurückdrehen. Es ist 1999, ich bin zwanzig Jahre jünger. Wie ich mich fühle? Es kommt mir vor, als wäre meine biologische Uhr tatsächlich um zwei Jahrzehnte zurückgestellt. Meine körperliche Beweglichkeit ist zurück, meine geistige Schärfe die alte, die Sehkraft nimmt wieder zu, das Hörvermögen tut es ihm nach. Ich rede von mir, als ob ich mitten im Leben stünde: das Ende der Arbeit noch Zukunftsmusik, die Kinder an der Schwelle zum Teenageralter und noch lange nicht ausgezogen, Enkel noch in Abrahams Gärtchen, im Stadium der guten Idee. Plötzlich höre ich die Stimme von David Lynch von den Talking Heads, dann Sid Vicious von den Sex Pistols und Tracy Chapman, im Fernsehen läuft »Golden Girls« und immer wieder »Dallas«.

Prompt sehe ich jünger aus und fühle mich auch so. Allein die Überzeugung, dass man jung und leistungsfähig ist, kann zu einer sich selbst erfüllenden Prophezeiung werden – keine esoterische Wohlfühlrhetorik, sondern durch etliche Studien untermauert, die

die fundamentale Wirkung der inneren Einstellung eines Menschen auf seinen Körper belegt. Egal, ob Gedächtnis, Gewicht oder Depressionen, oft sind nur kleine Veränderungen nötig, um viel zu bewirken: Da geht noch was. Negative Klischees über das Alter haben eine fatale Wirkung, denn sie stimmen uns darauf ein, dass unsere Kräfte über kurz oder lang abnehmen. Und schon reicht jeder Hinweis auf die sich addierenden Jahre, um sich schlechter zu fühlen.

Ich will so bleiben, wie ich werde – und darf das auch

Von den Aufgaben des Alters ist dann oft die Rede. Da aber niemand das Recht hat, den alt werdenden Menschen Aufgaben zu stellen, nennen wir es Chancen und Entscheidungen. Vor allem geht es um die Chancen, das Leben weiter zu bereichern, Probleme zu lösen und überhaupt noch viel Freude zu erleben. Ich nehme mir die Freiheit, ganz gleich was die Altersforschung oder sonst jemand dazu sagt: Ich darf stagnieren, darf mich langweilen, darf mich zurückziehen und wieder bei dem ankommen, was mir schon als Kind die liebste Beschäftigung war: Lesen. Ja, ich darf sogar eine humorlose alte Schachtel werden, wenn mir das Spaß macht. Mal sehen, was geht. »Mit dem Altwerden ist es wie mit dem Auf-einen-Berg-Steigen: Je höher man steigt, desto mehr schwinden die Kräfte, aber umso weiter sieht man«, sagte der Regisseur Ingmar Bergmann. Und vom Weitsehen über die Weitsicht bis zur Weisheit sind es nur wenige kleine Schritte. Die Aussichten sind gut: Die Coolness kommt ganz von selbst. Man macht sein eigenes Ding, sobald man erst einmal ein paar Kranken- und Sterbebegleitungen hinter sich hat, Wolkenbilder am Himmel oder Waldspaziergänge plötzlich ganz bemerkenswert findet und befreundete Männer ihr Leid mit der Prostata, dem Rücken und dem Herzen klagen – ein guter Grund für Optimismus auf mittelprächtigem Niveau.

Wenn wir uns gegen gängige Alterszumutungen wehren, sind wir auf dem besten Weg, die beigefarbenen Gebrechlichkeitswesen mit den grauen Köpfen als Stereotype abzulösen. Neben dem alltäglichen Wahnsinn, sinkenden Löhnen, steigenden Mieten, aggressiver werdendem Ton auf den Straßen und Plätzen, in Bussen und

Bahnen und dem Comeback von Modern Talking werden wir auch noch jeden Tag mit blöden Motivationssprüchen, scheißdämlichen Durchhalteparolen, pseudophilosophischen Mantras zugeballert. Zeit, dem etwas entgegenzusetzen, denn das Leben ist nun mal kein Wandtattoo. Zelebrieren wir den Durchschnitt, feiern das Mittelmaß, haben den Mut, Nein zu sagen. Nein zum Dogma der guten Laune und des erfolgreichen Alterns, zum Optimierungswahn, aus dem wir uns kurz entlassen wähnten, weil wir uns vom Schneller-Höher-Weiter im Hamsterrad immer häufiger verschont sahen.

Treten wir die Formel vom lebenslangen Lernen in die Tonne. Sie ist so was von gestern! Gestern war, als es noch die klar unterscheidbaren Lebensabschnitte Kindheit, Jugend, Erwachsenenjahre und Alter gab, die heute längst aus ihren Verankerungen gelöst sind und sich zu einer Art freischwebender Zuordnungsoption gewandelt haben. Lernen war eine Forderung an Kinder und Jugendliche, als Erwachsener hatte man ausgelernt und sammelte nur noch altersgemäß Erfahrungen. Das Gehirn kann durchaus ein Leben lang neues Wissen aufnehmen, aber will es das auch? Das Credo vom lebenslangen Lernen übermittelt neben eventuellen Aussichten auf immer neue Chancen auch die niederdrückende Botschaft: Du wirst niemals fertig, du kannst nie genug lernen, du kommst nie an.

Jetzt sind wir auch noch zur Selbstfürsorge aufgerufen. Das kommt daher wie ein süß lächelndes »Gönn dir«, ein müdes »Lass sein« oder ein therapeutisch begleitetes, auswendig gelerntes Stoppschild »Bis hierher und nicht weiter.« Gemeinen Ratschlägen zufolge zählt so einiges als selbstfürsorglich: grüne Smoothies trinken oder drei Liter stilles Wasser täglich, Milonga tanzen, der persönlichen Kondition wie den sozialen Kontakte zuliebe, oder mal was töpfern. Tagebuch schreiben! Allabendlich positive Momente des Tages memorieren und, wo nicht vorhanden, erfinden. Extraordinäre Kurse in Venezianischer Miederstickerei oder Arabisch für Dummies belegen, wichtige Termine absagen oder falsche Freunde endlich zum Teufel jagen und sich selbst lieben – ja, sogar in der Umarmung, die man sich selber schenkt, wohnt doch die Kraft des Gefühls, fürsorglich gehalten zu werden. Om und Amen.

Hinter all dem steht die bewusste, absichtsvolle Entscheidung für das eigene Wohl. Der Diskurs um die Selbstfürsorge ist so pragmatisch wie durchsichtig. Er bietet Drei-, Fünf-, Zehn- oder Zwanzig-Punkte-Pläne und To-Do-Listen, zugleich umwehen ihn duftende Teepötte in zarten Händen, die aus überlangen Pulloverärmeln lugen. Der L'Oréalhafte Funke ist übergesprungen: »Weil ich es mir wert bin.« Im Bild entzündet er wie Zunder im Kamin allen Plunder des Ichelchens, der sich da angesammelt hat. In der Selbstfürsorge wärmt sich wohlig schnurrend das innere Kind und das ganze ausgewachsene Selbst, die von den Zeitläuften frisch inthronisierte Instanz, die Fürsorge leistet, wie Fürsorge empfängt.

 My lips are so cold from kissing the mirror.

Selbstfürsorge ist reflexiv; sie pflegt ein inzestuöses Verhältnis des Einzelnen mit sich selbst. Es gilt, sich wahrzunehmen, sich zu beobachten und zu erfassen, in Tagebüchern oder Stimmungs-Apps. Wie geht es *mir?* Was brauche *ich?* Die Maxime lautet nicht »Erkenne dich selbst«, sondern »Kenne und anerkenne dich selbst.« Das ist der Beginn einer wunderbaren Freundschaft, in der man sich selbst beschenkt, und zwar nur mit sich selbst. Selbstliebe, traditionell des Egoismus, der Arroganz und Rücksichtslosigkeit verdächtigt, ist längst salonfähig geworden, ihr Ausbleiben fragwürdiges Kennzeichen von Unbelehrbarkeit. »Gönn dich dir selbst« titelt ein Handbuch zur Selbstfürsorge. Aus der Not des modernen Menschen wird eine Tugend. »Genuss«, das Lieblingswort im Jargon der sich selbst erfüllenden Liebesprophezeiung, verhehlt in seiner modernen Lesart, dass hier ein vernünftiges »Gesundheitsverhalten« gefordert ist und keineswegs dionysische Freuden, die Regeln wie Gartenzäune übersteigen: Maßvoll statt exzessiv ist gemeint, Quinoa statt Pommes steht auf dem Speiseplan. Solche Spitzfindigkeiten spielen aber keine Rolle, wenn ich es in vollen Zügen genieße, ein Bier nicht zu genießen, oder die strenge Diät als kulinarischen Hochgenuss und gesundheitliches Must-have ausgebe. »Kastrierter Hedonismus«, wie Adorno es beschrieb, erzeugt eine besondere Lust und präsentiert einen Lebensstil, der derzeit viele Anhänger findet, auch weil er in aller Unschuld erlaubt, sich selbst als besseren Menschen zu gerieren.

Doch Fürsorge meint auch wirkliche Bedürftigkeit, zumal die Sorge und das ihr anverwandte Verb ja Hand in Hand mit dem Kummer und dem Kümmern gehen. Selbstfürsorge ist mehr als Wellness-Wissen, sie ist auch Wohlfahrt in Eigenregie, um nicht zu sagen, Selbst-Befriedigung im buchstäblichen Sinn. Auf einer etymologischen Endmoräne sitzt die Fürsorge als die jüngere Version der Vorsorge und verweist darauf, dass es sich um einen zukunftsweisenden Akt handelt, einen Segen, für den wir in der Gegenwart den Grundstein legen. Weil Stress krank macht und vorzeitig altern lässt, was praktisch dasselbe ist, und noch nicht ausgemacht ist, wer die Kranken und Alten dann pflegt, ist die Fürsorge persönlich präventiv und gesellschaftlich hoch erwünscht – bei Strafe der (wirtschaftlichen) Exkommunikation im Fall der Nichtbefolgung.

Selbstfürsorge segelt unter der Flagge des Widerstandes gegen die Zumutungen des »Höher-schneller-weiter« und der digital befeuerten Verfügbarkeit des »Allzeit bereit«. Sie kommt daher als Mut zur Pause und subversive Muße des Analogen. Im Entschluss, eine Erkältung ganz auszukurieren, Mittagsschlaf zu machen, den Körper fit und den Geist wach zu halten oder endlich nur

an sich selbst zu denken, liegt Protest wie Zumutung gleichermaßen. Man verweigert sich dem Leistungsdruck und der zügellosen
Optimierung mit einem freundlichen Nein – »I would prefer not
to«. Die Verschränkung von spätkapitalistischen mit selbstfürsorg-
lichen Versatzstücken zeigt sich jedoch schon in deren Methoden-
empfehlungen zur Schonung der eigenen Ressourcen: Ziele setzen,
die Zeit klug einteilen, Entscheidungen richtig treffen. Gelobt wird,
dass Selbstfürsorge langfristig Krankheit und damit Arbeitsausfall
vermeidet, Sozialsysteme entlastet und andere Menschen nicht mit
Fürsorgeansprüchen behelligt. Nüchtern heißt das: Wir sollten uns
um uns selbst kümmern, da es kein anderer tut. So sind wir mit einem kleinen Hüpfer im 21. Jahrhundert gelandet, der Epoche be-
dingungsloser Egozentrik. Wo der Glaube an das Gute versagt, wird
er durch den Glauben an das Selbst ersetzt.

Wohin man kommt, wenn man zu sich kommt

»Über den Umgang mit sich selbst« hat Adolph Freiherr Knigge im 18. Jahrhundert ein paar wohlmeinende Gedanken aufgeschrieben: »Es ist daher nicht zu verzeihen, wenn man sich immer unter andern Menschen umhertreibt, über den Umgang mit Menschen seine eigene Gesellschaft vernachlässigt, gleichsam vor sich selbst zu fliehen scheint, sein eigenes Ich nicht kultiviert und sich doch stets um fremde Händel bekümmert. Wer täglich herumrennt, wird fremd in seinem eigenen Hause; wer immer in Zerstreuung lebt, wird fremd in seinem eigenen Herzen, muss im Gedränge müßiger Leute seine innere Langeweile zu töten trachten, büßt das Zutrauen zu sich selber ein und ist verlegen, wenn er sich einmal vis á vis de soi-méme befindet.« Vis á vis de soi-méme. Schön gesprochen. Sich selbst gegenüber. Oder auch: auf sich selbst zurückgeworfen. Was gar nicht negativ gemeint ist.

Aber sind wir erst geschulte Selbstfürsorger, kann das sowieso niemand besser als wir. Sich selbst der Nächste zu sein, wird damit auch zur moralischen Pflicht des Einzelnen gegenüber der Gemeinschaft. Weil Selbstverantwortung über das Selbst hinausweist: Ich bin gut zu mir, und das ist gut für mich, für dich, für alle.

Dabei kann ich mich selbst ohne Hilfsmittel noch nicht mal sehen. Ich weiß, wie ich aussehe, dank Spiegeln und Fotos, dank dem, was ich dem Mienenspiel in den Gesichtern meiner Gegenüber entnehme. Aber während ich mich unter meinen Mitmenschen, Freunden, Geschwistern und Kindern oder Fremden bewege, ist mein Gesicht für mich nicht sichtbar. Andere Teile von mir sehe ich – Hände und Füße, Schultern, Oberkörper, Beine, aber immer nur die Vorderseite. Dabei ist mein Gesicht doch ich, wesentlicher Kern meiner Identität, aber die anderen Teile von mir sind auch nicht weniger ich. Selbst jetzt, wo ich beinahe sechzig Jahre in diesem Körper lebe, könnte ich wahrscheinlich meinen Fuß oder meinen Bauch oder meine Schulter nicht auf einem einzelnen Foto unter hundert anderen Füßen, Bäuchen oder Schultern erkennen. Alles ist vertraut im Zusammenhang des Ganzen, bleibt aber seltsam fremd, wenn man es einzeln Stück für Stück betrachtet. Wir alle sind uns selbst fremd, und wenn wir irgendeine Ahnung haben, wer wir sind, dann nur, weil wir in den Augen anderer leben. Weil ich mein eigenes Gesicht nicht sehen kann, sehe ich mich nur in den Gesichtern der Menschen in meiner Umgebung. Und so fällt die Vorstellung, ich wäre anders als sie, nach und nach von mir ab. Am Ende habe ich gar keine Vorstellung mehr von mir.

Ich betrachte meine Hände auf dem Lenkrad. Die linke ruht und lenkt, die Finger der rechten schalten den Scheibenwischer ein, den Ton des Radios lauter, trommeln auf der Mittelstrebe des Lenkrades und lösen sich, um den Schaltknüppel zu betätigen. Vor ein paar Jahren, als mir schlagartig bewusst wurde, dass meine Hände aussehen wie die Hände meiner Mutter, bin ich erschrocken. Mittlerweile habe ich mich daran gewöhnt und kann auch dem etwas abgewinnen. Die Hände als zweites Gesicht: Beides verändert sich mit der Zeit, beides erzählt vom gelebten Leben, beides lässt sich nur schwer verstecken – auch wenn man's versucht wie Madonna oder Karl Lagerfeld, die irgendwann nur noch mit Handschuhen auftraten und damit jenes Geräusch verursachten, das entsteht, wenn man kein Geräusch machen will.

Was die Hände erzählen

Doch während man das Gesicht gewissenhaft mit Cremes und Masken füttert, kommen die Hände weniger gut weg und trotzen allen Verjüngungsversuchen mit dünner Haut, Runzeln und blau schimmernden Adern, die immer deutlicher hervortreten. Stricken, Häkeln, Knoten, Sticken, Sägen, Schneiden oder Holz hacken: etwas mit den eigenen Händen herzustellen, ist zutiefst befriedigend. Mit der Hand zu arbeiten, weckt Gefühle, für die im Alltag wenig Platz ist; sie blühen auf, sobald man bohrt, stichelt oder malt, knetet, strickt und feilt. Wunderwerke sind sie, die Hände, mit und ohne Leopardenflecken: siebenundzwanzig Knochen, dreiunddreißig Muskeln und zweiundzwanzig bewegliche Achsen; siebzehntausend Fühlkörper auf der Handinnenfläche, die auf Bewegung, Berührung oder Druck reagieren. Im Laufe eines Lebens schütteln diese Hände rund fünfzehntausendmal andere Hände und absolvieren darüber hinaus etwa 25 Millionen Beugungen und Streckungen.

Mir fällt die Geschichte von Keats ein, der seine rechte Hand beim Schreiben eines seiner letzten Gedichte betrachtete und abbrach, um acht Zeilen an den Rand seines Manuskriptes zu kritzeln.

Die warme Hand, die noch voll Leben ist
Und zupackt mit Begier, die würde dich,
Läg sie erstarrt in eisig stummer Gruft,
So jagen tags und so durchkälten nachts,
Dass du dein eigen Herzblut gäbst für sie,
Damit es rot durch meine Adern rauscht
Und dir wär wieder leicht zumut – hier, schau:
Ich halte sie dir hin!

Beim Autofahren betrachte ich meine Hände genauer und versuche mich zu erinnern, was sie in den letzten neunundfünfzig Jahren alles gemacht haben. Meine Hände haben mir treue Dienste geleistet, wie jedermanns Hände das getan haben. Meistens sind sie mit Dingen beschäftigt, für die man wenig oder gar nicht oder manchmal auch sehr viel nachdenken muss: Zähne putzen, die Seiten eines Buches umblättern, Geldscheine zählen, schreiben, tippen, tasten, Schlüssel in Schlösser stecken, Schleifen um Geschenke binden, Stifte halten, Sachen aufheben oder runterwerfen, Sachen kaputt machen und Sachen reparieren, Teig kneten, ins Putzwasser tauchen, Klavier spielen, in der Nase bohren, im Gesicht und am Bauch kratzen, mit dem Besen kehren, Bettwäsche bügeln, den Reißverschluss schließen, die Haarbürste halten, Pickel ausdrücken und Papier in den Drucker legen, Nase schnäuzen, Taschen tragen, Schnallen und Knöpfe schließen, Strümpfe stricken, Lichtschalter an- und ausmachen, Kindergesichter streicheln, zum Abschied winken und Geschirr spülen. Meine Hände haben die Körper meiner Kinder getragen, gewaschen, festgehalten, getröstet und ihre Tränen getrocknet. Ihre Hände fest in meinen Händen verankert, haben sie ihre ersten Schritte gemacht. Meine Hände haben meinen Freunden und Freundinnen auf die Schulter geklopft, nach ihrem Arm gegriffen, auf den Rücken getippt und ihre Hand gehalten. Sie haben die Körper von bekleideten und nackten Männern berührt, Kinderwagen, Fahrräder, Einkaufswagen und Rollstühle geschoben, meine alte Mutter auf ihren letzten Wegen gestützt, wie sie mich als Kind mit ihren Händen geschützt hat. Meine Hände hatten beinahe alles im Griff. Sie erfassten Dinge, drückten Gefühle aus, sendeten Signale und übermittelten Botschaften. Sie sind Werkzeuge, Ausdrucksmittel und Kommunikationshilfen – und ein Teil von mir, den ich nicht einen Moment lang missen möchte, Runzeln hin oder her. Was

ich damit mache, ist entscheidend, nicht, wie sie aussehen. Das zumindest habe ich in der Hand.

 Heiß warn se und kalt. Nu sind se alt.

Es treibt mir die Tränen in die Augen, das Elend und Leid dieser Welt. Ich ertrage es nicht mehr so gut und wende mich ab, einem leichteren Thema zu. Tierfilme statt Tagesschau. Nicht, weil ich mit dem Unrecht nichts zu tun haben will oder gar einverstanden wäre. Im Gegenteil: Es trifft mich tief, es regt mich auf, es berührt mich – und ich werde wütend auf mich, weil ich nur noch abschalten, weinen, verdrängen will. Ich gehe Gesprächen aus dem Weg, in denen Ausweglosigkeiten zur Sprache kommen werden. Ich reagiere empfindlich auf Kritik. Mutlosigkeit, Angst und Kräfteschwund von anderen kann ich kaum noch aushalten. Das Leben ist lebensgefährlich, na und? Im jungen und mittleren Erwachsenenalter konnte ich Spannungen aushalten, Kämpfe ausfechten, Ängste abwehren und Lösungen finden. Jetzt scheint meine Seele in Deckung zu gehen, wenn Ungemach naht. Oder reagiert sie so mimosenhaft, weil sie fürchtet, diesen Körper in nicht allzu weiter Ferne verlassen zu müssen?

Mit zunehmendem Alter wird die Haut dünner, das in den mittleren Jahren vielleicht gut gepflegte dicke Fell schütter. Die größere Anfälligkeit für äußere Verletzungen scheint eine innere Entsprechung zu haben: Mitgefühl und die Fähigkeit, Unrecht, Grausamkeiten, Verletzungen wahrzunehmen, erreichen hohe Werte auf der nach oben offenen Empathie-Skala. Körperlich und kognitiv mögen wir mit den Jahren abbauen, sagt die Wissenschaft. Doch emotional profitieren wir. Wenn wir älter werden, antworten wir mit intensiveren Gefühlen auf das Leid und den Schmerz anderer. Wir sind mitfühlender, ohne überwältigt zu werden, weil uns die Gefühlsregulation besser gelingt: Wir rücken die Dinge leichter ins rechte Licht und sehen sie positiv, und wir erkennen besser, was unsere Mitmenschen in sozialen Situationen fühlen. Diese Steigerung resultiere daraus, dass die für Emotion zuständigen Gehirnareale entwicklungsgeschichtlich älter, besser geschützt und weniger verletzlich seien als jene, die Denken und Bewegung verantworten, sagen Wissenschaftler.

Zudem lernen wir über die Lebensspanne kontinuierlich mehr über unsere Gefühle und die der anderen. Und wie scheiße es ist, alt zu werden, lernen wir auch aus der Musik: »Ich fühle ein Gewicht auf meinen Schultern – es ist hart, älter zu werden.« Die Sängerin Colbie Caillat drückt es vergleichsweise taktvoll aus. Mit sechsundsechzig Jahren ist noch lange nicht Schluss, brüllte Udo Jürgens wie ein junger Traktor und meinte damit: »Mit sechsundsechzig Jahren, da fängt das Leben an.« Er stellt eine löbliche Ausnahmemeinung dar. »Will you still need me, will you still feed me when I'm sixty-four«, hebt der Beatles-Chor an. Gefüttert werden mit vierundsechzig? Geht's noch? Im Allgemeinen wird in der populären Musik laut einer Studie aus England kein schönes Bild vom Älterwerden gezeichnet. Warum überrascht das jetzt niemanden? »Hope I die before I get old«, sang Pete Townshend, als er noch ein reizender junger Mann war.

Jacinta Kelly von der Anglia Ruskin University in Cambridge analysierte sechsundsiebzig Stücke aus vier großen Datenbanken mit englischsprachigen Songs, in denen Schlüsselwörter wie alt, Alter, Ruhestand vorkommen, komponiert zwischen 1930 und heute. Dabei klingt selbst in den einundzwanzig Songs, die das Alter halbwegs wohlwollend schildern, oft Wehmut über den Verlust der Unschuld und Unbekümmertheit der Jugend an – trotz der Klarheit, mit der man die Dinge in späteren Jahren sieht, und der illusionsarmen Zufriedenheit mit dem Dasein, die auch besungen werden.

In den restlichen fünfundfünfzig Songs wird gnadenlos die dunkle Seite des Alters inspiriert: Gebrechlichkeit, Einsamkeit, Al-

terspessimismus. Eine eigene Kategorie bilden Songs vom verdrieß-
lichen, selbstmitleidigen Rentner, besungen etwa in »The Grouch«
von Green Day: Ich war ein Junge mit großen Plänen. Jetzt bin ich
bloß noch einer von diesen alten Männern, die keinen Spaß haben
und alles hassen. Ich habe ein Sixpack Apathie getrunken. Worte
wie diese zögen herunter und könnten für alte Menschen zur sich
selbst erfüllenden Prophezeiung werden, konstatieren Kelly und ihr
Team. Sie schlagen positivere Texte vor, »transgenerational« verfasst
und notfalls gesponsert, bestenfalls auf Krankenschein empfohlen.

Wir altern von Natur aus – aber mehr noch durch Kultur. Wir
haben gelernt, unser Leben unter dem Gesichtspunkt von Altersstufen zu betrachten. Dahinter steht der tönerne Koloss aus Irrglau-
ben, dass der Körper in der Mitte des Lebens versagt und dieses
körperliche Versagen wichtiger ist als alles andere. Positive Aspekte
des Alterns wie Reife, Kompetenz und Mitgefühl werden allerdings
nicht unter dem Gesichtspunkt der Altersbedingtheit betrachtet.
Die Ideologie vom Verfall in mittleren Jahren hält uns gefangen in
Selbstzweifeln, Gefühlen von Peinlichkeit, Scham, Erniedrigung
und Minderwertigkeit. Indem wir gelernt haben, uns auf unsere alternden Körper zu konzentrieren, erfahren wir, wie einsam und hilflos wir sind – Ansichten, die sich vor allem deshalb halten, weil sie
denen nützen, die uns Produkte der Altenverschönerung verkaufen
wollen. Oder Medikamente gegen die Vergesslichkeit.

Doch das Spiel der Selbstvorwürfe ist jetzt vorüber. Ich brauche
mich nicht mehr zu schämen, weil die Haut um meine Augen aussieht wie ein ausgetrocknetes Flussbett. Oder ich mich nicht mehr
an den Namen oder das Gesicht von jemandem erinnere, der mir
heute Morgen begegnet ist. Niemand hat das Recht, mich auszula-
chen, wenn ich mir wichtige Dinge – Termine, Telefonnummern –
auf die Handfläche schreibe.

Altern für Fortgeschrittene

Es ist kompletter Unsinn, zu glauben, dass die einzig richtige Art zu altern darin besteht, *nicht* zu altern. Die Einsicht, dass die Jugend vorbei ist, gibt mir den Blick frei auf die Gunst der Stunde: die bessere Hälfte, wie Tobias Esch und Eckhart von Hirschhausen diesen Lebensabschnitt in ihrem Buch nennen. Warum müssen wir ständig so tun, als seien wir jünger als wir sind?, fragen sie. »Das Alter ist kein Abstieg, es ist ein Leben für Fortgeschrittene. Darauf kann und darf man sich freuen.«

Vielleicht wäre es eine Idee, dem Alter nicht trotzen zu wollen, sondern den handelsüblichen Vorstellungen vom Älterwerden etwas entgegenzusetzen: Mit sechzehn der erste Sex, mit dreißig das erste Kind, mit vierzig geschieden und mit fünfzig die Midlife-Crisis, mit sechzig die Enkel und mit fünfundsechzig die Rente. Was wann im Leben geschehen soll, hat mit der Realität oft wenig zu tun. Die Idee, dem Alter zu trotzen und gegenzusteuern, begegnet einem meistens im Zusammenhang mit Cremes und Tinkturen, die zu jüngerem Aussehen verhelfen sollen. Die gute Nachricht ist, dass man das Alter als Tatsache akzeptiert, wenn man behauptet, dem Alter zu trotzen. Aber das Alter und seine Bedeutung sind keine unverrückbaren Tatsachen. Es geht darum, der starren Auffassung vom Alter etwas Geschmeidiges entgegenzusetzen, nicht um die kulturelle Beschleunigung des Lebens. Die trägt nur dazu bei, dass die jüngeren Generationen heute oft älter wirken als früher, während die älteren Himmel und Hölle in Bewegung setzen, um jünger zu erscheinen, und irgendwie alles durcheinandergekommen ist. In dem Trubel blühen Floskeln wie »zwölf ist das neue zwanzig« oder »siebzig ist das neue fünfzig«, die nicht mehr als sprachliche Notbehelfe darstellen, um die neue Unübersichtlichkeit kenntlich zu machen.

 Anthony Quinn featured by Unke: Auch mit sechzig kann man noch vierzig sein – aber nur noch eine halbe Stunde am Tag.

Aber haben die stereotypen Vorstellungen, die wir mit verschiedenen Lebensaltern verbinden, überhaupt jemals der Wirklichkeit entsprochen? Sterben, Trauer und ihre Bewältigung, der unermessliche Schmerz der Hinterbliebenen, die philosophischen Fragen nach dem Sinn unserer Existenz: All das trifft nicht nur Rentner, sondern auch junge Erwachsene, Jugendliche, mitunter Kinder. Schon immer mussten Menschen früh mit der Einschränkung ihrer Leistungsfähigkeit fertigwerden und auch damit, dass die, die ihnen die liebsten Menschen in der ganzen Welt waren, gelitten haben und gestorben sind.

Und auch die Liebe tritt nicht immer in dem Moment ins Leben, wo man einen Platz für sie freigehalten hat – vorzugsweise im dritten Lebensjahrzehnt, wenn man den Gefährten oder die Gefährtin fürs ganze Leben finden will und, wenn alles gut geht, eine Familie gründet. Also weder wie bei Romeo und Julia im zarten Teenie-Alter noch zwischen dreißig und vierzig wie in vielen Spielfilmen und endlosen Serien der Gegenwart. Die Liebe kommt manchmal nie, manchmal spät, manchmal, wenn die Beglückten den fünfzigsten Geburtstag längst gefeiert haben. Na und? Auch wenn es nicht die erste Erfahrung mit Liebe und Sex ist, so ist es doch die intensivste und leidenschaftlichste.

Betrachten wir das Alter auf untypische Art und Weise. Gestorben wird nicht nur alt, gelitten in jedem Alter – täglich kosten Autounfälle, Kriminalität, Krebs und andere Krankheiten auch junge

Erwachsene, Teenager und Kinder das Leben. Menschen sind schon immer jung gestorben, und die, die sie hinterlassen haben, mussten sich schon früh mit der Tragödie des Todes auseinandersetzen. Ähnlich sieht es beim Thema Geld, Geschäfte und dem richtigen Alter dafür aus – es muss nicht auf dem Zenit zwischen vierzig und fünfzig Jahren sein: Junge und jüngste Unternehmer gab's schon immer. Dass sehr junge Menschen sehr geschäftstüchtig sein können, und zwar lange, bevor sie volljährig sind, belegen die vielen kommerziell erfolgreichen Youtuber und Influencer, die jungen Einfluss-Reichen in dieser Gesellschaft. Die Fähigkeit, sich im Alter neu zu erfinden und weiterzuentwickeln, verkörpern besonders die Frauen. Häufiger als Männer jonglieren sie zwischen Beruf und Familie und haben das Tanzen auf verschiedenen Hochzeiten längst verinnerlicht. Das macht Frauen zu exemplarischen Vorreiterinnen des »active aging«, schreibt Nicole Andries in ihrem Buch über *Frauen, die kein Altern kennen*. Ihre Protagonistinnen gehören der unmittelbaren Nachkriegsgeneration an, geeint durch die Haltung »Geht nicht, gibt's nicht«.

Und noch viel weniger hat die späte Liebe eine geografische oder zeitliche Beschränkung. Es kann passieren und es passiert – nicht jedem und nicht immer, aber ähnlich wie beim Lotto, einer gewinnt, während viele andere spielen.

Trotz all unserer Vorurteile über das Alter und die mit ihm verbundenen Lebensphasen ist es ja nicht so, dass wir es nicht schon lange besser wüssten. Dass das Leben manchmal anders spielt, als wir es für normal halten, weiß die Literatur längst. Bei Charles Dickens begegnen wir Kindern mit scharfem Verstand, die im England des 19. Jahrhunderts großartige Geschäfte machen. Gabriel Garcia Marquez hat uns etwas über alte Menschen aufgeschrieben, die sich an der Schwelle zum 20. Jahrhundert ineinander verliebt haben.

Von der einen, der einzigen, der großen Liebe, die das Leben zweier Menschen für immer prägen wird, erzählt uns Julian Barnes in seinem Roman *Die einzige Geschichte*. Nach der Trennung von seiner Liebe geht der Protagonist jeder tiefergehenden Beziehung aus dem Weg und lässt nur noch Bekanntschaften zu: »Es war die Ebene von sozialer Interaktion, die er jetzt brauchte: fröhliche gegenseitige Unterstützung unter Ausschluss jeglicher Intimität«, schreibt Barnes und setzt damit der »Bekanntschaft« ein Denkmal. Es ist das Gegenteil dessen, was man in jungen Jahren sucht, wo nur die allerbeste Freundin, die größte Liebe und die wildeste Leidenschaft zählen und man auch über ausreichend Kraft und Energie verfügt, um den ständigen Gefühlssturm auszuhalten. Erst viel später, wenn man sich lieber an diese Superlative erinnert, als sie erneut zu suchen, beginnt man auch, die Vorzüge wohltemperierter Gefühlslagen und die verbindliche Unverbindlichkeit zu schätzen. »Genau das Richtige also, um sich den Alltag zu verschönern, ohne dafür sein Innerstes nach außen kehren zu müssen. Bekanntschaften ergeben sich beiläufig – im Urlaub, beim Tanzkurs oder im Café, und ihr Gelingen erfordert Gefühl für Nähe, Distanz und den richtigen Ton: heiter und zugewandt, nicht zu persönlich, dafür pointiert und unterhaltsam, eben die Quintessenz gelungenen Small Talks oder Plauderns, was eine ebenfalls unterschätzte Form der Kommunikation ist.« So beschreiben die Autorinnen Andrea Gerk und Moni Port in ihrem Buch *Fünfzig Dinge, die erst ab fünfzig richtig Spaß machen* einen Prototyp für zwischenmenschliche Beziehungen in der zweiten Lebenshälfte: »So unaufgeregt, wie sich eine Bekanntschaft ergibt, ist meist auch ihre weitere Genese: respektvoll und ausgeglichen, aber auch anregend und mit viel Freiraum für die Beteiligten. Was jedoch nicht weiter schwer ist, denn ein Bekannter kommt einem gar nicht nah genug, um einem so auf die Nerven zu gehen, dass man ihn ändern oder gleich auf den Mond schießen möchte. Eine nahezu zweckfreie und beglückend konsequenzlose Möglichkeit, wie Menschen einander begegnen und guttun können.« Er oder sie ist ein würdiger Nachfolger der einen großen Liebe, der allerbesten Freundin und aller anderen Empfänger lebenslanger Treueschwüre. Der Bekannte passt perfekt in die wohltemperierten Jahre nach dem sechzigsten Geburtstag.

Und was junge Leute und den Tod angeht: Filme wie *Titanic* oder Filme von Francis Coppola und Quentin Tarantino – das Thema ist allgegenwärtig und füllt den weiten Raum der Bilderwelten in Filmen, Romanen und Musik. Natürlich ist es unnatürlich, dass ein junger Mensch stirbt, dass ein Kind Einkommensmillionär ist oder dass zwei Menschen im Alter von über fünfzig Jahren einander und damit ihrer größten Liebe begegnen.

Ich möchte den erwartbaren Lauf der Dinge auch nicht auf den Kopf stellen oder gar bestreiten, dass Kinder Kinder sind, die sich mit kindgemäßen Sachen beschäftigen sollen; dass sie, wenn sie größer werden, im Normalfall Bücher in die Hand nehmen und keine Waffen kaufen oder Drogen schmuggeln; dass sie ihren Lebenspartner in der Regel treffen, wenn sie um die dreißig sind; dass sie sich ein oder zwei Jahrzehnte später auf dem Höhepunkt ihrer Karriere befinden; und dass sie danach alt werden und in hohem Alter sterben.

All das ist schön und nett und vermutlich das, was Menschen im Durchschnitt – sei es vor Jahrhunderten oder in der Gegenwart – eben passiert. Deswegen muss man den Durchschnitt noch nicht zur Norm erheben. Wenn wir vom Alter reden und von Altersstufen, dann sollten wir in Zukunft kreativer denken, andere Wege erschließen, uns auf die amüsanten und interessanten Umwege und Abwege begeben und eben nicht auf den normalen, ausgetretenen Pfaden weiterlatschen. Warum sind wir nicht mal mutig und ignorieren die Klischees? Warum trotzen wir dem Alter nicht mal anders und nicht, indem wir unsere Falten eincremen, sondern indem wir etwas tun, was man uns für unser Alter gar nicht zugetraut hätte? Unser Alter, wie lächerlich das schon klingt. Als hätte jeder Mensch ein eigenes Altersgleis, auf dem sein Wägelchen vom allgemeinen Alter abgekoppelt ins eigene Abseits rollt und damit direkt ins Verschwinden ruckelt.

Jeder muss auf seine Weise mit dem Älterwerden klarkommen, mit dem Abnehmen der Energie, dem Verfall des Körpers und dieser neuen Müdigkeit in den Gliedern. Doch nur, wer offen bleibt und bereit für Veränderungen, lässt das Altern sein, was es letztlich ist: ein Verfall der Zellen, mehr nicht. Altern bedeutet den Verlust der Leistungsfähigkeit und der Attraktivität, gesäumt, intensiviert und selten gemildert von gesellschaftlichen Praktiken, die das Ganze noch verstärken, wie beispielsweise die starre Altersgrenze bei der Arbeit, oder der Stress, den man erlebt, weil man herablassend und mies behandelt oder gleich ganz übersehen wird. Oder von der Furcht bewegt, als vierfache Mutter ohne Verwandtenbesuch am Sonntagnachmittag in einem Altersheim vor sich hinzudümpeln.

Dass die Wirklichkeit immer gütiger ist als die Vorstellung von ihr, las ich gestern Mittag in einem Buch, das im Foyer des Hotels aufgeschlagen auf einem Tischchen lag. Meine Neugier war geweckt. Weit und breit war kein Mensch zu sehen, der das Buch für sich in Anspruch nehmen würde, also setzte ich mich in den Sessel vor dem Kamin, nahm das Buch und las: »So geht es allen. Irgendwann mussten die Tiere aus dem Hundert-Morgen-Wald schweren Herzens Pu den Bären ins Altersheim bringen. Und siehe da, er hat weiterhin seinen Honig bekommen und hat wohlig seinen Bauch gestreichelt, und mehr bedarf's nicht.« Da war von Mogli die Rede, der seinen Lehrer Balou ins Pflegeheim der Dschungeltiere bringen muss, von Lukas, dem Lokomotivführer, der eine Spielzeuglokomotive auf dem Gartenmäuerchen des Heims hin und her schob und seinen dunkelhäutigen Besucher Jim nicht mehr erkannte. Von Obelix in der Seniorenresidenz Gallia, der Hinkelsteine aus Pappmaschee durchs Gelände trug. Und vom Alpöhi, der seine letzten Tage in der Diakoniestation in Ragaz verbrachte. »Altersglück« überschreibt der Autor Dietmar Bittrich das Szenario und erklärt: »Ich erzähle dir das alles nur, damit du nicht erschrickst, wenn du kommst.«

Ins Altersheim will niemand, schätze ich, und die Angst davor, dorthin verfrachtet zu werden, weil man alleine nicht mehr klarkommt, treibt uns wahrscheinlich alle um. Die Vorstellung, dass ich unablässig vor mich hinmurmelnd in meiner Wohnung umherstreifen würde, mit den Pflanzen ein paar freundliche Worte wechseln oder das Klavier nach seinem Befinden fragen würde, aber auch der hinterhältigen Türklinke, die nach meinem Ärmel schnappt, einen Schlag versetzen würde, amüsiert und erinnert mich gleichermaßen an das, was ich als Kind und genauso meine Kinder als Kinder in schönster Selbstverständlichkeit zu tun pflegten: Gespräche mit Gott und der Welt führen.

Zu Beginn des zweiten Lebensjahrzehntes legt man diese Gewohnheiten ab unter dem Druck dessen, was man als Realität zu bezeichnen längst gelernt hat. Dass alles lebt, verdrängt man und lässt ab von den Gesprächen mit Gegenständen, Pflanzen, Tieren, Gespenstern. Und nach fünfzig, sechzig Jahren geht's wieder los: Die Wunder kehren zurück, wenn man uns lässt und irgendwann kein Mensch mehr verlangt, dass wir leistungsfähig, gesund und fit ins hohe Alter starten, sondern einfach hemmungslos spinnen dürfen.

Ein großer Stolperstein der bislang existierenden Vorstellungen von Altersstufen und Rollenmodellen sind die Zeitrahmen: Bismarcks Rentenidee, mit der unsere Vorstellungen von Altersstufen, denen wir heute anhängen, anfingen, ging davon aus, dass die Menschen ihren Eintritt ins Rentenalter noch um fünf oder sechs Jahre überleben werden. Heute verbringt man zwanzig und mehr Jahre jenseits der Erwerbstätigkeit. Da ist kein Restleben, das ist ein Viertel der Lebenszeit, und die will gestaltet sein. Fünfundsechzig mag das neue fünfundfünfzig sein, wie Demografen und Altersforscher sagen. Mit etwas Training kann ein Sechzigjähriger als Vierzigjähriger durchgehen, auch wenn das Lauftempo abnimmt. Als das Rentenalter 1916 auf fünfundsechzig Jahre festgesetzt wurde, waren viele Menschen in diesem Alter schon körperlich erschöpft, nicht mehr belastbar und dem Tod nahe. Nur drei von zehn Deutschen erreichten überhaupt diese Altersgrenze. Heute sieht es anders aus: Wir werden älter, und das immer öfter bei guter Gesundheit. Wer es schafft, siebzig zu werden, hat gute Chancen, bis Mitte achtzig zu leben. Allerdings sind zu diesem Zeitpunkt von tausend Gleichaltrigen schon zweihundertdreißig Männer und einhundertachtundzwanzig Frauen gestorben.

Wir sind alle Opfer von gestrigen Klischees über Alter und Krankheit. Ohne nachzudenken, akzeptieren wir gemeinhin verbreitete Vorstellungen über die Unvermeidlichkeit körperlicher Leiden und den Automatismus des Alterungsprozesses und erlauben, dass diese Vorstellungen unser Selbstbild und unser Verhalten formen. Wenn es uns gelingt, diese negativen Stereotype abzuschütteln, eröffnen wir uns Möglichkeiten, die das Leben in jedem Alter bietet. All das Gerede vom Verlust verschweigt den Gewinn. Was jung bleiben kann bis zum Schluss, ist meist der Geist – die Art und Weise, auf die wir der Welt und dem Leben begegnen.

Ich versank in einem Tagtraum, während ich mit 150 Sachen der großen grauen Stadt entgegenbretterte, wo die meisten Ausgaben meiner Selbst aus der Vergangenheit so gerne lebten: In meinem Kopf hatten sich die verschiedenen Versionen meiner selbst zu einer halbwegs friedlichen Wohngemeinschaft in einem Berliner Altbau zusammengefunden. Die Sechzehnjährige schwärmte immer noch mit großen Augen vom Rausch des Großstadtlebens und endlosen Kreuzberger Nächten. Sie lebte in friedlicher Koexistenz mit der Fünfunddreißig-, Achtundvierzig- und Fünfundfünfzigjährigen. Alle zusammen saßen sie um den großen Tisch herum, während sie auf ihre neue Mitbewohnerin warteten, die in Kürze vor der Tür stehen würde. Sie waren gespannt, wie sie so drauf sein würde, die Sechzigjährige, die sie noch nicht kannten, mit der sie aber künftig zusammenleben würden. Ihr Zimmer war frisch renoviert und leer. Sie würde wenige Möbel mitbringen, hatte sie die anderen vorher wissen lassen. Die Runde wartete geduldig, aber voller Neugier. Manchmal schwiegen sie, lächelten einander zu oder unterhielten sich. »Das hättest du dir so damals wohl auch nicht vorgestellt. Aber du hast dich tapfer geschlagen, das muss man dir lassen«, sagten die Älteren und nickten beifällig. »Seid ihr eigentlich zufrieden mit dem, was ihr aus unserem Leben gemacht habt?«, stichelte die Jüngste, nur halb im Scherz, wie sie es immer tat. »Einen größeren Schmerz als ich hat keine von euch erlebt«, sagte die Mittlere und schniefte ein bisschen. Sogleich tätschelte die Älteste liebevoll ihre Hand. »Bleib ruhig. Es ist doch vorbei«, murmelte sie. »Lass es hinter dir und freu dich deines Lebens. Du hast nur dieses eine.«

Sie stritten selten miteinander; im Grunde mochten sie sich, auch wenn hier und da mal eine scharfe Bemerkung fiel. Ich war nicht älter geworden, sondern zahlreicher.

Die allgegenwärtige Verjugendlichung entlockt mir allmählich nur noch ein müdes Lächeln. Manche Vorbilder aus dem Fernsehen haben es mir schon deshalb angetan, weil sie komplett entjugendlicht daherkommen – etwa die unbeeindruckte Übellaunigkeit einer Bella Block, die Hannelore Hoger souverän beherrscht. Unwirsch, patzig, schroff, kein bisschen nett: Das gefällt mir, auch wenn das im wirklichen Leben wahrscheinlich schlecht ankommen würde. Die heimlichen Rollenvorbilder der über Sechzigjährigen sind die Hochaltrigen, die über Achtzigjährigen im Bekanntenkreis, die lieben können, lachen können und sich tapfer halten. Für sie gibt es keine Kategorien. Es sind Heldinnen, die uns die Zukunft voraussagen. Auf denen auch meine Hoffnungen ruhen. Dass die Achtzigjährigen heute mitunter noch Eltern haben, ist auch eine Blüte der neuen Langlebigkeit, erfuhr ich bei einer Buchvorstellung. Der Autor hat Gespräche mit über Hundertjährigen geführt, die er in ihren jeweiligen Heimen besuchte. Er berichtet von einem Besuch in einem Seniorenheim, wo er im Foyer auf seine Gesprächspartnerin wartete und sie in der alten Dame erkannte, die zielstrebig und energisch ihren Rollator in seine Richtung lenkte. Dass diese Dame mit hundertacht Jahren bemerkenswert fit war, sei ihm durch den Kopf geschossen. Dann stand sie vor ihm. Man begrüßte sich, stellte einander vor und sie sagte: »Mama weiß Bescheid. Sie kommt gleich.« Es war die Tochter der Hundertachtjährigen.

Vielleicht bin ich in zwanzig Jahren auch schon mit Rollator unterwegs, allerdings ohne Mama. Sicher ist nur, dass ich mir den Zirkus um die Jugendlichkeit jetzt schenken kann. Was für ein

Stress, jetzt fällt er von mir ab. Nur totale Schwachköpfe würden behaupten, dass ich »noch« gut aussehe und »noch« sexy bin. Mit dem sechzigsten Geburtstag entkomme ich dem Terror des Unterhautfettgewebes, der die Zeit der Verjugendlichung mit einem drohend geknurrten NOCH regiert hat. Die Dicke des Unterhautfettgewebes entschied über Sein und Nichtsein der Frau, über alt geworden oder immer noch sexy. Dabei ist das nur Oberfläche: Wer ein dickes Unterhautfettgewebe hat, bekommt nicht so schnell Knitterfalten, das Gesicht fängt erst später an zu hängen. Hannelore Elsner und Iris Berben machten deshalb im Filmgeschäft mit fünfundvierzig, fünfzig Jahren noch mal so richtig Karriere; quasi als Beruhigungsmittel gegen die Altersangst. Seht her, so kann man mit fünfzig ausschauen! Und mit sechzig auch noch!

Das Terrorregime des Unterhautfettgewerbes gehört zum Noch-Zeitalter, sein Kennzeichen sind bestimmte bekloppte Komplimente für ältere Frauen. »Die sieht aber noch ziemlich gut aus für ihr Alter.« Oder: »Die ist ja immer noch eine schlanke Erscheinung.« Oder *silver-super-sexy* – eine Wortschöpfung, die an Schwachsinn nicht zu toppen ist. Es sind Komplimente wie vergiftete Äpfel. Die Empfängerin der vermeintlichen verbalen Wohltaten wird mit ihrem Jugendbild verglichen und daran gemessen, inwieweit sie der Jugend noch ähnelt, wie viel sie davon abweicht oder doch schon ganz verfällt. Mein Noch-Alter mit dem Zwang, in jeder Lebenslage sexy sein zu müssen und die *fuckability* bis weit ins neunte Lebensjahrzehnt zur Schau stellen zu sollen, neigt sich dem Ende zu. Was für ein Segen! Ein Stückchen Freiheit winkt: Dass Frauen jenseits der sechzig aus einer Vielfalt von Rollenmodellen wählen können, verdanken sie auch Frauen wie Madonna oder Vivienne Westwood und den vielen anderen Silberlöwinnen, die die Seiten der Magazine füllen. Exzentrik taugt als Wider-

stand gegen den Jugendwahn und ist eines der tragfähigen Rollen-
modelle im Widerstand gegen die Verjugendlichung von Frauen.
Und was machen wir anderen?

Stress lass nach: wie man Glückssträhnen verlängert

Mechanisch strich ich mir die Haare aus der Stirn und warf einen prüfenden Blick auf meinen Haaransatz. Alles in schönster Ordnung, doch schon in der nächsten Woche würden aus nächster Nähe betrachtet die kleinen feinen weißen Haarwurzeln nicht mehr zu übersehen sein. Waren sie eigentlich weiß oder grau? Wie das wohl aussähe, wenn der ganze Kopf davon bedeckt wäre? Ich wäre auf jeden Fall mit einem Schlag von all meinen Zweifeln, meinem Hadern mit meinen Haaren befreit. Wie Schuppen würde die Angst von mir abfallen, die Angst vor dem Anblick meines alten Kopfes und die Angst vor den Reaktionen der anderen auf meinen Anblick. Wie feige! Viele schöne Ansichten sind strahlend weiß: die weiß gekalkten Hauswände in Griechenland, ein verschneiter Berghang in den Alpen, die Kreide an der Tafel, die weiße Sahne auf den roten Erdbeeren, die weißen Tüllwolken, in denen man hierzulande Bräute versteckt.

Ich traute mich vorsichtig an einen Gedanken heran, den ich all die Jahre angestrengt vermieden hatte. Was wäre, wenn ich nicht mehr färben würde? Weil ich den Stress satt habe. Lametta- oder Zebra-Look für ein Jahr, bis die ganze Farbe herausgewachsen ist, gehört zu den Dingen, die man überleben kann. Lang müssten sie bleiben, raspelkurz kommt nicht infrage. Hm.

Schon länger verfolge ich genüsslich, wie rund um den Globus Grau als »heißeste Haarfarbe der Gegenwart« (Wall Street Journal) gepriesen wird, und frage mich mit denen, die darüber schreiben: »Ist das eine Mode, die vorbeigeht, oder eine wirkliche Revolution unserer überkommenen Vorstellungen von weiblicher Schönheit?« Gute Frage. Die wahre Revolution bestände offenbar darin, dass jetzt auch diejenigen auf Grau umsteigen, die von Natur aus grau sind. Weil sie älter werden und das bisher mithilfe von Strähnchen und Ansatzfärben kaschiert haben. Frauen seien angeblich plötzlich »glücklich grau«, behauptet der *Guardian*. Grau-Braun, schallte es aus etlichen Frauenzeitschriften, sei die Trendfarbe 2019.

Bei Gelegenheit muss ich mich unbedingt mal erkundigen, was Tanja davon hält. Als ich einmal versuchte, den Fall von Birgit Schrowange mit ihr zu besprechen, hat sie nur abgewinkt. Als Grau-Pionierin gilt die Moderatorin, seit sie ihre Sendung bei RTL im Herbst 2017 zum ersten Mal mit grauem Kurzhaarschnitt moderiert hat. »Der mutige Schritt der damals Neunundfünfzigjährigen, die ein Jahr lang eine braune Perücke getragen hatte, während ihr natürliches graues Haar wachsen durfte, produzierte massenhaft Schlagzeilen. Und zwar positive: Die neue Freiheit, Grau ist das neue Blond, Grau ist das neue Cool titelten nicht nur die Boulevardmedien«, stand in der EMMA. »Birgit Schrowange hat eine Lanze für viele Frauen gebrochen. In den Färbestreik seien andernorts schon viele prominente Frauen über sechzig getreten, zählt EMMA auf: In Frankreich Christine Lagarde, dreiundsechzig, Chefin des Internationalen Währungsfonds und eine Art weiblicher Silberrücken. In England die Musikerin Annie Lennox, vierundsechzig, die auch mit weißen raspelkurzen Haaren nichts von ihrem androgynen Charme verloren hat. Oder die Schauspielerinnen Helen Mirren, dreiundsiebzig, und Judi Dench, vierundachtzig. In Amerika deren Kolleginnen Jamie Lee Curtis, sechzig, Sharon Stone, einundsechzig, Meryl Streep, neunundsechzig. Oder Glenn Close, einundsiebzig.«

Schön, das zu sehen. Noch mehr davon wäre noch schöner. Die Wahrheit ist: Je mehr Frauen mit dem Färben aufhören, desto normaler wird das Grau.

Wann gab's so was schon mal? Tue nichts, und alles ist getan –

die buddhistische Empfehlung scheint sich einmal mehr zu bewahrheiten. Es eilt, meine Damen, setzen wir uns – auch das bringt die Message rüber. Der Gedanke ließe sich unproblematisch auf alles ausweiten, was Spaß bringt, aber ungesund oder unmoralisch ist oder fett macht.

Voll im Trend zu sein, weil man etwas nicht tut, und nicht etwa einem Ideal hinterherrennt, finde ich ziemlich verführerisch. Handeln durch Nichthandeln, das Prinzip des wu-wei. Nicht zu verwechseln mit der Empfehlung, mit dem Strom zu schwimmen. Wer wu-wei anwendet, muss genau wissen, wie und wo die Strömung verläuft. Ihm kommt es weniger darauf an, wie man die Strömung ungehindert fließen lässt, als darauf, wie man es vermeidet, ihr im Weg zu stehen.

Wer hätte das gedacht? Ich nicht. Als ich die ersten grauen Haare entdeckt habe, habe ich sie ausgerissen. Als es zu viele wurden, begann ich zu färben. Weil ich nicht alt aussehen wollte. Weil alle das so machten. So selbstverständlich, wie ich als Teenager mit Enthaarungscreme und Rasierer gegen Achsel- und Beinbehaarung vorging, wo immer sich etwas in der Richtung zeigte. Noch heute gehe ich nie ohne Pinzette aus dem Haus, falls es einem Haar an meinem Kinn einfallen sollte, klammheimlich die oberste Hautschicht zu durchbohren.

Doch je länger ich färbte, desto mehr ging mir die Prozedur auf die Nerven. Die ebenso teure wie lästige Routine schränkt meinen Bewegungsradius ein und lässt noch dazu die ätzende Botschaft in jede Pore dringen, dass ich so, wie ich bin, nicht gut bin. Andererseits, wenn jetzt immer mehr Promis das Grau rauslassen, muss ich ihnen das ja auch nicht nachmachen. Als 2013 Jahren das Buch *Grau ist great*, so etwas wie *Endlich Nichtraucher* für Koloristinnen, erschien, war das Thema plötzlich auf dem Tisch. Nicht für mich allerdings.

Weil ich partout nicht so alt aussehen wollte, wie ich auch vor sieben Jahren schon war, konnte ich die Salven von Argumenten gegen das Färben, abgefeuert von der Autorin Sabine Reichel, ganz gut ignorieren. Auch die französische Modejournalistin Sophie Fontanel hat vor ein paar Jahren aufgehört, sich die Haare zu färben. Die Empörung und Begeisterung, die diese Entscheidung in ihrem Umfeld auslöste, füllen ein ganzes Buch, das mit Humor und Selbstironie erklärt, wie man aus etwas Altem etwas Neues macht. Der Titel lautet, Überraschung, *Glückssträhnen*. Lange, kurze und mittellange Haare in naturbelassenem Grau oder Weiß gelten mittlerweile als Statement und Symbol für Selbstbestimmung. Dafür, dass man das Alter nicht mit einem gigantischen Anti-Aging-Feldzug beballern muss. Dafür, dass graue Schläfen auch bei Frauen gut aussehen können. Sie beweisen: Wenn man den männlichen Blick nicht mehr als Maßstab nimmt, gibt es keine Regeln mehr und nichts mehr, was einen einschränkt.

 Wann, wenn nicht jetzt. Wo, wenn nicht hier. Wer, wenn nicht wir.

Ich beschloss, umgehend zu einer Herauswachsenden zu werden. Danach wäre ich ja immer noch die Alte, na ja, Mittelalte. Aber die Vorstellung, mich nicht mehr verstecken zu müssen, zieht mich auf einmal magisch an. Cool auf meine eigene Weise sein zu dürfen und nicht dank irgendwelcher Kriterien, Codes und Zugangsvoraussetzungen, die von der Modeindustrie, der herrschenden Meinung oder dämlichen Rollenmodellen verfasst wurden. Mit der künstlichen Haarfarbe einer ganzen Reihe anderer Künstlichkeiten entsagen zu dürfen, erschien mir auf einmal sehr verlockend. Ich vertiefte mich in den gedanklichen Vorlauf eines sehr gründlichen Ausmistens, mit dessen Hilfe ich mich vom größten Teil des Ballasts befreien könnte, den ich in beinahe sechzig Jahren angehäuft habe.

Ich könnte beispielsweise meine Kindheit hinter mir lassen, falsche Freunde zum Teufel jagen und ein paar alte Feindschaften befrieden. Illusionen und Lebenslügen könnte ich aus meinen Taschen schütteln, die ich mir selbst gefüllt habe. Genau hinschauen, dann Wahrheit und Klarheit schaffen, das wäre längst an der Zeit. Wann, wenn nicht jetzt? Es gäbe Missverständnisse zu beseitigen und eine Fülle offener Fragen zu klären. Zum Beispiel die, ob ich tatsächlich in einer großen, teuren Wohnung ausharren will aus dem einzigen Grund, dass eines meiner Kinder plötzlich ein Dach über dem Kopf bräuchte und es einer Katastrophe gleichkäme, wenn ich dann keines zu bieten hätte.

Es ist doch noch gar nicht so lange her, dass ich mich für ewig jung erklärte. Inzwischen weiß ich's besser und stelle fest, dass Altern weder ein Scheitern bedeutet noch als grenzenloser Spaß auf uns wartet, wie die neuen Klischees der hyperaktiven, fit und fitter trainierten und unvermindert leistungsstarken Frau jenseits der fünfzig uns weismachen will. Entgegen meinen Befürchtungen halte ich es für möglich, dass ich mit zunehmendem Alter immer zufriedener werde. Ich habe jetzt fast sechzig Jahre gebraucht, um zu lernen, wie ich einigermaßen gut und vernünftig leben kann, meine Arbeit gut mache, mit meinen Unzulänglichkeiten zurechtkomme, meine Lasten trage und meine Freuden zu schätzen weiß.

Ich könnte mich mit mir selbst anfreunden oder jedenfalls damit aufhören, mich runterzumachen und jeden Mann, der mir ein Kompliment macht, für verrückt, betrunken oder verblendet zu halten. Oder ohne Zorn und Eifer die alte Kleidergröße verabschieden und die neue willkommen heißen. Ich könnte einfach mal einen klaren Blick auf mein Leben werfen: Das bin ich seither, mehr war nicht drin, aber so viel immerhin, und so bleibe ich einstweilen. Das ist die Person, die ich verteidige.

Kurz schoss mir gewohnheitsmäßig die Frage durch den Kopf, was DHL wohl zu meinen grauen Haaren sagen würde. Wenn er nicht da war, und er war meistens nicht da, hatte ich irgendwann damit angefangen, mir vorzustellen, was er wohl hierzu und dazu sagen würde, und auf diese Weise die wichtigsten Ereignisse mit ihm durchgesprochen. Meistens waren wir einer Meinung, aber wenn ich mir etwas Mühe gab, konnte ich seinen Widerspruch imaginieren, der manchmal zu Streit führte, aber immer mit grandiosem Versöhnungssex endete.

Klare Sicht

Wo ich jetzt schon mal dabei bin, sichtbar zu werden und klar zu sehen: Niemand hat mich gezwungen, die Geliebte eines verheirateten Mannes zu werden. DHL hat nicht mit mir Schluss gemacht. Er hat mich auch nicht wegen einer Älteren verlassen, wie Christiane vor Jahren spottete. Er ist auch nicht unter dem Druck seines schlechten Gewissens wegen des fortwährenden Betruges seiner Ehefrau eingeknickt und hat nicht beschlossen, sich ehrlich zu machen und unsere Affäre zu beenden. Er hat auch nicht zu viel zu tun und deshalb keine Zeit für heimliche Treffen. Nicht mal besonders heimlich war er, der heimliche Liebhaber. Nein, DHL ist tot. Dass er im Mai gestorben ist, stand auf der Karte, die mir seine Frau geschickt hat. Sie wusste all die Jahre von mir, von ihm, von uns. »Jetzt haben wir ihn beide verloren«, hatte sie auf die Rückseite der Traueranzeige geschrieben. »Ich wollte, dass Sie das wissen.«

Es gibt keinen Grund mehr, die Augen vor der Wahrheit zu verschließen – und damit kann ich auch diesen Teil meines Lebens, der einmal der schönste, wichtigste und verlogenste war, hinter mir lassen. Möglicherweise war die letzte wunderbare Nacht mit DHL im letzten Jahr der letzte Sex meines Lebens, wurde mir klar. Viel gab es davon, und zwar vom Feinsten. Und jetzt war dieser Teil meines Lebens möglicherweise vorbei. Schon länger vorbei, und ich war einfach stehen geblieben. Ich hatte dem Leben einen kleinen Vorsprung gelassen, weil man von hinten besser sehen kann. Dann wartete ich auf den Schmerz, den diese Erkenntnis doch auslösen musste. Aber er kam nicht. Im Gegenteil, dieser Abschied fühlte sich leicht an. Möglicherweise kann man sich von einer zutiefst beglückenden Erfahrung leichter lossagen als von einem Quell nagender Frustration und Unzufriedenheit mit Gesprächsbedarf. Als ob ich einen Schalter umgelegt hätte: Statt der Trauer, dass es vorbei war, spürte ich nichts als die Freude darüber, dass ich es hatte – das ganze Vergnügen mit der Liebe, der Lust und der Leidenschaft.

 Marc Chagall featured by Unke: Die Leute, die nicht zu altern verstehen, sind die gleichen, die nicht verstanden haben, jung zu sein.

Als ich auf den Berliner Ring abbog, fühlte ich mich plötzlich fast wie frisch verliebt – eine kribbelnde Erregung, wie sie auch herrliches Sommerwetter und der Anblick des Schwimmbeckens im Olympiastadion am ersten Badetag des Jahres in mir auslösen. Ich schaute auf den Horizont, wo in wenigen Augenblicken die Silhouette der großen Stadt auftauchen würde, die ich seit beinahe vierzig Jahren »meine Stadt« nenne. Als der Funkturm über den Baumwipfeln links und rechts der Autobahn näher kam, fuhr ich langsamer, wechselte auf die rechte Spur, um den Moment auszukosten, die Freude darüber, gleich wieder zu Hause zu sein. Ich spürte dieses Gewirr aus spezieller Vorfreude auf mich selbst, Heimweh nach meinem Berliner Zuhause, auf mein neues Leben bis in die Fingerspitzen.

Wa ich wirklich fast sechzig Jahre alt? Ich warf einen schnellen Blick in den Rückspiegel. Ja, die Spuren waren unübersehbar. Aber das war nicht das Entscheidende. Offensichtlich nicht, solange ich mich als die wiedererkannte, die ich eigentlich immer gewesen war. Den Schneid würde ich mir nicht mehr abkaufen lassen. Ich fühlte eine warme Welle in mir aufsteigen. »You can't stop the waves, but you can learn to surf« – auch so eine Spruchweisheit, die ich aus Sydney mitgebracht und schon am Gepäckband des Berliner Flughafens wieder vergessen hatte. Jetzt fiel sie mir wieder ein. Und auch die andere, John betreffend, vor der ich die Augen so fest und so lange verschlossen hatte: We will never meet again on the bumpy road to love.

Auf diese innere Stimme, die hin und wieder nachdrücklich zu mir spricht, um die Aufmerksamkeit auf etwas Neues zu lenken, ist noch immer Verlass. Genau das geschah in diesem Moment mit mir. Wo kommt man eigentlich hin, wenn man zu sich kommt?

 Jack Nicholson featured by Unke: Älter werden heißt auch, besser zu werden.

Mein Entschluss, nicht mehr schön zu färben, stand felsenfest, und ich würde schon bald, versprach ich mir, nach Freiheit stinken. Dann malte ich mir genüsslich aus, wie Tanja reagieren würde, wenn ich wie gewohnt im Vier-Wochen-Takt einen Termin vereinbaren würde. Bevor sie zu Pinsel und Farbe greifen könnte, würde ich mich feierlich und in wohlgesetzten Worten von ihr und dem vielfach verspiegelten Salon der Schönheit verabschieden.

Die darauffolgende Szene würde den fünf Stufen der Trauer folgen, wie sie Elisabeth Kübler-Ross entwickelt hat. Erstens: leugnen, nicht wahrhaben wollen, abstreiten (Ich kann's nicht fassen, dass du das wirklich willst! Bist du wahnsinnig geworden? Was ist bloß in dich gefahren? Überleg's dir noch einmal!). Zweitens: Zorn und Wut (Unvorstellbar, dass du einfach grau sein willst, wo Millionen von Frauen alles dafür tun würden, um ihre Haarfarbe zu behalten. Es wird ungepflegt, hässlich und alt aussehen. Das ist Selbstverstümmelung! Freiwillige Selbstverstümmelung!). Drittens: Verhandeln, argumentieren, diskutieren (Bedenke, dass diese Form des angeblichen Strebens nach Schönheit nichts anderes ist, als dem neuesten Trend blind hinterherzulaufen. Du warst doch nie so angepasst und konform! Glaub bloß nicht, dass noch im nächsten Jahr noch irgendein Hahn nach weißen Haaren kräht!). Viertens: Depression (Ich kann's nicht fassen. Nach all dem, was ich jahrelang für dich und dein Haar getan habe. Dein gutes Aussehen hast du mir zu verdanken! Und das wirfst du jetzt einfach weg!). Und fünftens: Akzeptanz (Bitte, wenn du unbedingt willst. Es ist ja dein Kopf, nicht meiner. Und nicht mein Problem. Und wenn's nicht mein Problem ist, kann ich's auch nicht lösen. Hauptsache, du kannst dir im Spiegel noch in die Augen sehen und deinen Anblick ertragen. Aber zum Spitzenschneiden kommst du doch wohl wieder?!).

Ich parkte das Auto, zog den Schlüssel ab und atmete tief durch. Dann schrieb ich Elise, es täte mir leid, ich hätte aber heute Abend doch keine Zeit mehr, mich um ihr Referat zu kümmern. Morgen gerne. Denn ich hätte vorhin, als ich ihr zugesagt hatte, vergessen, dass ich heute Abend mit Christiane verabredet wäre, und das würde ich gerne halten. Sie rief sofort zurück und kicherte: »Kein Ding, Mama. Reingelegt! Ich wollte nur mal testen, ob du immer noch gleich springst, wenn einer von uns pfeift. Mein Referat ist längst fertig, ich wollte dir nur was erzählen. Es gibt Neuigkeiten.« Die bedeutungsvolle Pause hätte mich warnen können, aber ich war so erleichtert, dass ich gar nicht nachfragte. »Hat Zeit bis morgen«, flötete Elise dann, als ich doch endlich die Frage nach den Neuigkeiten gestellt hatte, für die sie die Gesprächspause genau bemessen hatte. Sie kicherte schon wieder. Dann trug sie mir Grüße an Christiane auf, verabschiedete sich und legte auf.

Was soll man dazu sagen? Erst mal gar nichts, dachte ich und schrieb Christiane, dass ich sie in einer halben Stunde runterklingeln würde und wir könnten essen gehen wie geplant. »Hä?«, kam es zurück, und ich antwortete, dass es an der Zeit sei, den geordneten Rückzug aus der Mutterrolle zu besprechen, besonders den Teil, der an Wahnsinn grenze. Sie schickte einen Daumen zurück.

Manche Menschen brauchen verdammt lange, um sich selbst zu finden. Viele sind ewig auf der Suche und kommen doch nie an. Mütter sind da vielleicht besonders gefährdet. Aber irgendwann kommt der Moment, in dem die Freundinnen wichtiger sind als die Töchter. Weil man mit ihnen mehr Zeit verbringt als mit den Kindern, wenn alles gut geht. Weil sie Gefährtinnen sind, wenn die Kinder gefährlich werden.

Der Splitter im Auge ist das beste Vergrößerungsglas

Ich war genauso. Ich musste fast sechzig Jahre alt werden, Falten und weiße Haare bekommen, um mich darüber zu freuen, dass es das Schicksal gut gemeint hat mit mir, dass ich mich als etwas Besonderes sehen darf, dass ich stolz auf das sein darf, was ich erreicht habe, und keinesfalls das bedauernswerte Wesen bin, das von seinem Liebhaber abserviert und von seinen Kindern zuerst bemitleidet und dann verlassen wurde. Sechzig Jahre, um mich für ein Kompliment einfach zu bedanken, statt es abzuwehren oder kleinzureden. Sechzig Jahre, um mich selbst auch mal mit dem liebevollen Blick zu bedenken, von dem ich seit dreißig Jahren hoffte, dass er die Kinder zum Aufblühen brächte. Sechzig Jahre, um zu erkennen, dass Nachsicht und Mut zusammengehören, wenn man mit seinem Leben ins Gericht geht, und dass der verständnisvolle Umgang mit sich so etwas wie eine Heldentat sein kann. Dass es sinnlos ist, sich zu vergleichen, zu beklagen und zu bemitleiden, und dass es Besseres zu tun gibt, nämlich endlich zu sich selbst zu stehen. Verrückt, dass die einfachsten Wahrheiten einem so lange verborgen bleiben. Das hätte auch mit vierzig schon geholfen, war aber nicht drin, war nicht zu machen. Manchmal muss man eben ein gewisses Alter erreichen, um das Naheliegende zu kapieren. Und sich endlich wichtigeren Dingen zuwenden. Das nennt man dann wohl: eine reife Leistung.

Während ich die vier Stockwerke zu Christiane emporschnaufte, kündete ein kurzes Piepen vom Eintreffen einer weiteren SMS. Die wollte ich später anschauen. Christiane stand in der Tür und lächelte. »Ich dachte schon, du schnallst es nie!«, murmelte sie. Meinen vagen Widerspruch, dass wir uns doch einig waren, dass die Kinder immer vorgehen, wischte sie einfach weg. Sie deutete auf das große Sofa. Dann öffnete sie eine Bierflasche und reichte sie mir, bevor sie die zweite öffnete und wir klirrend anstießen.

Wir ließen uns aufs Sofa fallen, und als sie fragte, was es Neues gebe, fiel es mir wieder ein. Ich zog das Handy aus der Tasche, öffnete das Foto, das Elise mir geschickt hatte: schwarz-weiße Bögen um eine tiefschwarze Mitte, in der wie in einer Höhle ein kleines weißes Böhnchen schwamm. Ich riss die Augen auf.

»Du wirst Oma«, sagte Christiane sehr sachlich. Sie grinste schief, aber in ihren Augen begann es plötzlich zu glitzern. »Ring frei zur zweiten Runde. Dann wollen wir mal wieder.« Sie zog einen Beutel neben dem Sofa hervor, kramte darin und kippte einen Berg von Wollknäulen zwischen uns. »Alte Kulturtechnik. Mit der Hand zu arbeiten, beruhigt. Und Stricken ist wieder voll angesagt.«

»Echt jetzt?«, fragte ich etwas dümmlich und streichelte ein Wollknäuel. »Was soll ich denn jetzt machen?« Christiane zuckte mit den Schultern. »Oma werden, genau wie ich. Außerdem könnten wir Ukulele lernen, uns irgendwo eine Scheibe abschneiden, im Chor singen, mal wieder eine rauchen, mit dem Bulli verreisen, vor der eigenen Tür kehren, ein Gedicht auswendig lernen, seedbombs auf Mittelstreifen werfen, mit ausgebrannten Managern über glühende Kohlen laufen, einen Schal stricken, keinen Sex haben und lieber die Küche putzen eine Bad-Taste-Party veranstalten, im Botanischen Garten Ableger klauen, in ein Schweigekloster gehen, an einer Vogelbeobachtung teilnehmen, Stehpaddeln lernen …«

»Hör auf!«, rief ich, und dann umarmten wir uns. »Könnte doch wieder ganz schön werden!«, rief sie an meinem rechten Ohr vorbei. »Endlich!«

 Ich finde Älterwerden nicht interessant. Ich lebe ewig.

Empfohlene, verwendete und zitierte Literatur

Zeitungen und Zeitschriften

Ariane Bemmer: Die alternde Gesellschaft, in: Der Tagespiegel vom 16.2.2020

Stephan Detert, Sascha Karberg: Wie bleiben wir jung? Der Tagesspiegelt vom 28.7.2019

Evelyn Holst: Frauen wollen Ziegen sein, in: emotion 5/2013

Pascale Hugues: Brigitt Macron verlängert das Verfallsdatum Der Frauen – endlich!, in: Der Tagespiegel vom 2.6.2017

Grau ist sexy, in: Emma-Dossier, Nr.2/ März, April 2019

Rainer Hank: Generation Sorgenfrei, in: Frankfurter Allgemeine Sonntagszeitung vom 1.12.2019

Beatrice Richter im Interview mit Stephan Lebert und Britta Stumpf, Zeit Dossier Nr.42/9.10.2019

Susanne Schneider: Von der Bildfläche verschwunden, Magazin der Süddeutschen Zeitung Nr.33/2018

Endlich! Ein Heft über Älterwerden, in: Kulturaustausch 1/2020, ConBrio Verlagsgesellschaft mbH

Die besten Jahre. Was wir gewinnen, wenn wir älter werden, Psychologie Heute Compact, Nr.50, 2017

Älterwerden. Gelassener Leben. Zu sich selbst finden. Die Früchte ernten, Psychologie Heute Compact, Nr.20, 2008

Max Scharnigg: Warum jünger nicht immer besser ist, Süddeutsche Zeitung vom 8.12.2019

Renate Zott: Ziege oder Kuh?, BZ vom 28.8.2019

Nicole Andries: Wir wollen es nochmal wissen! Frauen, die kein Alter kennen, München 2019

Christiane Collange: Das zweite Leben der Frauen. Wenn die besten Jahre kommen, Berlin 2006

Patricia Clough: Vom Vergnügen, eine ältere Frau zu sein, München 2012

Sophie Fontanel: Glückssträhnen. Eine Liebeserklärung an meine weißen Haare, Paris 2017

Andrea Gerk, Moni Port: Fünfzig Dinge, die erst ab fünfzig richtig Spaß machen, Zürich 2019

Eckart von Hirschhausen: Wunder wirken Wunder. Wie Medizin und Magie uns heilen, Hamburg 2016

Carolin Kollewe (Hrsg.): Alter: unbekannt. Über die Vielfalt des Älterwerdens, Internationale Perspektiven Bielefeld 2011

Adolph Freiherr von Knigge: Über den Umgang mit sich selbst, Edition Tiessen 1985

Herman Melville: Bartleby, der Schreiber. Eine Geschichte aus der Wall Street, Insel Taschenbuch 2004

Bascha Mika: Mutprobe. Frauen und das höllische Spiel mit dem Älterwerden, München 2015

Alice Pawlik (Hrsg.): Grey is the new pink - Momentaufnahmen des Alterns, Weltkulturen Museum, Bielefeld 2018

Adam Phillips: Missing out. In Praise of the Unlived Life, London 2012

Ina Schmidt: Vergänglichkeit. Eine Philosophie des Abschieds, Edition Körber 2019

Barbara Strauch: Da geht noch was! Über die überraschenden Fähigkeiten des erwachsenen Gehirns, Berlin 2011